MON AMÉRIQUE

Vous aimez les documents ? Inscrivez-vous à notre newsletter
pour suivre en avant-première toutes nos actualités :
www.cherche-midi.com

Direction éditoriale : Arnaud Hofmarcher
Coordination éditoriale : Roland Brénin

Titre original : *The Sporting Road: Travels Across America in an Airstream Trailer-With Fly Rod, Shotgun, and a Yellow Lab Named Sweetzer*

23, rue du Cherche-Midi
75006 Paris

Jim Fergus

MON AMÉRIQUE

Traduit de l'anglais (États-Unis)
par Nicolas de Toldi

COLLECTION **DOCUMENTS**

cherche
midi

À David Christian, Stephen Collector, John Warner, David Wilhelm
et Jon Williams, mes vieux amis, mes joyeux compères.

Note de l'auteur

Une première version des histoires qui vont suivre a déjà été publiée en « feuilletons » entre février 1994 et février 1997 pour une série d'articles intitulés *Pérégrinations par monts et par vaux*. D'autres histoires également écrites pour cette série ne virent jamais le jour et sont livrées ici au lecteur pour la première fois. Certaines autres ont paru dans le magazine *Sports Afield* et d'autres encore sur le site Internet *Jeep® Sporting Destinations*.

Beaucoup de ces textes d'origine ont été complétés ou modifiés depuis leur première publication. Pour certains d'une manière telle qu'ils n'ont plus grand rapport avec l'histoire d'origine. Parfois seule une idée ou un paragraphe ont survécu et parfois, comme les idées ou paragraphes ont leur vie propre, ils se sont réunis pour former d'autres histoires. Mais d'autres récits faisant partie de cet ouvrage sont entièrement inédits. Dans certains cas nous avons pris quelques libertés « fictionnelles ». Certains noms ont changé, certains personnages ou situations ont été modifiés ou déguisés dans le but de protéger la vie privée des protagonistes ou de jeter le flou sur certains lieux.

Finalement, comme ce livre relate six années de voyages à travers la campagne américaine, nous avons regroupé les histoires par saison afin de respecter plus ou moins le rythme de la nature. Ainsi les histoires de septembre de différentes années précèdent celles d'octobre et ainsi de suite, comme une longue saison de chasse ou de pêche.

INTRODUCTION

Un bon compagnon de chasse

Par Rick Bass

En général, j'aime les chiens, les miens et ceux des autres. Je les aime plus que je n'aime les gens, mais Jim Fergus, lui, est différent. J'ai la chance de l'avoir comme compagnon de chasse et j'ai encore plus de chance de l'avoir comme ami et, pour une fois, j'ai assez de bon sens pour en être conscient. Bien sûr, peut-être que je me trompe et que c'est le contraire. Peut-être qu'un bon compagnon de chasse est encore plus rare qu'un bon ami. Ça n'a pas d'importance, il est les deux à la fois.

La grande malédiction de ma vie a été de m'enticher des chiens d'arrêt, en particulier des grands braques allemands à la tête dure, qui s'évertuent à me briser le cœur en allant galoper au-delà de la ligne d'horizon ou en se faisant tirer dessus par des connards, et m'infligent les mille autres tortures que ces chiens réservent aux maîtres qui les aiment.

Quand un de mes chiens a fugué ou qu'il vient de mourir, c'est Fergus que j'appelle. C'est celui qui comprend le mieux la terrible et merveilleuse dépendance qui nous lie à ces bêtes. À quel point elles prennent de plus en plus d'importance au fil du temps, comment elles incarnent nos espoirs et nos rêves. Comment elles nous instruisent sur le fonctionnement de la nature et de la chasse. Comment chaque chien modifie son style et son caractère particulier pour s'adapter aux différents terrains de chasse et aux différents gibiers. Et tant pis si au départ le maître perçoit telle ou telle faiblesse dans la façon de chasser de certains chiens, il peut être sûr qu'avec l'âge et l'amour grandissant qu'ils nous portent et que nous leur portons, cette faiblesse deviendra une force. Qui sait où s'opère la transformation ? Le chien n'a rien fait d'autre que de nous aimer et de nous supporter. La transformation a lieu dans notre propre cœur. Nous avons d'eux un besoin croissant, non pas pour qu'ils nous conduisent au gibier ou qu'ils nous aident à garnir la casserole, ni même pour le sport, mais parce qu'ils adoucissent nos cœurs mourants et trop durs. Quand le chasseur perd son chien, il se retrouve nu et désemparé. Il ne regardera plus jamais venir l'automne et la saison de chasse de la même manière.

Jim est donc celui que j'appelle pour parler de ces choses-là quand elles arrivent.

Il y a deux ans, j'avais perdu mon merveilleux et pourtant jeune Colter, un mâle robuste et vif, entièrement marron clair, champion de travail, dont l'éducation avait été un réel plaisir. Il dormait sur mon lit dans les motels quand nous voyagions, lové à côté de moi, sa tête posée sur l'oreiller. Un chien de rêve, pratiquement sans défaut.

Quelqu'un avait abattu Colter, mais je ne le savais pas. Je n'ai retrouvé son corps que six mois plus tard. Dans cet intervalle j'ai réellement sombré, je m'enfonçais sous la surface du monde et m'éloignais chaque jour un peu plus. Jim avait réussi l'exploit de me maintenir la tête hors de l'eau. Pendant toute cette période d'abattement, il m'appelait régulièrement pour vérifier comment j'allais et s'enquérir d'éventuelles bonnes nouvelles (tout en sachant que si ça avait été le cas, je l'aurais moi-même appelé depuis longtemps).

Colter avait disparu en septembre et, en octobre, sur les instances de Jim, j'acceptai de me bouger le cul et de traîner ma déprime jusqu'à l'est de l'État de Washington pour chasser avec un groupe d'amis : Jim, Doug Tate et Tom Crawford. Je n'avais pas le cœur à cela mais Jim avait insisté. Il voulait que je prenne mes jeunes chiens, des frères de Colter de deux ans ses cadets, et que je me « soigne par la chasse ».

Je savais que je ferais l'effet d'un éteignoir parmi cette joyeuse assemblée et Jim et les autres le savaient aussi. Ils m'invitèrent tout de même, sachant à quel point j'avais besoin de prendre un nouveau départ. La saison passe très vite. Vous pouvez mettre au repos un cœur meurtri, mais pas un jeune chien en pleine forme. Nous campions tous les quatre dans un vieux chalet assez haut dans la montagne, avec tous nos chiens, épagneuls bretons, labradors, Betty, la chienne qui ne chassait pas, et les « frères Trouduc », Pointman et Superman, les deux sauvages braques allemands qui me servaient de chiens d'arrêt. Tous les matins nous partions en 4x4 pour chasser une espèce différente : les perdrix choukars le long des falaises de basalte et dans les pierriers ; les perdreaux gris dans l'étendue dorée des chaumes de blé ; les cailles de Californie dans les chênes et les sumacs bordant le fond des vallons ; et les gros faisans gavés de blé dans les collines et les hautes herbes. Notre ami Guy avait voulu se joindre à nous, mais en avait été empêché par des soucis de santé. Pour se faire pardonner, il nous avait envoyé une caisse de vin. C'est le geste qui compte avant tout, mais il faut mentionner qu'il s'agissait d'un vin exceptionnel, bien supérieur à tout ce que nous aurions pu nous offrir nous-mêmes.

J'ai passé quelques jours avec eux dans les prairies et les montagnes, mais je ne revois qu'une mosaïque d'images et l'impression d'une morne et lente guérison. Je me souviens d'avoir souri et ri même quand il n'y avait en moi qu'une tristesse insondable. Je me souviens que Jim s'en rendait compte aussi mais ne disait rien. Il savait que la seule façon de s'en sortir était d'avancer. Je regardais Jim et les autres en pleine forme, insouciants et ne pensant qu'à faire chasser leurs chiens. Une vraie vie de chasseur. La nature, si belle en octobre pour la chasse que, certains jours, à certains moments, on ressent comme une transcendance, comme si votre corps quittait son enveloppe de peau.

Je garde le souvenir d'un beau rapport de Superman sur un perdreau gris, alors que les autres chasseurs se tenaient sur une falaise à soixante mètres au-dessus de nous et nous regardaient comme des spectateurs dans des gradins. Une température très chaude, vers les 30 °C, quinze minutes de recherche et les autres là-haut qui commençaient à dire que ce perdreau n'était plus là. Superman avait pisté l'oiseau dans les hautes herbes puis l'avait arrêté un moment et s'en était emparé pour me le rapporter.

S'arrêter pour manger des prunes sauvages dans un verger abandonné près des ruines d'une maison de pionniers. Chasser la caille dans la flamboyance rouge et or des arbres au fond des vallons. Le pas des chasseurs qui claque sur les galets. Les cailles qui se lèvent et s'envolent dans tous les sens, qui montent et qui descendent comme sur un manège, qui passent la voûte des arbres, tels de petits oiseaux de cirque. Les petits nuages de fumée bleue qui sortent des canons de fusil. Quelques cailles qui tombent, mes chiens qui poussent d'autres compagnies trop loin devant nous, le bruit d'envol d'oiseaux qu'on ne verra jamais, le bruit d'un chien qui jappe ou gémit au loin. Et personne qui ne dit mot, personne qui ne se pose de questions. C'était ainsi que les choses se passaient certains jours et même assez souvent…

Un soir, percevant peut-être mes tristes pensées au sujet de Colter, Jim fit un commentaire à la cantonade :

« Vous savez, j'ai l'impression qu'il vaudrait mieux que ce soit le contraire, mais je n'arrive jamais à me souvenir des erreurs de mes chiens et de mes beaux coups de fusil. C'est toujours leurs belles actions de chasse et mes lamentables loupés qui me reviennent à l'esprit. »

Cela m'a semblé, et me semble toujours, incarner parfaitement l'élégance du chasseur qui met en avant la terre, les chiens et le gibier plutôt que ses propres exploits.

Tous ces chiens, tous ces amis. Pas un oiseau perdu en cinq jours. D'excellents dîners tous les soirs. Propos de livre de chasse bien sûr. Et mon Superman brun (on aurait dit, en plus costaud, le fantôme de Colter) collé après les perdrix dans un chaume doré sous un ciel d'orage pourpre. Et ce paysage qui me réconfortait, et mon chien en arrêt sur les perdreaux, comme statufié, sculpté dans la pierre. Alors je me sentis apaisé tandis que ma tristesse semblait se dissoudre. Et puis Jim arriva et me félicita pour mon chien.

C'était le jour où Doug Tate avait réussi à prendre un oiseau de chacune des espèces présentes dans la région. Il avait eu son perdreau à quarante mètres grâce à la lumière de l'orage, alors que le soir tombait. Nous étions déjà tous assis sur le hayon du 4x4 et nous regardions la fin du jour, non plus comme des participants à la chasse, mais comme public. Ce que j'essaie d'exprimer avec ces souvenirs, c'est qu'avec un bon ami, un bon compagnon de chasse, faire ou regarder faire a la même valeur. Et il n'en va pas ainsi pour beaucoup d'autres choses dans ce monde.

Je me souviens d'une chasse à la grouse que j'avais faite avec Jim dans le Yaak, ma région pluvieuse et neigeuse dans le nord-ouest du Montana. C'était à l'époque de Colter. Nous avions chassé trois bonnes heures sous une pluie glacée ininterrompue, au milieu des feux follets de vapeur et de la brume montant des bois trempés. On voyait Sweetzer, luisante comme une motte de beurre, se mouvoir entre les troncs sombres, tandis que Colter restait presque invisible même lorsqu'il était près de nous, ce qui n'arrivait pas souvent. Nous avions trouvé trois oiseaux durant ces trois heures et un seul coup de fusil avait été tiré, un vrai loupé. J'avais enroulé mon vieux fusil dans une serviette, puis j'avais attendu en observant Jim avec plaisir et admiration tandis qu'il terminait le démontage et le nettoyage complet du sien. Je le voyais passer et repasser un chiffon huilé sur toutes les pièces et remettre l'ensemble dans la jolie mallette. Une fin bien propre pour une journée un peu désordonnée, avec nos chiens mouillés, boueux et heureux qui tournaient entre nos jambes en remuant la queue tandis que la pluie continuait de tomber. J'essaie d'apprendre de Jim comment être méticuleux, mais c'est assez dur. La façon dont il prend grand soin de ses chiens bien-aimés, comment il inspecte leurs pattes après la chasse, la manière dont il cherche à savoir s'ils ont soif ou faim. J'essaie d'en prendre aussi de la graine. J'ai un peu trop tendance à pousser à bout mes chiens, mon équipement, moi-même. Trop fort, sans ménagement, sans mesure. Toujours à pousser.

Donc, j'espère que c'est bien clair, Jim prend normalement soin des choses. Et il est bien élevé. Mais, pour dire la vérité, il va même parfois au-delà du « bien élevé ». Je n'oserais jamais employer le terme « coincé ». Il est courtois et plein de sollicitude, même pour les pires trouducs, jusqu'à un certain point. Mais quand ce point est franchi, mes amis, malheur à l'agresseur qui se fera remettre à sa place par une douloureuse pique verbale. Jim réussira toujours à faire l'observation la mieux sentie pour obtenir une efficacité brutale. Mais bon, il est très bien élevé. Ça me fascine et ça m'emplit d'admiration.

Les cocktails faisaient leur apparition dès le soir tombé. Ils font partie de la mécanique de la chasse aussi sûrement que les éjecteurs font partie d'un fusil ou que les pinces hémostatiques d'un gilet de pêche. Un composant du « chaque chose à sa place ». Mais il est une chose que Fergus ne vous dira pas dans ses histoires : c'est que tous les matins, à l'intérieur de la coque brillante de sa caravane Airstream, dans ce navire des rêves ordonnés, dans ce vaisseau qui a transporté Sweetzer, le labrador au cœur d'or, Betty, la douce et tendre non-chasseuse, et maintenant l'impertinent, le talentueux et génial Henri, le continuel lécheur de bas-ventre – le sien, pas celui des autres –, Jim prend au petit déjeuner, depuis des milliers de kilomètres et de nombreuses années, des céréales pour enfants. Des Honey Nut Cheerios. Chaque matin, c'est immuable. Il se lève tôt, sort les chiens, fait le café, lit ou travaille un peu et se prépare une assiette de Honey Nut Cheerios. C'est sa routine, quel que soit la saison ou l'endroit où il chasse. Personne n'est parfait. Il y a toujours un vice caché ou un secret.

En lisant ses nouvelles, par exemple quand il décrit une chasse dans le Nebraska, où les chasseurs utilisent des mules pour suivre les chiens et les oiseaux dans les grandes herbes des vallons, vous pourriez penser qu'on a là un homme fondamentalement originaire des grands espaces de l'Ouest. Mais quand on arrive à une partie de pêche dans les eaux brunes et troubles du Sud (qu'il adore), soudain vous pensez avoir fait fausse route et vous vous dites que cet homme appartient en réalité aux marais et aux pinèdes. Mais très vite vous comprenez. L'important n'est pas le paysage, mais l'homme et ce qu'il ressent. Et Jim est un homme intensément amoureux de la vie. Doucement, progressivement, nouvelle après nouvelle, vous saisissez ce qu'il y a de non-dit derrière les mots, son regret de voir le temps filer, les paysages rétrécir et les valeurs humaines régresser. Vous comprenez qu'il fait toujours passer les autres avant lui, qu'il a du respect et de la considération pour ses amis, pour le gibier qu'il chasse, pour ses chiens et pour la terre où tout cela se déroule.

Vous vous rendez compte aussi qu'il y a de moins en moins de temps et d'espace pour vivre dans l'harmonie à laquelle il aspire et dans le respect du code de bonne conduite que les étoiles avaient fixé à sa naissance. L'automne cependant est sûrement la saison où il a les meilleures chances d'y arriver. Peut-être que l'on reconnaît le bon compagnon de chasse au fait qu'on n'est pas obligé de chasser toujours, ni même souvent avec lui. Lorsque vous avez un ami de cette classe, vous pouvez avoir vent d'une chasse qu'il a faite seul de son côté, ou ailleurs avec d'autres, et en partager à distance le plaisir et les moindres détails. Vous pouvez imaginer la pluie qui tambourine sur le toit de l'Airstream, les chiens qui somnolent et l'homme qui lit à la lueur d'une torche électrique. Vous pouvez imaginer l'odeur du café du matin, voir les chiens qui s'éveillent, les vieux un peu raides mais pleins de souvenirs, et les jeunes un peu fous, pleins de fougue et avides d'aller conquérir le monde. Vous pouvez imaginer le monde sauvage qui attend de jouer pleinement son rôle et cet homme qui marche prêt à l'affronter, jour après jour dans un immense respect, attentif à tout et plein d'émerveillement.

Vous verrez. Les pages qui suivent sont aussi vivantes que la vraie vie et vous aurez l'impression d'y être.

PROLOGUE

Des chiens, des armes, des femmes et des meubles

C'était un chasseur de renom,
Un homme dont on parlait en ville.
Il chassait, il pêchait, remplissait son carnier,
Il était fauconnier,
C'était un beau parleur et il tombait les femmes.
MICHAEL BRANDER
Hunt Around the Highlands : On the Trail of Colonel Thornton

Bon d'accord, je ne suis pas fauconnier ni, encore moins, à la vérité (que nous respecterons dans ce livre), un tombeur de femmes. Je ne suis pas non plus un chasseur de renom ni un homme dont on parle en ville. Je remplis rarement mon carnier et, par malheur, je ne suis pas non plus un beau parleur. Je ne comprends pas comment la fauconnerie et le fait de tomber les femmes se sont retrouvés associés dans les vers d'un mauvais poème, mais d'une certaine manière j'imagine que, à l'époque victorienne, chasser, pêcher et séduire les femmes constituaient l'activité de base d'un gentleman viril. Ceci me semble curieux, sachant que la majorité de mes amis et connaissances passionnés de chasse ou de pêche ont tous fini par plus ou moins tirer un trait sur leurs rapports avec le sexe opposé, simplement parce qu'il ne restait plus de temps pour « tomber les femmes » à force de mener une vie trépidante et de courir par monts et par vaux.

Par exemple, mon ami le peintre Len Chmiel, deux fois divorcé, dit la chose suivante :

« À la fin, j'en suis venu à conclure qu'il faut faire un choix dans la vie entre les chiens et les fusils ou les femmes et les meubles. Et j'ai choisi les chiens et les fusils. »

Une remarque que d'aucuns trouveront un peu dure, voire un peu misogyne, mais ça ne regarde que Len.

Pour ma part, j'ai tendance à considérer la chasse, la pêche et le temps passé dans la nature en général comme ces fresques cachées par un enduit qui cloque et qui réapparaissent si on gratte un peu la couche dégradée qui les recouvre. Pas totalement intactes, mais tout de même assez lisses et assez jolies. La vie quotidienne moderne et la gangue visqueuse de l'existence recouvrent notre instinct de vie naturelle de la même manière.

Puis je pense à mon père, mort il y a une dizaine d'années alors qu'il n'avait que 57 ans. Il se détruisait en fumant des Camel et en buvant du whisky Dewar's, assis dans son fauteuil en cuir à regarder la télévision et feuilleter des journaux. C'était sa manière à lui de se soulager du poids de l'existence et d'échapper aux nombreuses failles qui avaient jalonné sa propre vie.

Après tout, je suis le fils de mon père et un jour, il y a quelques années, ne me sentant pas trop bien, j'étais parti m'acheter un fauteuil club en cuir avec « coussin repose-pied assorti ». Juste comme celui de papa quand j'étais enfant. Bon Dieu que c'était confortable ! Et depuis que j'avais été invité à un voyage de presse de six jours en Écosse, pour la promotion des grandes distilleries, je confesse que j'avais développé un goût, tardif mais certain, pour les whiskies écossais. Et j'avais même recommencé à flirter avec ces maudites Camel que j'avais délaissées quelques années auparavant.

Bien sûr nous savons qu'en vieillissant nous finissons tous par ressembler un peu à nos parents, et pourtant mon père est mort quand j'avais 16 ans, un jour funeste où je fus en partie responsable de sa mort. Donc je ne voyais pas bien comment il aurait pu avoir une quelconque influence sur ma vie actuelle. J'imagine simplement que les horribles gènes familiaux réapparaissaient. Et bien que je ne saisisse pas clairement pourquoi, je me rendais bien compte que j'étais en sérieux danger de devenir de manière graduelle – peut-être pas si graduelle d'ailleurs – quelqu'un comme papa. Solitaire et reclus avec un gros ventre. Je devenais même grincheux comme lui et certains de mes amis m'appelaient Ronchon dans mon dos.

En même temps Sweetzer, ma vieille chienne labrador, avait pris l'habitude de m'apporter mes pantoufles. Sweetzer ne rajeunissait pas non plus. Elle avait hérité de mauvaises articulations et vers l'âge de 6 ans avait déjà subi deux opérations. Elle était aussi en permanence traitée par un acuponcteur spécialiste des chiens. Comme certains athlètes vieillissants, elle épaississait et parfois ne se déplaçait qu'avec une certaine raideur. Elle gardait tout son talent et n'avait pas dit son dernier mot, mais ne pouvait plus jouer toute sa partie comme avant.

Il y eut un autre signal d'alarme urgent indiquant qu'il était temps de reprendre la route, quand ma femme m'offrit pour mes 45 ans un « kit de soin personnel » (pour être clair, un truc pour me couper les poils des oreilles et des narines). Et vous ne le devinerez jamais : c'était exactement ce dont j'avais envie.

Il y avait certainement pléthore d'autres bonnes raisons et/ou d'excuses valables pour reprendre cette vie de chasseur. La première et non des moindres étant que c'est aussi mon métier. Mon épouse – qui avait un fils d'un précédent mariage – et moi-même avions décidé de ne pas avoir d'enfants. Je le mentionne au passage, car il serait difficile pour un père responsable et soucieux de rapporter de l'argent au foyer de passer sa vie aux quatre coins du pays à promener son chien, armé de son fusil et de ses cannes à pêche. Mieux vaut ne pas avoir d'enfants plutôt qu'être un mauvais parent, et ce principe est à peu près tout ce que je sais de la vie de parent. C'est déjà assez difficile pour un mari attentif de se glisser de manière répétée hors du nid conjugal et de s'éclipser pour des périodes prolongées, comme j'ai réussi à le faire le plus clair de mon temps ces dix dernières années.

Récemment, au cours de mes pérégrinations, je m'étais retrouvé assis avec mes compagnons de chasse dans une chambre banale d'un motel quelconque d'une petite ville anonyme des Grandes Plaines. Il y avait Bill, Patrick, Butch et Douglas. Nous avions chassé de manière tout à fait satisfaisante la gélinotte à queue fine et nous venions de terminer un délicieux dîner de gibier que nous avions préparé sur le réchaud de ma caravane Airstream garée à l'arrière du motel. Je campais moi-même dans l'Airstream. Comme moi, ces gars-là ont passé suffisamment de temps dans l'Amérique rurale pour savoir qu'il vaut mieux trimballer son propre matériel de cuisine si on veut éviter le régime certainement mortel à long terme des habituelles gargotes des bords de routes américaines.

Les chiens dormaient confortablement sur leurs couvertures, exténués par une longue journée de chasse. Les chasseurs occupaient les fauteuils et les lits, assis en diverses positions, soutenus par les oreillers, quand la conversation, comme il arrive parfois, se mit à tourner autour du mariage et de la chasse. On me demanda :

« Comment ta femme supporte-t-elle que tu sois tout le temps sur la route ? »

C'était l'éternelle question à laquelle je donnais ma non-réponse standard :

« C'est mon boulot. »

Il y a quelques années, un critique littéraire du *New York Times*, dans un article sur la parution de mon livre *Espaces sauvages*[1], avait émis l'hypothèse que mon épouse « devait être une femme extraordinairement patiente et indulgente pour supporter les errements puérils et les instincts destructeurs de son mari ». À l'époque, cette observation m'avait semblé déplacée. J'avais trouvé que cette remarque sortait totalement des prérogatives d'un critique littéraire et que cette intrusion dans ma vie privée n'avait rien à voir avec son fichu boulot. Mais je sais aussi ce qu'il voulait dire. Au-delà de l'indéniable image romantique et sentimentale du coureur des bois, au-delà de l'élégance des cannes à mouche et des gobages de truites à la surface des rivières, au-delà de l'esthétique des armes et de la beauté des chiens de chasse, au-delà de l'histoire très ancienne et des vénérables traditions liées à ces nobles sports, se cache une vérité que toutes nos épouses soupçonnent. Une vérité qu'elles discernent d'autant mieux si elles ne chassent pas, ni ne pêchent elles-mêmes : nous ne sommes que de grands gamins qui essayent perpétuellement de sortir quelque créature à écailles des profondeurs de l'eau ou qui pourchassent sans répit d'innocentes « poignées de plumes », comme l'a si joliment écrit mon camarade Guy de La Valdène dans son livre, *A Handful of Feathers*. Des gamins qui traînent partout dans la campagne en essayant de se persuader – et de persuader leurs familles – que ces poursuites sont une activité sérieuse et assez importante.

Ce que personne n'admet en général et encore moins par écrit, c'est que souvent ces activités ne sont qu'un simple amusement permettant, comme l'a dit le philosophe espagnol Ortega y Gasset, de se mettre « en vacances de la condition humaine ». Bien sûr, un tel concept est si simple qu'on aurait à peine besoin de faire appel aux services d'un philosophe. Je ne crois pas non plus qu'aucun homme ni qu'aucune femme ne doive s'excuser de chasser ou de pêcher. Et je pense aussi à ceux d'entre nous qui sont dans cette

1. Le cherche midi éditeur, Paris, 2011.

situation particulière de gagner (en partie) leur vie en vacances de la condition humaine. Dans le passé les choses étaient plus faciles. Par exemple, le vieux chef Sitting Bull – comparaison hardie car notre cas est un peu moins héroïque – n'eut sans doute jamais l'occasion de devoir expliquer à Mme Sitting Bull pourquoi il partait encore à la chasse avec leurs fils. Si le grand Sitting Bull n'avait pas été chasseur, il aurait été mal considéré. Sa famille eût été pauvre, affamée, mal vêtue, obligée de compter sur la charité d'autres familles dont les hommes chassaient. Donc même les jours où Sitting Bull aurait peut-être aimé dormir un peu plus tard et traîner en peignoir de peau de bison dans la chaleur du tipi, la formidable Mme Sitting Bull devait rassembler ses affaires de chasse, son arc et ses flèches, lui fourrer tout ça dans les bras, envoyer un garçon chercher sa meilleure monture puis pousser Sitting Bull hors du foyer en lui enjoignant de ne revenir qu'avec une belle femelle bison bien grasse. Ce qui est un petit peu aussi le comportement de mon épouse.

Et donc, je demandai ce soir-là aux autres hommes dans cette chambre de motel au milieu des Grandes Plaines, à l'endroit même où le jeune Sitting Bull avait appris à chasser en poursuivant les ancêtres des oiseaux que nous avions dégustés ce soir, comment leurs femmes respectives considéraient leur passion de la chasse et leurs fréquentes absences prolongées. Patrick, charpentier de métier, répondit avec une moue ironique et désabusée :

« Je suis en plein divorce, j'imagine qu'elle aimait pas trop ça... »

Et tout le monde rigola. Le naufrage d'un mariage n'est jamais amusant, mais que pouvait-on faire d'autre ? Bien que je doute qu'on puisse trouver des statistiques sur le sujet, de nos jours les prédispositions génétiques pour la chasse et la pêche ont sans doute conduit bon nombre de nos semblables au divorce. Ou au moins à de nombreuses discordes conjugales. J'espère que cela ne sera pas pris comme une remarque typiquement macho, reproche qu'on m'avait fait une autre fois dans le courrier des lecteurs d'un magazine où j'écrivais des articles. Je sais très bien que de nombreux couples pratiquent ces sports ensemble avec bonheur.

Je crois aussi que le besoin primitif de chasser ou de pêcher, abandonné de nos jours par une immense majorité du genre humain comme moyen de nourrir ou vêtir sa famille, se trouve pourtant de mieux en mieux compris dans le monde moderne du travail où l'instinct de prédation n'a jamais été aussi valorisé. Mais tout ceci bien sûr nous éloigne un peu du sport.

Donc, en rentrant chez moi, j'avais demandé à ma femme pourquoi, à son avis, les femmes se plaignent si souvent des escapades de chasse de leurs maris. Elle y réfléchit un instant et dit :

« Eh bien tu poses ta question à la mauvaise personne. Puisque bien sûr pour toi c'est un métier. Mais pour les autres, c'est sans doute un sentiment de solitude et d'abandon qui domine. Elles préféreraient sûrement voir leurs maris bricoler dans la maison et peut-être sont-elles un peu jalouses qu'ils retrouvent des copains pour s'amuser, semble-t-il, en toute tranquillité sans les bonnes femmes. Ou bien s'il chasse ou s'il pêche seul, ça peut la chagriner de voir qu'il y prenne autant de plaisir sans elle. Elle doit se sentir exclue, ce qui ne veut pas dire non plus qu'elle voudrait venir aussi. Un peu comme moi… pour prendre un exemple.

– Mais ça ne veut pas dire que les maris ne ressentent pas des plaisirs d'un autre ordre quand ils sont à la maison avec leur femme, tentai-je. Et tu le sais, les tâches domestiques finissent toujours par être accomplies, peut-être la semaine d'après ou la suivante, mais à la fin tout est fait. Les hommes rentrent à la maison et retournent au travail pour gagner l'argent du ménage avec une nouvelle ardeur, heureux d'avoir pris un peu de bon temps dans la nature et d'avoir suivi les préceptes d'Ortega y Gasset : "Quand vous êtes fatigué d'un quotidien oppressant, ou d'être noyé dans le XXe siècle, prenez votre fusil, sifflez votre chien et sortez dans la campagne vous offrir pour quelques heures le plaisir d'être un chasseur."

– Hé ! se moqua mon épouse. Ce n'est pas la peine d'essayer de me convaincre. Souviens-toi, je suis une femme extraordinairement patiente et indulgente qui supporte tes errements d'adolescent et tes instincts destructeurs. »

Une autre fois, à la fin d'une journée clôturant une autre longue saison de chasse, je m'étais retrouvé autour d'un feu de camp dans le désert d'Arizona en compagnie de deux amis artistes, le célèbre Len Chmiel, déjà mentionné, qui est un merveilleux peintre trop peu connu car il refuse de mettre les pieds à New York et qu'il n'a aucun sens de l'autopromotion (et aussi parce qu'il passe trop de temps à la chasse), et Douglas (Doug) Baer, *idem*, un magistral sculpteur animalier qui vit aussi par choix dans ce vaste désert culturel qui sépare New York de Los Angeles. Cette fameuse région que les intellectuels américains appellent *flyover lands*, un endroit qu'on survole en avion sans jamais s'y poser.

Nos véhicules garés formaient un deuxième cercle autour du feu de camp. Pour Len un van Ford 86, pour Doug un GMC Suburban 86, et pour moi un Suburban 87, d'à peine 10 ans, qui était le dernier modèle de mon parc automobile. Collectivement, ces vieux chevaux de trait éclopés alignaient une trentaine d'années sur la route et bien plus de 900 000 kilomètres, de durs kilomètres entre les mains de vieux chasseurs nomades dont les pistes se croisaient ici dans le désert, à la fin du mois de février, en ce tout dernier jour de la saison de chasse au gibier à plumes.

Nous étions là, autour du feu de camp, après un autre excellent dîner de gibier. Nous terminions une bouteille de vin en discutant du fait que d'après n'importe lequel des critères modernes nous n'étions qu'une bande de fieffés ratés. À en croire les normes économiques actuelles, aucun d'entre nous ne gagnait beaucoup d'argent et nous vivions tous l'existence bohème des artistes, des écrivains et de ces chasseurs itinérants qui consacrent une partie de leur vie à sillonner le pays durant toute la saison. Nous vivions au jour le jour, dans l'attente du prochain chèque qui arriverait – ou pas – au courrier... Nous conduisions tous ces vieilles guimbardes aux sièges percés, imprégnées à jamais d'une forte odeur de chien. Nous avions tous eu notre dose de désastres personnels et de déceptions amoureuses (mais qui n'en a pas eu ?). Deux d'entre nous avaient divorcé, le troisième n'était pas passé loin du précipice. Mais nous étions là, porteurs de nos rêves enfuis et futurs, sinon tout à fait intacts, au moins pleins de projets ou de ce qui en tenait lieu, croyance profondément ancrée dans le cœur de notre tribu.

Un peu plus tôt nous avions chassé un secteur autour de Black Mountain. Dans cette région du Sud-Ouest, ça n'avait pas été une grande année pour les populations de cailles de Gambel et à écailles, qui dépendent presque entièrement de la pluviosité du printemps et de l'été qui précède la saison. Nous avions vraiment peiné et nous n'avions trouvé qu'une poignée d'oiseaux. Mais ce n'était pas très grave car nous étions de solides marcheurs et nous pouvions arpenter la prairie toute une journée avec bonheur, ce qui était une des raisons pour lesquelles nous aimions nous retrouver ensemble. De toute manière, le dernier jour d'une saison a un petit goût spécial et doux-amer bien à lui, et personne ne se soucie réellement du résultat. Les chiens, qui pressentent cette fin, luttent contre la fatigue et leurs douleurs aux coussinets entaillés par les pointes de roches volcaniques, les figuiers de Barbarie et les cactus, omniprésents sur ces terrains. Les chasseurs eux aussi sont un peu usés par cette longue saison et peut-être même un peu soulagés de l'imminence de la fermeture. Bien qu'elles soient connues pour être d'acharnées piéteuses, les cailles du désert en fin de saison semblent plus farouches et peuvent parfois s'envoler loin devant les chiens, pour s'esquiver derrière les cactus ou filer droit devant, bien avant qu'on ait rejoint l'arrêt des chiens, démontrant une fois de plus le vieil adage selon lequel on devrait se mettre en short et baskets pour les chasser en courant (ce qui serait envisageable s'il y avait moins de cactus).

Au soir, tandis que le soleil descendait sur le mont Picacho, je chassais seul avec Sweetzer lorsqu'elle rencontra une compagnie de cailles qui se défilait en courant devant nous. Je pressai le pas pour rester au contact. D'un côté il y avait une jungle de cactus cholla, à l'allure curieusement exotique, et de l'autre un épais taillis de mesquite et d'autres arbustes à épines dans lesquels les cailles s'étaient engouffrées avec Sweetzer aux trousses. Dans l'épaisseur de ce couvert, je ne pouvais pas suivre moi-même et je ne pus que distinguer leur vrombissement quand Sweetzer les mit à l'envol. Quand j'entendis s'estomper dans l'obscurité les battements d'ailes de ces oiseaux qui allaient assurer la reproduction pour l'an prochain, j'eus le sentiment que c'était là la meilleure manière de clore une saison.

À présent, autour du feu de camp, Len nous racontait comment il avait tout laissé tomber pour devenir artiste, jusqu'à ne plus posséder que la somme de douze cents et une boîte de choucroute. Puis Doug nous parla de son enfance dans le Montana, lorsqu'il vivait dans le parc national de Yellowstone, et du jour où il avait rampé dans la grotte d'hibernation d'un grizzli et que le jeu consistait à revenir avec une poignée de poils de l'animal. Son meilleur ami était couché derrière lui à l'entrée de la tanière et devait le tirer par les chevilles une fois le forfait accompli. Mais évidemment, quand Doug l'avait touché, le grizzli – qui n'était pas en hibernation totale – s'était réveillé et avait commencé à bouger et à grogner. Doug avait crié au copain :

« Tire-moi de là, tire-moi de là ! »

Mais le copain, terrifié par les hurlements de l'ours, avait déguerpi au galop pour s'éloigner de la tanière en laissant Doug tout seul face au fauve. Peut-être que cette histoire devrait servir de métaphore utile pour définir la vie d'artiste.

« J'ai vraiment beaucoup de chance d'être ici en pleine nature et d'avoir la possibilité de vivre comme nous le faisons », dit Len, les yeux fixés sur le feu.

Et tous trois d'admettre que nous n'échangerions nos vies, aussi hasardeuses qu'elles aient été, ou qu'elles soient encore, pour rien au monde. Mais je m'éloigne de mon sujet. Ce feu de camp se situe à la fin de nombreuses saisons décrites au fil de ces pages. Il arrive à la fin d'une longue route, une route qui pourtant n'a pas de fin réelle, et je ne cherche pas à faire le malin à ce sujet. Je suis simplement frappé par le fait que si comme mon père on arrête d'avancer, on meurt. C'est peut-être aussi simple que cela. Peut-être est-ce la raison d'être du sport, de rester en mouvement, l'esprit occupé, connecté au monde de la nature, de donner plus de sens à la vie que si on reste le cul collé à un fauteuil de cuir.

Et peut-être est-ce une simple question d'évasion après tout. On traîne avec soi tellement de bagages encombrants dans la vie, de sentiments de culpabilité, de colères et de traumatismes liés à l'enfance, de disparitions d'êtres aimés, de divers problèmes et regrets, de trop nombreux « et si... », « j'aurais dû... » ou « si seulement... » J'aurais dû appeler l'ambulance plus tôt ce matin de mon seizième anniversaire. Si seulement je l'avais fait, mon père ne serait peut-être pas mort. Ces fardeaux ne nous empêchent pas forcément d'agir, mais ils pèsent lourdement sur nos vies ; nous les rangeons dans des boîtes et nous les remisons quelque part au fond de notre cœur brisé, puis nous les trimballons ainsi durant tout le reste de notre vie. C'est la « condition humaine » dont parle Ortega y Gasset.

La beauté du monde naturel, l'état de grâce que procure la chasse ou la pêche, l'attention de chaque instant requise par les poissons ou le gibier, les chiens et les compagnons avec qui nous chassons nous offrent un répit si pur, loin de nos fantômes, que l'on peut se débarrasser de nos petites boîtes pendant un moment et alléger considérablement notre âme. N'est-ce pas une raison suffisante en soi pour chasser ou pêcher et parcourir la campagne ?

Alors maintenant imaginons que c'est presque l'aube... disons le premier jour de septembre, jour d'ouverture dans l'Ouest d'une saison de chasse aux oiseaux. Elle s'annonce en cet instant aussi longue que les étés de notre jeunesse qui semblaient ne jamais devoir finir. Le moteur du Suburban chauffe doucement dans l'allée, la caravane Airstream est attelée, prête à rouler, ses phares brillent comme ceux d'un avion sans ailes dans la lumière laiteuse de l'aube. Sweetzer sent le retour de l'action, de l'excitation, la promesse des aventures à venir, et alors que je m'habille, elle gémit et se faufile entre mes jambes comme un chiot. Elle écrase sa truffe glacée sous mon caleçon pour capter mon attention. Un vieux truc de labrador. Puis elle s'empare de mes souliers au sol et les secoue furieusement pour me rappeler qu'elle existe, au cas – pourtant improbable – où je l'oublierais et partirais sans elle.

Je finis de m'habiller et je la charge à l'arrière du Suburban où elle s'écrase sur son coussin, pousse un profond soupir et s'endort presque immédiatement. « Bon... doit-elle se dire en somnolant, le truc des chaussures a encore marché. »

Puis je retourne embrasser ma femme à demi endormie. Elle n'ouvre pas les yeux mais sourit légèrement. Elle m'a vu partir si souvent. Et je crois qu'elle sait qu'elle aura, bien assez tôt, plein de moments de qualité à passer avec son vieux mari grincheux, assis sur ce fauteuil de cuir sur lequel il faudra sans doute qu'elle installe un jour un système d'éjection. Mais pour l'heure, je suis en pleine forme et j'ai plein d'endroits où aller, de gens à rencontrer, d'amis à retrouver, d'oiseaux à rôtir, de poissons à frire, de nouveaux et d'anciens endroits à visiter. Oui, Sweetzer et moi, nous avons un travail à accomplir.

L'AUTOMNE

1

Jour d'ouverture

Un peu trop souvent, les non-chasseurs nous accusent de « tuer les oiseaux » sans précision d'espèces. Avec l'organisation actuelle de la chasse cette accusation est une absurdité. La qualité des habitats et de la nourriture disponible en hiver pour les oiseaux reproducteurs a beaucoup plus d'importance que le nombre d'oiseaux tués à la chasse en automne.

PAUL A. JOHNSGARD
The Grouse of the World

C'était le jour d'ouverture de la chasse aux grouses dans le Colorado, et rien ne se passait vraiment comme je l'aurais souhaité. Pour une première raison d'abord : il faisait trop chaud pour chasser, même dans le haut pays où je vivais. Mais la météo n'était pas seule en cause, quelque chose d'autre allait clairement de travers. J'avais ressenti confusément depuis quelques jours l'imminence d'un désastre et, la veille de cette ouverture, alors que j'étais à Denver pour régler des affaires de dernière minute avant de m'éloigner pour la saison de chasse, le Suburban était tombé en panne. Mais vraiment tombé en panne. Je l'avais conduit au garage, boiteux, cognant de partout, grinçant et fumant, perdant des fluides par tous les orifices comme un grand animal ayant reçu une balle dans la panse. Bien sûr, on était vendredi et on ne pourrait pas le réparer avant lundi ou mardi. « Mais demain c'est l'ouverture, avais-je imploré. J'ai une chasse prévue, j'ai rendez-vous avec un ami, il me faut mon véhicule. »

Le mécanicien s'était contenté de hausser les épaules, ce qui n'est jamais bon signe. À l'évidence, il n'était pas chasseur et se fichait comme d'une guigne de mes problèmes d'ouverture.

J'avais alors traversé la rue pour me rendre dans l'agence de location qui se trouvait en face. Il faisait en ville une chaleur d'enfer et, bien entendu, je n'étais pas de bonne humeur.

« Il me faudrait un 4x4 pour ce week-end, avais-je dit au jeune employé.

– Mais c'est le week-end de la fête du Travail, avait-il répondu sur un ton indiscutablement réprobateur. J'ai peur qu'on n'ait plus aucun véhicule tout-terrain.

– OK, dis-je. Alors une camionnette ou un van ? »

Il secoua la tête.

« Un minivan ? »

Il secoua la tête.

« Qu'est-ce qui vous reste ?

– Je peux vous proposer une Ford Escort, monsieur, dit-il. Il nous en reste une.

– Une Ford Escort, répétai-je. C'est l'ouverture de la chasse demain et tout ce que vous pouvez me donner, c'est une Ford Escort ? »

Il était évident à mes yeux que ce gars-là n'était pas chasseur non plus.

« Oui, j'en ai peur. Et vous ne trouverez pas un 4x4 à louer dans toute la ville pour ce week-end. Tous les touristes qui sont venus pour la fête du Travail veulent aller dans les montagnes et ils veulent tous des 4x4.

– Mais la plupart ne quittent jamais la route goudronnée, tentai-je. Ils n'ont pas besoin de 4x4.

– C'est peut-être ainsi, monsieur, répondit-il, condescendant, mais les touristes aiment aller en montagne en 4x4, ça leur donne l'impression de vivre une véritable aventure dans les Rocheuses.

– Moi, je vis ici et j'aimerais bien vivre aussi une véritable aventure dans les Rocheuses.

– Je suis vraiment désolé pour vous, monsieur, mais je crains que vous ne deviez vous en passer ce week-end.

– Une Ford Escort, grommelai-je. Est-ce que c'est une voiture pour un rédacteur cynégétique un jour d'ouverture...

– C'est quoi un "rédacteur cynégétique", demanda le jeune homme. »

Je dus réfléchir une minute.

« Je ne sais plus trop, admis-je finalement, mais c'est ce que je suis, alors je vais prendre la Ford Escort. »

Le lendemain matin, avant l'aube, j'avais chargé Sweetzer et mon équipement dans la minuscule auto et je m'étais dirigé vers la petite station de Steamboat Springs où j'avais rendez-vous avec mon ami Mike Mastro. Bien que le soleil ne soit pas encore levé, il faisait déjà bien trop chaud pour la saison et, au volant de l'Escort, j'avais l'impression de tout sauf d'un jour d'ouverture. Je pense que même Sweetzer ne se sentait pas bien dans cette petite voiture. Trop grande pour l'espace disponible, elle était assise à l'avant avec moi, visiblement mal à l'aise et l'air encore plus apathique que celui affiché en général par les labradors...

Mastro avait une paire d'excellents petits springers. Jusqu'à une date récente, il était mécanicien navigateur chez United Airlines, mais on l'avait muté à Newark, dans le New Jersey. Il avait tenu, jusqu'à ce qu'il réalise, en bon chasseur, que la chasse allait commencer à Newark, et il avait donné sa démission. Heureusement, tout cela s'était déroulé avant le début de la saison et à présent Mike traînait un peu les pieds pour retrouver un boulot.

Mastro et moi étions à la recherche de gélinottes à queue fine, de type « colombien » (*Tympanuchus phasianellus columbianus*), dont il subsiste une population que l'on peut chasser dans cette partie du Colorado. Communément appelée « queue fine des montagnes », cet oiseau est légèrement plus petit que la queue fine des plaines, plus répandue. Sweetzer et moi n'en avions jamais chassé auparavant, mais une personne que je connaissais au département de la Faune de l'État m'avait suggéré de le faire sans tarder si ça m'intéressait, car il y avait un risque de la voir reclassée comme sous-espèce différente des queues fines normales et en plus comme espèce menacée ou même en danger. Leur population était pourtant généralement admise comme stable dans le Colorado, mais cette mesure serait prise en raison de sa quasi-extinction dans des États voisins et dans ce cas, bien sûr, toute chasse serait suspendue. Pourtant, Paul Johnsgard, dans son excellente étude sur les gallinacés, démontre clairement que le déclin de ce joli petit gibier n'a strictement rien à voir avec la pression de la chasse qui s'exerce sur eux. Le problème provient, hélas ! d'une combinaison de facteurs classiques du monde moderne, les changements de pratiques agricoles, le surpâturage, les feux de prairie, l'extension des zones résidentielles, etc. L'éventualité d'une future limitation de la chasse dans l'ouest du Colorado découle aussi du fait que les secteurs ayant la plus haute densité d'oiseaux se trouvent majoritairement sur des terres privées. Les propriétaires terriens, parmi lesquels on compte des fermiers mais aussi des propriétaires de ranches qui ne sont cependant pas ranchers de profession et des propriétaires de résidences secondaires, ont tendance à vouloir protéger les queues fines, en particulier s'il s'agit d'interdire l'accès de leurs terres aux chasseurs. Curieusement, la division des terrains en « ranchettes » de quinze hectares, la fréquente destruction des nids à l'occasion du broyage des pailles en été pour la mise en jachère, le surpâturage et les méthodes de culture intensive sont rarement perçus par le public comme des menaces pour les populations d'oiseaux. Seuls les biologistes en sont conscients. Et le malheureux porteur de fusil reste considéré comme l'ennemi principal de la vie sauvage.

Vers la fin de l'été, j'avais passé plus d'une douzaine de coups de téléphone pour obtenir la permission de chasser en ce jour d'ouverture. J'avais parlé à des gardes nationaux, à des propriétaires, et finalement j'avais obtenu l'autorisation d'un propriétaire de ranch qui m'affirma que, malgré la taille réduite de son terrain, on y trouverait quelques oiseaux.

J'arrivai enfin au café, situé en dehors de la ville, où je devais retrouver Mastro. Je m'arrêtai sur le parking. Il était déjà là, assis à l'avant de son pick-up, dont la vue me fit frémir d'envie. Je garai l'Escort à côté de lui. Mike me regarda du haut de son siège.

« Heu ! Tu as échangé le Suburban pour quelque chose de plus économique ? me dit-il.

– Très drôle, Mike, répondis-je.

– Ça aura de l'allure, une fois l'Airstream attelé.

– Ah… ah… ah… »

Puis, le temps qu'on se dépatouille de mes indications pour rejoindre le ranch, le soleil s'était levé. Maintenant, il faisait vraiment chaud.

« Putain, il fait trop chaud pour une ouverture, dis-je.

– Il va falloir faire gaffe aux chiens avec cette chaleur », répondit Mike.

Nous frappâmes à la porte de la ferme. Le rancher lui-même ouvrit. Il était très arrangeant et nous montra un endroit derrière la maison. « Vous devez remonter le long de ce fossé, c'est là que vous trouverez les oiseaux, ils aiment se tenir près de l'eau. »

Comme nous parlions avec le rancher, une petite vieille desséchée sortit d'une autre petite maison et nous jeta un regard suspicieux. « Ne dites pas à ma mère pourquoi vous êtes là, elle tient à protéger ses oiseaux.

– Que doit-on dire si elle nous interroge ? objectai-je.

– Ne dites rien, ou dites que vous chassez le cerf, elle s'en fiche.

– Chasser le cerf avec des chiens et des fusils lisses ?

– Ne vous inquiétez pas, elle ne fera pas la différence. »

Alors nous descendîmes un chemin de terre creusé de deux ornières pour nous garer plus bas. Nous sortîmes les chiens et nous nous dirigeâmes à pied vers l'extrémité du fossé, sorte de drain partant de la colline et irriguant un pré situé en contrebas. Bien qu'il ne soit qu'à une heure de route des espaces sauvages ouverts du parc naturel de haute montagne où je vis, ce pays, qui se situe de l'autre côté de la ligne de partage continentale, offre un écosystème totalement différent. Ce ne sont presque plus des montagnes, mais des collines serrées comme celles de Virginie-Occidentale, majoritairement couvertes d'une végétation composée de petits chênes verts, de cèdres et d'un maquis de genévriers. D'une altitude bien inférieure, il y fait aussi beaucoup plus chaud que dans ma région. Enfin, Mike et moi étions encouragés par les affirmations du propriétaire, persuadé que nous allions trouver des oiseaux le long de la ravine. Qui sait ? Peut-être allions-nous rapidement tomber sur eux, avant qu'il ne fasse véritablement trop chaud. Et le prélèvement maximum autorisé actuel de deux oiseaux serait sans doute vite atteint. Il était de vingt oiseaux en 1915.

Nous chassâmes chacun d'un côté de la ravine, les chiens quêtant dans l'herbe et les buissons qui se trouvaient au fond. Bien qu'aucun de nous deux n'ait chassé ces oiseaux avant, nous nous étions informés de leurs habitudes et habitats en lisant diverses parutions du département de la Faune sauvage et en en parlant avec quelques gardes. De toute manière, il y a quelque chose d'universel à l'identification des endroits favorables au gibier dont les critères de base sont somme toute assez simples : nourriture, couvert protecteur et eau. Et finalement les chasseurs développent une espèce de sixième sens leur permettant d'imaginer, même dans des contrées inconnues, à quel endroit les oiseaux peuvent se tenir. Et maintenant, Mastro et moi remarquions à quel point cet endroit semblait favorable. Ce qui s'entendait dans nos fréquents : « Eh ! ça me semble bien favorable par ici, on devrait en trouver... » Ce qui montre l'étendue de notre savoir car, au fur à mesure que nous avions longé ce fossé depuis la prairie jusqu'à un flanc de colline légèrement boisé, aucun oiseau n'avait volé. À aucun moment non plus, les chiens n'avaient semblé déceler la moindre odeur, ni marquer le moindre signe d'intérêt. Nous atteignîmes la limite du ranch, heureux d'avoir pu bénéficier d'un semblant d'ombre sous les arbres. « J'imagine qu'on ferait mieux de retourner au ranch et demander au gars quel est son deuxième meilleur coin », suggéra Mike.

Cette fois, le rancher nous envoya vers ses champs de luzerne et de blé. « Vous les trouverez par là, pour sûr », affirma-t-il. Sa minuscule vieille mère continuait de nous regarder depuis le pas de sa porte. Elle me ficha presque un peu la frousse. Et il faisait plus chaud de minute en minute.

La contrée était ici divisée en une quantité de petites parcelles et les champs de luzerne et de blé du rancher n'étaient pas contigus au reste de la propriété. On y accédait en voiture après quelques kilomètres, et, après deux ou trois demi-tours sur des chemins qui ne menaient nulle part, nous trouvâmes l'endroit. Du moins, nous le supposâmes. Nous débutâmes par une jolie friche couverte de buissons en bordure d'un champ de blé. Nous nous arrêtions fréquemment pour faire une pause et donner à boire aux chiens. Une telle chaleur pouvait finir par devenir dangereuse. Dans mon journal, j'avais écrit au sujet de cette journée : « Je ne me souviens pas d'avoir jamais chassé par une telle chaleur. » Puis à travers l'épaisseur des buissons, nous entendîmes l'aboiement de détresse de Misty, le plus jeune chien de Mastro, qui jaillit du couvert, la face criblée de piquants de porc-épic, à l'instant exact où nous vîmes aussi un pick-up bringuebalant se diriger droit vers nous par le chemin de terre. Avant même de voir le visage du conducteur, nous savions, à la façon dont il fonçait sur nous, que ce ne serait pas pour nous souhaiter la bienvenue. Nous réalisâmes instantanément que nous avions dû tourner au mauvais endroit et que nous étions sans doute en train de chasser par inadvertance sur une autre propriété. « Eh ! Oh ! lançai-je à Mastro qui essayait de calmer sa chienne, j'ai peur qu'on ait un problème par ici. »

Le pick-up pila, et le conducteur, un type courtaud et râblé, sauta de la cabine et se rua directement vers nous. « Vous feriez mieux de dégager, dit l'homme, le visage crispé par la colère. Vous feriez mieux de sortir de ma propriété ! » ajouta-t-il en pointant un doigt sur nous. Se sentant menacée par l'approche agressive du gars et n'ayant sans doute pas réalisé que c'est nous qui étions en faute, Sweetzer commença à lui grogner dessus. « Arrête, Sweetz ! lui criai-je. Monsieur, je vous prie de m'excuser, mais Jack Soper (le nom a été changé) nous a donné la permission de chasser par ici. » Et avant même que toute la phrase n'ait été prononcée, je sus que ce n'était pas ce qu'il aurait fallu dire. Cela eut l'air de rendre le petit rancher encore plus fou de rage. « Jack Soper ? Jack Soper vous a donné la permission ! Jack Soper ne vous a jamais donné la permission de chasser ici ! » cria-t-il, son visage devenant franchement écarlate. Très clairement, un jour, ce gars allait avoir une crise cardiaque. J'espérais vivement que le moment n'était pas encore arrivé.

« J'imagine que nous avons fait une petite confusion, dis-je maladroitement.

– Vous feriez mieux de foutre le camp d'ici, répétait-il. Foutez le camp d'ici et dites à ce putain de chien d'arrêter d'aboyer sur moi ou je vais le flinguer.

– C'est bon, c'est bon, on s'en va. Tais-toi, Sweetzer ! »

Comme beaucoup de chasseurs en ont fait la dure expérience, il n'y a rien qui plombe plus une journée de chasse que de se faire virer avec fracas pour chasse involontaire sur le territoire d'autrui. C'est une horrible façon de débuter une saison. Bien sûr, c'était entièrement de notre faute, bien que, comme le fit remarquer Mike, tout serait plus simple si les propriétaires marquaient les limites de leurs parcelles, particulièrement sur des terres aussi morcelées.

Bien que les choses aillent rapidement de mal en pis, Mike et moi n'étions pas encore résignés à renoncer si vite à l'ouverture de la chasse. De retour aux voitures, nous nous reprîmes et retirâmes les épines de la face de Misty, puis nous décidâmes de lancer une dernière tentative. La première chose que nous fîmes fut de retourner au ranch demander qu'on nous indique notre terrain. À présent il devait faire facilement 35 °C à l'ombre. Cette fois, le rancher était sorti et c'est une jeune femme qui nous ouvrit la porte. Elle semblait trop jeune pour être la femme du rancher et trop vieille pour être sa fille. Plus tard Mike et moi convînmes que ce devait être sa maîtresse attitrée. Elle se présenta sous le nom de Susie et je me souvins de lui avoir déjà parlé au téléphone au cours de l'été. Au bout d'un moment, nous échangions des amabilités devant la porte. Elle fumait une cigarette d'un air las et désabusé et donnait l'air d'avoir un peu bourlingué.

« Vous êtes d'ici, Susie ? » demandai-je plus pour tester sa fiabilité en matière d'informations sur la chasse que par simple curiosité.

Susie secoua la tête.

« Je viens d'un peu partout, Utah, Nevada, Wyoming. Ma famille travaille pour ces cochons de pétroliers. »

Susie me plut tout de suite.

« Maintenant, que puis-je faire pour vous, les gars ? » demanda-t-elle en tirant une profonde bouffée de sa cigarette. Puis elle rejeta la tête en arrière et, d'une façon experte, souffla la fumée vers le ciel à travers la moustiquaire, afin que nous ne la recevions pas en pleine figure. « Dites-moi, quel est votre but ?

– Notre but ? » demandai-je.

Ça me parut être une question incongrue, bien qu'elle me semblât cadrer finalement assez bien avec cette ouverture de chasse qui ne ressemblait à rien.

« Notre but est très simple, Susie, dis-je. Notre but est de tirer une paire de queues fines, ou même simplement d'en voir quelques-unes. Nous venons juste de nous faire virer du champ d'un de vos voisins chez qui on était entrés par accident et nous voudrions être sûrs de ne pas répéter la même erreur. Il n'avait pas l'air très heureux de nous voir.

– Un petit gars, qui ressemble à un fox-terrier ? demanda Susie. Un gars qui a l'air prêt à vous mordre les mollets et à déchirer votre pantalon avec ses dents ?

– C'est lui », approuvai-je.

Susie secoua dédaigneusement sa cigarette. « C'est Schroeder, dit-elle. Ne vous inquiétez pas, Schroeder n'est jamais content. Il en veut au monde entier. Maintenant, si vous cherchez des oiseaux, continua-t-elle pensive, je vous enverrais bien chasser sur le flanc de la colline, au-dessus des abreuvoirs pour le bétail. J'y ai vu des oiseaux tout l'été. Parfois, ils descendent jusqu'au bord de l'eau. Si vous voulez, je vous emmène, vous pouvez me suivre avec votre pick-up. »

Les chasseurs étant d'éternels optimistes, notre moral remonta légèrement alors que nous suivions Susie, qui avait pris un des véhicules du ranch. Elle semblait compétente et vraiment certaine qu'il y aurait des oiseaux près des abreuvoirs. Mais juste au moment où l'on sortait de la cour, je remarquai la vieille qui nous observait encore depuis son perron.

« Je pense que la vieille nous envoie le mauvais œil pour la chasse, dis-je à Mike. J'ai une drôle d'impression à son sujet.

– Ne sois pas ridicule, dit Mike.

– Je suis sérieux, elle me fiche la frousse, je crois qu'elle nous a jeté un sort. Elle ne veut pas qu'on découvre ses oiseaux et c'est pour ça qu'on traîne une telle poisse. »

Mike fredonna le thème musical de *La Quatrième Dimension :* « *Dou dou dou dou, dou dou, dou dou.* C'est peut-être elle qui a fait tomber ta bagnole en panne hier, Jim, remarqua-t-il. *Dou dou dou dou, dou dou, dou dou.* »

Susie nous conduisit aux abreuvoirs, nous montra la colline et nous souhaita bonne chance. En cet instant, la chaleur de midi était à son pic. On devait atteindre les 38 °C.

La colline était raide, couverte de petits chênes verts et de pelades parsemées de ronces et divers arbustes à baies et à épines. Non seulement il faisait chaud, mais il avait fait très sec et les fruits sur les buissons semblaient rares et rabougris. L'ensemble de cette colline procurait le curieux sentiment que tout pouvait s'enflammer spontanément d'un moment à l'autre. En revanche, il y avait un peu d'ombre sous le couvert et si j'avais été une gélinotte, c'est bien là que je serais venu me tapir durant les chaleurs implacables de la mi-journée. Nous grimpâmes le flanc de coteau écrasé par la fournaise. Nous explorâmes et fouillâmes chaque buisson sans croiser un seul oiseau. Ne voulant pas risquer qu'un chien succombe à un coup de chaleur pour rien, ce qui aurait transformé cette ouverture déjà nulle en épisode dramatique, nous décidâmes d'arrêter. Nous étions lessivés.

« Je ne sais pas pour toi, mais j'ai connu de meilleures ouvertures de chasse, observa Mike alors qu'il me ramenait à ma voiture de location à Steamboat Springs.

– C'est le moins qu'on puisse dire ! lui dis-je. Hier ma voiture expire et tout ce que je trouve à louer à Denver, c'est une Ford Escort, ce qui aurait dû m'avertir du désastre à venir. Ensuite il fait trop chaud pour chasser. Puis ton chien rencontre un porc-épic, et on se fait virer à coups de pompe dans le cul pour avoir chassé sur une propriété privée. Et au bout, pas une plume et toujours 35 °C à l'ombre. Il me semble sage d'admettre qu'on a connu de meilleures ouvertures.

– En tout cas, aucun chien n'est mort ! » fit remarquer Mastro.

Nous nous séparâmes sur le parking du café, nous promettant de réessayer de chasser cette espèce la saison prochaine, car pour celle-ci nous partions chacun dans des directions opposées.

Mais évidemment, le mauvais sort de l'ouverture ne m'avait pas encore quitté. Sur la route du retour, je m'arrêtai dans une supérette à la sortie de Steamboat Springs. Alors que je poussais mon chariot vers le comptoir de la boucherie, arrivèrent un jeune homme, deux jeunes femmes et trois gamins, qui rendaient probablement visite à la famille de l'un d'entre eux pour le long week-end de la fête du Travail. Probablement dans un de ces nouveaux chalets construits sur ce qui devait être il y a peu d'excellents terrains à gélinottes. Ils étaient engagés dans une intense discussion autour d'une barquette de poitrines de poulet que le jeune homme tenait dans sa main. « Quelle horreur ! dit une des jeunes femmes, je ne pourrai pas manger ces machins-là, trouve-m'en qui n'aient pas d'os et pas de peau. »

Je me suis d'abord demandé si elle pensait que les poulets sans peau ni os étaient une sous-espèce des horribles spécimens avec peau et os. Un peu comme une version urbaine de la distinction que nous faisons entre les queues fines des montagnes et celles des plaines.

« Mais je te dis, que je peux enlever la peau et les os, dit le jeune homme. C'est moins cher d'acheter comme ça. »

(Voilà un gars dont le cas n'était pas totalement désespéré.)

« Dis donc, tu ne m'écoutes pas, insista la jeune femme. Ça me rend malade rien que de voir les os. Je ne peux pas manger ça. Je trouve ce genre de poulet absolument monstrueux ! »

Je m'approchais du comptoir. Bien sûr, j'espérais éviter d'attirer l'attention sur moi. Les chasseurs ont appris à leurs dépens ces derniers temps qu'il vaut mieux passer inaperçu, spécialement dans les villes et les stations de ski. Mais je devinais que je devais avoir une allure incongrue. Même si, bien sûr, j'avais abandonné mon fusil et mon gilet orange dans l'auto, je portais encore mon sifflet de dressage autour du cou et mon vieux pantalon griffé par les épines et plein de taches de sang de la saison dernière. Mais comme j'avançais, le jeune homme remarqua ma présence.

« Dites donc, vous devez être chasseur ? demanda-t-il très poliment.

– Eh bien oui, je suis chasseur. Comment avez-vous deviné ? demandai-je. Vous chassez vous-même ?

– Mon oncle George vit dans le Kansas, et je le rejoins tous les ans pour l'ouverture de la caille. Qu'est-ce que vous avez comme oiseaux par ici ? »

Je le lui dis et pendant ce temps les deux jeunes femmes me jetaient des regards où se mêlaient révulsion, haine et crainte. Un peu comme si j'allais sortir une mitraillette de mes basques et sulfater partout autour. Finalement, celle qui avait de l'aversion pour les os de poulet s'enhardit et prit la parole :

« Tu tues des oiseaux ? » demanda-t-elle à son petit ami sur un ton d'incrédulité choquée, comme si elle venait d'apprendre un lourd et horrible secret au sujet du jeune homme. « C'est complètement dingue ! Dis donc, tu n'as jamais entendu dire que les oiseaux étaient en train de disparaître à un rythme inouï ? »

Elle devait probablement répéter ce qu'elle avait lu dans des revues sur la protection de la nature. Une autre fois, dans d'autres circonstances, j'aurais peut-être essayé de me défendre, et de défendre ce jeune homme, d'une image aussi grossièrement fausse. J'aurais pu faire remarquer que c'était à des chasseurs visionnaires comme George Bird Grinnel et Theodore Roosevelt qu'on devait la politique américaine moderne de conservation des espèces, que l'argent des permis finançait le programme des réserves nationales de la faune et des milliers d'autres programmes de préservation ou de restauration des habitats dans toute l'Amérique. Que les groupements de chasseurs, comme Ducks Unlimited, Pheasants Forever, la Ruffed Grouse Society et la Rocky Mountain Elk Foundation, avaient préservé ou créé plus d'habitat pour la faune sauvage que toutes les associations de protection de l'environnement ou des droits de l'animal réunies ne le feraient jamais. Mais je n'en fis rien. Parfois il vaut mieux admettre qu'on est dépassé, qu'il y a des jours comme ça où non seulement on ne verra pas de gibier, mais où on ne pourra même pas revenir avec une barquette de poulet.

« Tu ferais mieux de te tirer, mon gars ! conseillai-je au jeune homme. Retourne chez ton oncle George, aussi vite que tu le pourras. »

Et je pris moi-même la poudre d'escampette, fuyard victime de l'air du temps et de la pensée unique. Et comme je battais en retraite de la supérette et de la station de ski, j'eus la vision fugitive de la petite vieille dans l'ombre de son pas de porte, diffusant le mauvais œil à ceux qui menaçaient de tuer ses oiseaux.

Dou dou dou dou, dou dou, dou dou…

2

Jour d'ouverture II

Encore du « déjà-vu ».
YOGI BERRA

N'est-il pas amusant de voir comment chaque journée de chasse possède sa propre atmosphère ? La même chasse, avec les mêmes compagnons, au même endroit, sera toujours différente année après année. C'est aussi pour cette raison que nous continuons à revenir.

Le mois d'août arrivé, une autre année s'étant écoulée, je me remis à penser à mon ami Mike Mastro. Mike et moi, nous nous étions rencontrés à l'école de tir de chasse de Holland & Holland, quelques étés plus tôt. Je suivais les cours à la demande d'un magazine dans le but d'écrire un article et Mike était un simple « étudiant ». Comme nous venions tous deux du Colorado et que nous avions une préférence commune pour les armes anciennes et pour la chasse aux oiseaux avec des chiens, nous étions restés en relation. Et bien que nous n'ayons aucun contact durant l'année, quand revenait le mois d'août, par une sorte de réflexe de chasseur migrateur, l'un de nous deux prenait son téléphone et appelait l'autre. Tout d'abord nous nous enquérions brièvement de nos vies respectives.

Je demandai d'abord à Mike s'il avait retrouvé un boulot et il me répondit qu'il avait réussi à rester sans emploi durant toute la saison passée, mais qu'il avait suivi une formation d'agent de voyage et avait ouvert sa propre agence. Il espérait pouvoir se spécialiser dans les voyages de chasse et de pêche. Bien sûr, comme j'exerçais moi-même ce genre de ruse en étant « journaliste des sports de nature », je vis clair dans son jeu.

« Ce ne serait pas pour être invité par les agences et les hôtels que tu auras sélectionnés pour tes clients ? Et bien sûr, faire passer toutes tes dépenses en frais professionnels pour réduire tes impôts.

– Exactement », dit Mike.

Finalement la conversation revint sur le terrain de la prochaine ouverture.

« Es-tu jamais retourné essayer ces queues fines de montagne de l'an dernier ? demanda Mike.

– Jamais, répondis-je. Je me disais qu'on devrait tenter d'y retourner cette année.

– Je suis dispo », dit Mike.

Cette fois-ci, à l'aube il faisait un temps de septembre clair et frais, un vrai temps de chasse de début d'automne, assurément. Sweetzer et moi nous hissâmes dans le Suburban ; oui, le Suburban était remis sur pied (touchons du bois) et tournait, sinon comme une montre suisse, du moins assez bien pour un véhicule de plus de 10 ans et 350 000 kilomètres au compteur. Comme nous sortions du chemin de terre pour prendre la route de Steamboat Springs, nous croisâmes un autre chasseur mais qui, lui, se dirigeait vers ma propre région pour l'ouverture de la gélinotte des sauges. Il était au volant d'un vénérable 4x4, Harvester International Scout, et la raison pour laquelle je savais qu'il allait chasser est qu'il portait son gilet orange au volant et qu'un setter occupait avec lui la minuscule banquette avant. Le setter, sans doute excité à l'idée de chasser, essayait de lécher le visage de son maître, qui riait et tentait de le repousser et d'échapper à la langue qui le fouettait. Ce ne fut qu'une vision fugitive, deux chasseurs à l'aube qui se croisent sur un chemin de terre le jour de l'ouverture, mais la scène me mit d'excellente humeur.

Mike et moi nous retrouvâmes à la même heure du même jour sur le même parking du même café à l'extérieur de Steamboat Springs. Et j'avais à nouveau arrangé le coup avec le même rancher. Les autorisations de chasse sont si rares dans ce coin qu'il faut prendre ce qu'on vous offre et s'estimer heureux. Mais cette fois-ci, j'avais un bon pressentiment.

Le rancher était encore au lit à notre arrivée, mais finit par nous ouvrir la porte uniquement vêtu d'une espèce de caleçon long. C'est un truc que j'ai remarqué chez les ranchers et les fermiers : pour une raison qui m'échappe encore, ils vous accueillent souvent uniquement habillés de sous-vêtements et parfois même moins. Peut-être pour vous effrayer ? Récemment, je m'étais arrêté dans une ferme du Kansas pour demander l'autorisation de chasser la caille. Le fermier que j'avais dû tirer de sa sieste était venu à la porte avec une chemise pour seul vêtement. Rien en dessous. Et il était... comment le dire poliment... en pleine forme et, semblait-il, pas le moins du monde conscient de la chose.

Lorsque j'entrai chez le rancher, je remarquai que son salon était dans un désordre indescriptible, beaucoup plus que l'an dernier. C'était à l'évidence la demeure d'un célibataire et j'en déduisis que Susie avait dû partir. Ça me fit de la peine, je l'aimais bien, cette bonne vieille Susie.

Le rancher ensommeillé se gratta la poitrine et suggéra qu'on essaye directement les champs de luzerne et de blé, pour lesquels cette fois nous obtînmes des indications précises. Je fis même un petit croquis dans mon carnet pour être sûr et je fis des plaisanteries sur l'espoir de ne pas rencontrer Schroeder cette année. « Vous inquiétez pas pour ça, dit le rancher. Schroeder est tombé raide mort d'une crise cardiaque en distribuant du fourrage à ses bêtes l'hiver dernier. »

« Je le savais, dis-je à Mastro alors que nous repartions aux voitures. On a dû tuer Schroeder. »

Et lorsque je jetai un coup d'œil vers le petit cottage, je ne vis aucun signe de la vieille mère rabougrie et je pris ça comme un autre signe encourageant.

Cette fois nous nous rendîmes sans problème au bon endroit. L'année précédente, nous avions tout simplement chassé du mauvais côté de la route. Et cette année la propriété de Schroeder était hérissée de panneaux tout neufs, plantés tous les trente mètres et indiquant clairement CHASSE INTERDITE – DÉFENSE D'ENTRER. Exactement ainsi que Mike l'avait suggéré il y a un an. Mais bien sûr c'était trop tard pour Schroeder. Nous garâmes les voitures, sortîmes les chiens et les fusils, et nous nous dirigeâmes à l'angle d'un champ de luzerne et d'un champ de blé. Une compagnie de gélinottes à queue fine décolla devant nous et j'en décrochai une au premier coup de fusil de la saison. Je pris ça comme un autre bon présage. Puis Mike en tua une paire et j'en ratai une facile, « en cul », juste pour éviter que cette journée ne soit trop parfaite. Finalement, après seulement une heure de chasse il fut décidé que nous avions eu ce que nous voulions et que nous pouvions faire retraite. J'étais tout à fait satisfait, même avec un seul oiseau. Comme aurait dit Susie, c'était « mon but » depuis le début et je l'avais atteint.

En chemin, nous nous arrêtâmes au ranch pour remercier notre hôte, mais il était introuvable. Comme nous faisions le tour de la propriété à sa recherche, la petite bonne femme, encore plus desséchée, sortit de son cottage et loucha vers nous. « Bon Dieu ! dis-je entre mes dents, c'était pourtant presque un sans-faute...

– Ces messieurs ont-ils fait un cerf ce matin ? » cria-t-elle.

Nous lui répondîmes, réjouis, à l'unisson :

« Non m'dame !

– Ça pour sûr, on a pas fait de cerf, dit Mike en secouant la tête d'un air désolé.

– On en a même pas vu un », ajoutai-je pour faire bonne mesure.

3

L'air des cimes

Le faucon des prairies était le principal prédateur aviaire et le renard roux le principal mammifère carnivore responsable de la mortalité de la perdrix des neiges. Dans le parc national des Rocheuses, la circulation importante sur la route qui sépare les deux zones d'étude a aussi été une cause de mortalité. Un poussin est mort piétiné par inadvertance par un touriste. Et occasionnellement on a pu observer des touristes essayer de lancer des pierres sur des lagopèdes, mais sans parvenir à leur causer de dommages.

The White-Tailed Ptarmigan in Colorado

(Le lagopède à queue blanche du Colorado)

Clait E. Braun & Glenn E. Rogers

Division de la faune et des parcs naturels de l'État du Colorado

Publication technique n° 27

J'admets que Sweetzer et moi, nous avions démarré une sorte de quête du Graal, cette saison, et je ne suis pas sûr que ce fût nécessairement une bonne chose. Il est possible que cette quête occultait le but véritable de la chasse aux oiseaux... du moins pour moi, car Sweetzer passe considérablement moins de temps que moi à s'appesantir sur ces considérations. Ceci tendrait à prouver que l'intérêt du chien pour ce sport est absolument pur, comme la dévotion d'un moine pour le dieu Gibier.

Pour ma part, j'avais réalisé au cours de l'été qu'il n'y avait que quatre espèces d'oiseaux gibiers du continent nord-américain que Sweetzer n'avait jamais rapportées au cours de sa carrière. Et bizarrement, après tous nos voyages à travers le pays pendant la saison de chasse, deux d'entre elles, dont la perdrix des neiges – appelée perdrix blanche encore lagopède à queue blanche – vivaient à moins d'une heure de chez nous (si on excepte les trois heures d'escalade en montagne à l'arrivée). Donc, comme nous avions déjà chassé la queue fine des montagnes, à l'ouest de la ligne de partage continentale, nous nous préparions à une expédition en montagne du côté oriental de cette même ligne.

Pendant l'été, j'avais mené des recherches sur l'extraordinaire petit gibier qu'est le lagopède à queue blanche (*Lagopus leucurus*). C'est le plus petit membre de la famille des grouses et des gélinottes et sa vie étonnante se déroule à plus de 3 600 mètres d'altitude. Aucun autre gibier sur terre n'occupe un écosystème aussi ingrat, depuis son habitat d'estive sur les pelouses rases et les pierriers au-dessus de la ligne des derniers arbres, jusqu'aux cuvettes subalpines où elle hiverne. Le lagopède à queue blanche est le seul (avec ses cousins alpins et écossais) à passer d'un plumage d'été brun tacheté rappelant les lichens qui couvrent les roches d'altitude, parfaitement mimétique avec les couleurs de l'été en montagne, à un plumage d'hiver absolument blanc le faisant ressembler à une boule de neige pure. Hélas, même cet habitat particulièrement reculé ne l'a pas mis à l'abri de l'invasion humaine. En plus des menaces déjà évoquées causées par le tourisme dans le parc national des Rocheuses, l'implacable progression de l'industrie des stations de ski, la construction de retenues d'eau pour les canons à neige et les activités minières de haute montagne ont toutes prélevé leur dîme sur les populations de lagopèdes et sur leur habitat traditionnel dans le Colorado. Parallèlement à ces pressions humaines, le surpâturage, aussi bien par le bétail que par des ongulés sauvages, continue d'altérer leurs remises. Ce dernier fait pose un problème particulier dans le parc national où la nette surpopulation de cerfs wapitis est la cause d'un piétinement incessant, été comme hiver, de toute leur zone de répartition. Les autorités du parc rechignent à l'admettre, mais si l'on ne se résout pas à limiter les populations de cerfs par la chasse ou l'introduction de loups, le parc finira par ressembler à un ridicule Wapitisneyland.

Comme c'est souvent le cas, l'impact de la chasse est presque aussi insignifiant que le piétinement ou le caillassage occasionnel par des touristes maladroits. Bien qu'on puisse se rendre en voiture dans le domaine des lagopèdes, à l'intérieur du parc national des Rocheuses, on ne peut bien sûr pas y chasser. Partout ailleurs où la chasse est autorisée, il faut rejoindre les territoires à pied par des pentes vertigineuses, en respirant un air où l'oxygène se raréfie peu à peu avec l'altitude. Et une fois là-haut, il est encore très difficile de les localiser. Dans cet esprit, la chasse aux perdrix blanches peut être considérée comme un « sport extrême » dont l'exercice reste limité par essence. Pour ces mêmes raisons, ces oiseaux ont beaucoup moins de prédateurs que l'ensemble des autres gélinottes. Comme les humains, les coyotes et autres renards sont rares à tenter l'ascension et à dépenser autant d'énergie pour se rendre sur le territoire des perdrix des neiges afin de se procurer, dans le meilleur des cas, une proie bien difficile. Même les faucons ou les aigles peuvent capturer de nombreuses victimes plus accessibles. En fait les oiseaux adultes ont le taux de survie le plus élevé de toute la famille des lagopèdes. Les études évoquent un taux probable de 78 %, contre 6 à 28 % par exemple pour la gélinotte huppée du Minnesota. Un oiseau bagué par le biologiste Clait Braun du département de la Faune de l'État du Colorado, la plus haute autorité en ce domaine, fut repris à l'âge incroyable de 15 ans. Une longévité inédite pour n'importe lequel des gallinacés à la surface du globe.

Tôt en ce matin de l'ouverture des lagopèdes, je retrouvai un homme appelé Jake Brinkman et son ami Rex, dans un café de la chaîne Dairy-Queen, au bord de l'autoroute. Originaire du Kentucky, Brinkman parlait peu et d'une voix traînante à la John Wayne. Il portait une épaisse moustache sombre, un tatouage de l'USMC[1] au bras et arborait le sourire perpétuel d'un homme facile à vivre. Jake était technicien de maintenance pour les groupes

1. United States Marine Corps, le corps des marines des États-Unis.

scolaires du district de Boulder et son copain Rex, un gars calme et élancé, travaillait comme coursier pour la même boîte. Ils formaient à eux deux l'exemple type de ces cols bleus américains, solides, énergiques et durs à la tâche.

Ami d'un de mes amis de chasse, Brinkman avait fini, après un peu de négociation, par accepter de m'emmener dans son « poulailler » à lagopèdes, un endroit où il avait connu des réussites régulières depuis huit saisons. Les lagopèdes ont tendance à être extrêmement fidèles à leurs places d'estive et d'hivernage, et reviennent année après année, génération après génération, aux mêmes endroits, à quelques dizaines de mètres près. Et à condition que les chasseurs prennent soin de ne pas prélever plus de 20 % des oiseaux d'une couvée, la population reste stable d'une année sur l'autre quelles que soient les conditions. Brinkman, qui voyait naturellement ces lagopèdes comme « ses » lagopèdes (la plupart des purs chasseurs en Amérique connaissent et respectent ce sentiment de propriété), avait fini par apprendre énormément de choses sur cette espèce et avait, si l'on peut dire, soigneusement « couvé » sa population d'oiseaux au cours des années. C'est ainsi qu'il avait fini par accepter de m'y amener aux deux conditions habituelles du contrat non écrit : 1. Je n'y retournerai jamais tout seul, ni avec personne d'autre que lui. 2. Je ne révélerai l'endroit à personne, même d'une manière imprécise. Enfin, c'était une offre unique.

J'avais donné mon accord.

Donc, après avoir atteint le bout de la longue piste en 4x4, nous nous équipâmes pour l'ascension. C'était une parfaite et douce journée d'automne, mais nous portions tous un sac à dos paré pour l'éventualité d'un changement de temps, avec de la nourriture, des vêtements et un minimum de matériel de camping d'urgence. Comme le savent les montagnards, dont beaucoup l'ont parfois appris tragiquement à leurs dépens, à ces altitudes, le temps peut changer d'une minute à l'autre et même si l'on démarre par une douce matinée d'été ensoleillée, l'après-midi peut se terminer dans la pire terreur blanche et glacée de l'hiver.

Nous traversâmes d'abord des bois mixtes de trembles et de conifères, aussi luxuriants qu'une forêt tropicale après un été humide, avec des fougères, des champignons et des fleurs sauvages en abondance. Je me fis mentalement la promesse de ramasser quelques champignons au retour, car certains iraient très bien avec les lagopèdes.

Puis nous marchâmes à flanc de montagne, gagnant progressivement de l'altitude, pour déboucher en sortant de la forêt sur une série de petits lacs et d'étangs à castors qui drainaient les eaux subalpines et débordaient en direction de la vallée. Au fur et à mesure que nous montions, les mélèzes bien droits laissaient place à des bouquets de petits arbres aux troncs tordus et rachitiques, puis finalement à de petits individus courageux isolés s'accrochant désespérément à la pente. De même, en se rapprochant du sommet, les saules et les quintefeuilles poussaient de plus en plus près du sol, comme pour échapper au vent implacable qui descend des cimes. Il y a quelque chose d'héroïque dans toute cette végétation qui s'est adaptée à la vie sur ces hauteurs.

Encore plus haut nous pénétrâmes dans la toundra alpine elle-même, curieusement et brièvement luxuriante à cette époque de l'année avec ses pentes couvertes d'une courte herbe verte aux pétales rouges appelée « pinceau indien », de jacinthes et de toutes petites fougères délicates de couleur vert foncé qui sont la source principale de nourriture estivale des lagopèdes.

À présent, nous faisions des pauses de plus en plus fréquentes afin de nous soulager du poids des sacs et des fusils et de boire un peu d'eau. « Chaque année, cette montée est un peu plus dure », admit Brinkman. Mais ça vaut le coup, rien que pour se retrouver ici, en haut, n'est-ce pas ? »

Oui, ça valait le coup. Le monde vu d'ici semblait particulièrement magnifique, avec cette position dominante sur la plupart des autres sommets et une vue qui ne semblait pas avoir de limites. « Regarde ce papillon blanc, posé sur cette fleur », dit Brinkman émerveillé, ramenant notre regard à courte distance. Des sauterelles d'une espèce que je n'avais jamais vue, à la forme étrange et aux couleurs chatoyantes, jaillissaient autour de nous. Rex, qui s'intéressait à l'entomologie, en attrapa une et la mit dans une petite boîte de pellicule photo pour la rapporter comme spécimen pour sa collection. À l'instar des lagopèdes, d'autres créatures vivent à cet endroit-là et nulle part ailleurs. Être sur cette toundra donnait l'impression de se trouver sur une autre planète et je ressentis très fort la chance que j'avais d'être monté découvrir ces merveilles à la seule force de mes deux jambes. Mais peut-être que cette euphorie résultait aussi du manque d'oxygène. Curieusement, contrairement à nous, les chiens ne semblaient nullement affectés par l'altitude. J'avais eu des inquiétudes pour les articulations de Sweetzer, mais ça s'était révélé finalement sans fondement. Elle galopait dans la pente sans difficulté apparente, gardant le rythme avec Max, le jeune braque de Brinkman. Ce dernier estima que nous étions arrivés à 3 800 mètres au-dessus du niveau de la mer, altitude à laquelle une vingtaine de pas s'apparente à l'effort cardiovasculaire d'un marathon.

Nous avançâmes le long du flanc escarpé et rocailleux de la montagne que Brinkman annonça comme l'entrée de son « poulailler ». En dessous de nous une source de la plus pure des eaux alpines s'écoulait, formant sur les roches une série de cuvettes brillantes et peu profondes. La glace formée sur les bords du ruisseau et une plaque de neige éternelle en contrebas scintillaient au soleil. D'après Brinkman, les lagopèdes se tenaient sur ces pentes, si bien camouflés que pour les découvrir immobiles à l'arrêt du chien il fallait apercevoir leur petit œil noir. Déjà, j'imaginais l'envol d'une compagnie, comme autant de petits morceaux de rocher se détachant de la montagne pour dévaler la pente en vrombissant.

Nous remarquâmes qu'entre le sommet sur lequel nous étions et la prochaine montagne se formaient de gros nuages menaçants, annonciateurs d'orage. « Il faut garder un œil là-dessus, dit Brinkman. Je me suis déjà retrouvé une fois ici au milieu des éclairs, je peux vous dire qu'on est étonné de voir à quelle vitesse on est capable de redescendre dans ces cas-là ! »

Nous avons fouillé consciencieusement notre secteur sans trouver d'oiseaux, puis nous avons décidé une pause déjeuner. Je me suis rendu compte que la dernière fois que j'avais déjeuné au-dessus de 3000 mètres, c'était d'un plateau-repas servi par une hôtesse de l'air. « Je n'y comprends rien, dit Jake. En huit ans c'est la première fois que je ne lève rien ici. Peut-être qu'il a fait si doux cet automne qu'ils se trouvent plus haut. » J'avais entendu le vieil adage des chasseurs de perdrix blanches, selon lequel « si vous ne les trouvez pas, il faut chercher plus haut ». Donc nous montâmes plus haut, jusqu'à 4000 mètres… et en escaladant.

C'est alors que, dans la vallée, les nuages de plus en plus sombres s'amoncelèrent et commencèrent à rouler et gronder. Des éclairs en sortirent et un rideau de neige se mit à onduler vers nous, comme une chose vivante à la fois très belle et inquiétante. Devant tant de force et de grandeur, mon projet d'ajouter ce petit oiseau à mon carnier et à la liste de Sweetzer me parut soudainement mesquin et absurde, sauf le respect dû aux lagopèdes et aux dieux de la chasse. « Ça y est, ça va être sur nous, m'avertit Jake. On ferait mieux de redescendre plus bas. *Maintenant.* » Je sifflai Sweetzer, qui abandonna à regret la trace qu'elle suivait, puis essaya encore d'y retourner. Quelque part devant elle, un peu au-dessus, une bande de ces magnifiques oiseaux, tapis entre les rochers, espérait le départ des intrus. Ils attendaient l'arrivée de la première neige de l'hiver qui allait recouvrir leur toundra. Et puis ils se remettraient en mouvement, revêtus de leur livrée qui commençait à se moucheter de blanc, et accompliraient la transition du cycle des saisons. Alors que nous tentions de fuir l'arrivée des nuages noirs qui annonçaient l'orage, peut-être mortel pour nous, les lagopèdes attendaient la blancheur dont leur vie dépendait.

4

Cocktails avec Poops

À Joseph R. Walton
(2 juillet 1931 - 12 décembre 1997).
In memoriam

Il était encore tôt dans la saison de chasse et j'étais assis au bar du restaurant du coin avec mon voisin Joe Walton (que j'appelle Poops affectueusement, pour me moquer de lui car parfois c'est vraiment un vieux chnoque). Nous sirotions un martini avant le dîner. Normalement nous ne prenions qu'une voiture pour nous rendre au restaurant. Cette fois, cependant, nous étions convenus de nous rejoindre au restaurant car, avec Sweetzer, nous voulions nous arrêter en route sans Poops, qui n'est pas chasseur, pour visiter un de nos coins secrets à gélinottes des sauges. Un endroit que nous visitions chaque année en début de saison, la plupart du temps avec beaucoup de succès. Nous devions bientôt reprendre la route pour notre périple automnal, mais ça me faisait plaisir de tenter notre chance au moins une fois sur ce petit secteur près de la maison. Je m'y rendais comme à une cérémonie censée nous porter chance. Il y a dans ce sport quelques rituels, traditions et superstitions qu'il vaut mieux respecter à la lettre et visiter ce coin en était une. Ma femme, ainsi qu'elle le faisait souvent à l'approche de l'automne, s'était elle-même déjà envolée vers des climats plus chauds, ce qui était aussi une tradition annuelle.

« Alors, comment s'est passée la chasse ? me demanda Poops, manifestement peu intéressé.

– J'ai trouvé la compagnie et j'ai pu tirer un jeune de l'année, répondis-je. Veux-tu dîner avec moi cette semaine ? Nous la dégusterons ensemble. »

C'était une vieille plaisanterie entre Poops et moi car, une année, il avait accepté mon invitation et il ne perdait jamais une occasion de me rappeler à quel point il avait détesté cette chair au fumet, il est vrai, assez sauvage et violent. Poops est un consommateur exclusif de viande de boucherie. À la vérité, Poops et moi n'avons pratiquement rien en commun, à part que nous venons tous deux du Midwest et que nous aimons le martini, ce qui constitue déjà une base acceptable, car nous sommes vraiment bons amis malgré nos différences. Ce qui est bien lorsque l'on vit à la campagne, comme Poops et moi, c'est que l'on en vient à s'intéresser à ses voisins, alors qu'en ville on ne songerait même pas à leur adresser la parole.

Poops avait une soixantaine d'années, bien qu'il en paraisse dix de moins, et je le vois comme le dernier représentant de l'époque Eisenhower. Un gars très années 1950, conservateur, inébranlablement convaincu de la légitimité des positions américaines de l'après-guerre. En ce qui me concerne, avec mes vingt ans de moins, j'étais un pur produit de la génération suivante. Une génération bien plus désenchantée qui, tout en tenant les commandes ou en s'efforçant d'y parvenir, ne pouvait se départir d'un certain cynisme, d'un sentiment de colère, et posait sur la réalité un regard désabusé.

Poops est un homme corpulent et « endomorphique », aux mouvements réfléchis et lents, alors que je suis plutôt « ectomorphique », mince et nerveux, portrait craché du « type A », aussi linéaire qu'une traînée de condensation laissée par un avion dans le ciel. Poops a toujours été célibataire. Son père, de qui il n'a jamais été proche, est mort alors qu'il était adolescent. Après l'armée, le jeune homme rentra chez lui et vécut toute sa vie d'adulte avec sa mère, qui s'est éteinte paisiblement il y a peu, à 90 ans passés. Elle était restée alerte et active jusqu'à la fin. Poops avait travaillé trente-cinq ans pour la même compagnie d'assurances, au sein de laquelle il avait lentement gravi les échelons intermédiaires pour terminer chef de leur bureau de Phœnix dans l'Arizona. Il avait exercé toutes les fonctions et assisté à tous les séminaires au sein de l'entreprise et, aimé et respecté de tous, il s'était fait de solides amitiés auprès de ses collègues de travail. Il avait pris sa retraite jeune, avec un généreux coup de pouce de l'entreprise (quand ça existait encore), et de belles petites économies, car lui et sa mère étaient durs au travail et économes à la manière des classes moyennes américaines (quand il y en avait encore). Produit de son époque, comme chacun de nous, Poops avait réussi à quitter le monde du travail juste à temps pour échapper aux changements radicaux apportés par la révolution informatique, le culte de la croissance, la crise des soins de santé, ainsi que tout un état d'esprit général d'incivilité qui l'aurait de toute manière poussé en dehors du monde du travail. En de nombreux aspects, Poops avait mené une vie confortable et agréable, non dénuée de charme, car ça avait été aussi une vie relativement à l'abri des grandes souffrances et des déceptions.

En ce qui me concerne, je suis marié et, en tant qu'écrivain, je ne sais pas trop ce qu'est un travail stable. Quand j'examine les avantages que peut m'apporter la retraite dans ma profession, j'ai tendance à voir un hôtel minable, un paquet de Camel, une bouteille de scotch et le dernier fusil que les huissiers m'auront laissé. Attention, je ne me plains pas, moi aussi j'ai la belle vie. Je ne mentionne tout ça que pour bien montrer les différences entre ma vie et celle de mon vieil ami Poops.

Dans le domaine des choses de la nature, ce sont même des années-lumière qui nous séparent, Poops se contentant de ce qu'il peut en voir depuis la fenêtre de son salon ou le pare-brise de sa voiture. Un soir, nous buvions un verre juste après qu'il eut passé l'après-midi à épandre du désherbant sur son gazon. Je fis mention d'un article que je venais de lire expliquant le possible impact négatif de tous ces produits chimiques sur les petits oiseaux qui enchantent nos jardins. Poops me répondit, un peu vexé :

« Allons, Jim, qu'est-ce qui est plus important, les gens et un beau gazon, ou les petits oiseaux ? »

Pourtant, je trouve quelque chose d'extrêmement réconfortant et même enviable à la vie de Poops, à sa personnalité, son allure et sa philosophie, sa foi placide dans la droiture des choses en général.

Donc, Poops et moi étions assis au bar, buvant un apéritif et nous permettant une cigarette. En fait, Poops n'a pas à se « permettre une cigarette » : c'est un fumeur invétéré. Bien qu'il ait peut-être essayé d'arrêter une ou deux fois, il s'accroche fermement à la conviction démodée que les dangers du tabac sont largement exagérés par les médias et le lobby médical. Mais il n'est pas non plus stupide et il n'a jamais cru les magnats de l'industrie du tabac quand, en fieffés menteurs, ils avaient juré la main sur le cœur devant le Congrès américain qu'ils ignoraient que la nicotine était une substance addictive. Non, Poops accepte l'idée qu'il est un drogué comme tous ceux qui s'imprègnent de nicotine ou d'autres substances. « Il faut bien mourir de quelque chose », a-t-il l'habitude de dire en haussant les épaules.

« Tu veux en savoir plus sur notre chasse aux gélinottes ? » lui demandai-je alors que nous dégustions nos martinis en tirant sur nos cigarettes. Ceci parce qu'une autre vieille plaisanterie entre nous porte sur son profond désintérêt pour tout ce qui touche à la chasse.

« Pas vraiment, fit-il en prenant un air faussement attristé. *Pauvres* petits oiseaux.

– Eh, Poops, rappelle-toi à quel point tu étais triste que ton nom n'apparaisse nulle part dans mon premier bouquin. Eh bien, c'est à cause de choses comme ça : tu ne veux même pas écouter mes histoires.

– Bon, mais tu as cité absolument tout le monde, sauf ton vieil ami et voisin, dit-il.

– Ouais, parce que tu ne chasses pas. Comment pourrais-je te mettre dans un bouquin de chasse si tu ne chasses même pas. Je veux dire : qu'est ce que je pourrais bien écrire à ton sujet. Cocktails avec Poops ?

– Eh bien oui, dit-il d'une voix ferme. Pourquoi pas ? »

À cet instant, nous vîmes la barmaid s'approcher discrètement de nous. C'était une femme saine, élancée, jolie, avec des cheveux bruns et des yeux noirs. Je ne l'avais jamais vue dans le coin auparavant.

« J'ai eu l'impression que vous parliez de chasse, dit-elle. Moi, j'aime la chasse et je chasse.

– Vraiment ! dis-je. Moi-même, j'étais aux gélinottes des sauges juste avant de venir ici. »

Elle se pencha sur le bar et me regarda droit dans les yeux.

« Vous en avez trouvé ? »

Holà ! Les chasseurs ont un sixième sens pour ça et je savais que cette barmaid allait essayer de m'extirper un tuyau sur mes bons coins à gélinottes. Mais juste à ce moment, elle fut appelée par un autre client à l'autre bout du bar. Ouf ! Sauvé par le gong.

« J'ai l'impression que la nouvelle barmaid t'aime bien, dit Poops.

– Non, comme tu n'es pas chasseur, tu ne vois pas ce qui se passe. Elle essaie seulement de me faire dire où sont mes coins à gélinottes. C'est tout ce qu'elle aime en moi, je l'ai lu dans ses yeux.

– *Nooon*, insista Poops en hochant la tête et en souriant malicieusement. Je ne pense pas. Je crois que tu lui plais. Et ta femme est en voyage. À combien estimes-tu mon silence ?

– Il ne vaut pas un clou, espèce de vieille merde, dis-je. Parce qu'il n'y a aucun silence à garder. Je suis un homme marié, heureux en ménage, et tu n'es qu'un maudit fouteur de merde. »

La barmaid revint au bout d'un instant et, posant ses deux mains sur le bar, se pencha tout près de moi. Il est vrai que ça créait un certain trouble.

« Je ne vous ai jamais vue ici, lui dis-je.

– J'ai passé tout l'été à garder les chevaux du ranch D Lazy U. (Le D Lazy U est un ranch-hôtel situé dans une vallée parallèle à la nôtre et à des heures d'ici.) La saison vient de se terminer et je rentrais dans le Montana, mais j'ai de la famille dans ce coin et je me suis arrêtée pour leur rendre visite. Et puis je me suis dit que je pourrais aussi bien travailler un mois ici. J'aime bien venir ici en septembre, quand je peux aller chasser le tétras dans les montagnes. »

Elle fixa alors sur moi son regard sombre et pénétrant. Ma bouche devint sèche sous la chaleur du regard.

« Je connais quelques bons coins », reprit-elle.

Maintenant, je savais que ça allait venir.

« Excusez-moi juste un instant », ajouta-t-elle en allant accueillir un couple qui venait d'entrer.

Poops se mit à glousser ouvertement. « Ça va te coûter un max, ne cessait-il de répéter, ça va te coûter un max.

– Qu'est-ce que tu racontes?, lui répondis-je, outré. Je n'ai *strictement* rien fait. Je n'ai *aucune* raison d'acheter ton silence. C'est une simple conversation entre chasseurs de gibier à plumes. Tu es quand même capable de voir ça? Qu'il s'agit d'un délicat processus de négociation.

– *Des chasseurs de gibier à plumes*... C'est donc ça, dit Poops en secouant la tête. Jim, Jim, Jim... gloussa-t-il. Et même si c'était vrai, laisse-moi te dire que tu n'as aucun avenir comme négociateur professionnel.

– Ah oui? Eh bien regarde-moi. Elle va revenir et elle va essayer de savoir où je me suis arrêté en venant pour chasser la gélinotte des sauges. Et là tu vas voir comment je me débrouille en matière de négociation. »

À ce moment, la barmaid revint directement, se pencha à nouveau par-dessus le bar, me fixa avec ses yeux noirs et dit:

« C'est quoi au fait, votre nom? »

– Jim, lui dis-je. Et lui, c'est Joe. Et vous?

– Crystal, répondit-elle en se tenant droite et en nous tendant une large main aux doigts énergiques. Une main de cow-girl, capable de rassembler et marquer le bétail. Ravie de vous connaître, les gars! »

Puis elle poursuivit:

« Bon, Jim, reparlons de nos affaires de chasse. Ça vous dirait de m'emmener aux gélinottes des sauges un de ces jours?

– Mon Dieu, je n'en sais rien, Crystal. Vous savez, je connais bien quelques secteurs mais je n'ai pas l'habitude d'y emmener des gens. Et surtout pas des gens du coin qui pourraient y retourner sans moi. Vous-même, vous chassez et vous connaissez ça. »

Crystal hocha la tête, pensive, et donna l'impression d'y réfléchir. Elle inspira longuement et s'étira un peu comme un chat en arquant le dos, ce qui eut pour effet de tirer les boutons-pression sur le devant de sa chemise de cowgirl. Comme je l'ai dit, c'était une grande femme saine et... bon, c'était le genre de gestuelle qu'il était plus ou moins impossible de ne pas remarquer.

« Oh, bien sûr, dit-elle. Je comprends. »

Elle se pencha à nouveau par-dessus le comptoir, ses belles mains écartées comme une chatte s'apprêtant à bondir. « Je vais vous dire un truc, Jim », fit-elle à voix basse. Elle jeta un œil alentour comme pour s'assurer que personne n'écoutait, mais il n'y avait que moi et Poops. « Vous m'emmenez en plaine à la gélinotte des sauges, continua-t-elle en bloquant ses yeux dans les miens comme un missile détecteur de chaleur, et je vous emmène dans la forêt vous montrer mon tétras sombre… Voilà mon offre. Maintenant réfléchissez-y. » Et, prenant appui sur ses mains, elle s'écarta du bar et se remit au travail sans un autre regard dans notre direction.

« Crystal, murmurai-je doucement à Poops. C'est trop beau pour être vrai, il fallait justement qu'elle s'appelle Crystal. »

Poops prit une longue bouffée contemplative de sa cigarette ; il utilise un de ces filtres à goudron en plastique qui le font ressembler à un croisement de plusieurs acteurs des années 1940, sorte de mélange de Sydney Greenstreet et Peter Lorre. « Tu sais, je serais chasseur, dit-il en exhalant la fumée, j'irais bien jeter un œil sur le tétras sombre de Crystal. »

Et c'est ainsi que mon voisin et ami Joe Walton, alias Poops, eut finalement son nom dans un récit de chasse.

5

De Sweetzer à Mike

Un jour, je parlais au téléphone avec mon comptable, un homme appelé Mike Benninghoven. Bien que Mike soit un homme de chiffres et moi un homme de mots, nous avions sympathisé au téléphone au fil des années, après avoir découvert que la chasse et la pêche étaient notre grand dénominateur commun.

Mike avait son lac à truites secret, dans les montagnes non loin de là où je vis, et il aimait y emmener ses enfants passer quelques nuits sous la tente et pêcher. Le lac recelait de gros poissons, m'avait-il dit, et apparemment personne d'autre que lui ne semblait connaître l'endroit. Mike était un homme généreux et, au début de l'été, il avait fini par me révéler le nom du lac ainsi que l'endroit où il se trouvait et la façon de s'y rendre. Je n'avais pas encore eu l'occasion d'y aller, mais j'avais peine à croire que Mike ait accepté de divulguer un si précieux secret et je l'appréciai encore plus pour cela.

Maintenant que la chasse des oiseaux de montagne avait débuté, Benninghoven mentionna dans la conversation que depuis quelques saisons, en chassant le cerf de Virginie et le wapiti dans la montagne proche de l'endroit où j'habite, il avait repéré tout un secteur qui devait être excellent pour le tétras sombre. Il me proposa d'y monter avec lui un prochain week-end.

Il existe huit sous-espèces de tétras sombre (*Dendragapus obscurus*), à travers l'ouest des États-Unis. Bien que dans l'État du

Colorado, les populations soient admises comme « stables », une récente étude du département de la Faune a montré que seuls 5 % des oiseaux bagués sont « repris » par la chasse. Ceci prouve surtout que la chasse de cette espèce suscite un assez faible enthousiasme. La raison principale est l'habitat fort reculé de cet oiseau, la difficulté d'accès de ses tènements de haute montagne et le fait que, comme dans le cas du lagopède, on n'est jamais certain, une fois sur place, de les trouver. Mais enfin, comme avec la plupart des espèces, quand on a un bon coin et qu'on ne prélève les oiseaux qu'avec modération, on retrouvera tous les ans des tétras sombres aux mêmes endroits. Ce qui ne plaît pas beaucoup aux chasseurs, c'est surtout le fait que ces oiseaux se nourrissent devant vous sur le sol de la forêt aussi placidement que le feraient des poules de basse-cour et que, une fois posés sur une branche, ils peuvent vous regarder indéfiniment avec confiance et curiosité, faisant preuve d'une passivité déconcertante. Beaucoup de chasseurs donc ne les considèrent pas comme très sportifs à tirer. C'est pourtant un délicieux gibier pour la table, particulièrement au cours de l'automne quand son alimentation se compose principalement de baies sauvages. Et pour éviter les considérations éthiques d'un tir trop facile sur un oiseau posé, l'usage d'un chien leveur de gibier vient régler tous les problèmes. Les tétras sombres volent comme des fusées lorsqu'ils sont poussés par un chien. Et c'est génétiquement logique pour une espèce qui a comme prédateurs les loups, les coyotes et les renards.

Donc, quand Benninghoven m'invita dans son coin à tétras, je répondis : « Bien sûr, et je viendrai avec mon chien, car Benninghoven n'a pas de chien.

– Tu veux dire que je vais chasser avec la célèbre Sweetzer ? demanda Mike.

– Ouais, mais ne te fais pas d'illusions à l'avance, dis-je, ce n'est qu'une chienne ordinaire, à moitié dressée pour la chasse. »

Ce n'est pas la faute de Sweetzer – c'est rarement la faute du chien –, mais il est vrai qu'au cours des dernières années, occupé par-ci, par-là à d'autres tâches, j'avais un peu négligé son entraînement, et ses performances avaient pour le moins régressé dans le domaine de la chasse. Mon ami Guy dit souvent qu'on gâche toujours son premier labrador et, bien que je n'eusse pas fait que du mauvais travail, il est vrai que par inexpérience j'avais commis quelques erreurs dans sa formation de base. Et ces lacunes allaient la poursuivre durant toute sa carrière. Après coup j'avais réussi à corriger quelques défauts, mais pas tous. Par exemple, j'avais plus ou moins réussi à l'empêcher de faire voler des oiseaux bloqués au bout du nez des chiens d'arrêt (ce qui était l'objet de plaintes incessantes de mes amis propriétaires desdits chiens), mais je n'ai jamais réussi à obtenir d'elle la moindre sagesse à l'envol ou au coup de feu.

Le jour fixé arriva et Mike me rejoignit à mon chalet. Nous prîmes un seul 4x4 pour rejoindre la piste qui montait en lacets. Après un col situé au-dessus de la ligne des forêts, on redescendait jusqu'à un torrent qu'on devait traverser pour reprendre une autre piste en montée, puis on redescendait un peu jusqu'à ce que le chemin se termine en cul-de-sac et que Mike annonce :

« Voilà l'endroit. »

Je savais déjà par nos conversations téléphoniques de la dernière « saison des impôts » que Mike était un chasseur compétent, doué d'un excellent sens de l'orientation. Une qualité innée selon moi chez les matheux, mais qui manque aux littéraires... en tout cas, une qualité qui me manque. J'ai essayé par exemple de me raisonner en maintes occasions où j'étais perdu et ça n'a jamais rien donné, alors que si vous pouvez vous asseoir un moment et faire quelques calculs, vous êtes souvent rapidement tiré d'affaire.

Nous progressâmes ensuite le long du flanc de la montagne et suivîmes le cours d'un ruisseau provenant d'une source, sur une coulée empruntée par les bêtes sauvages. Des églantiers, des myrtilles et des framboises sauvages recouvraient parfois le sentier. La forêt sur les pentes se composait de trembles, de pins tordus et de sapins. C'était une sérieuse montée, mais qui n'avait rien de pénible, et il faisait un temps splendide, frais, les feuilles des trembles commençaient tout juste à prendre quelques couleurs d'automne. En un rien de temps nous fûmes sur les oiseaux, nous nous déployâmes dans la pente. Nous eûmes alors l'occasion de quelques coups de fusil amusants. Le coin à tétras de Mike valait le déplacement, c'était sûr.

Il commençait à se faire tard et nous avions tous deux pratiquement atteint notre « limite » de prélèvement maximal autorisé. Nous nous préparions donc à rejoindre notre véhicule. Mike et moi redescendions la piste quand Sweetzer leva un tétras un peu au-dessus. Il prit son envol dans la pente et traversa la piste comme un boulet du côté de Mike; il ajusta son fusil et tira, mais l'oiseau «cassa» les ailes et s'évanouit en planant dans la pente, absolument indemne. «Eh ben! voilà un oiseau qui allait *vraiment* vite, dit Mike. Je n'ai pas pu l'ajuster proprement ni "mettre devant". Donc, forcément le coup a dû passer loin derrière.»

Sweetz s'était engouffrée dans la pente en poursuivant l'oiseau, c'était l'une de ses plus fâcheuses habitudes, bien que l'âge ait fini par tempérer la chose. Je la sifflai, mais elle m'ignora. Puis je criai et sifflai encore, mais on ne voyait toujours que son derrière s'éloigner dans la forêt puis elle disparut à la suite de l'oiseau.

«Tu vois, dis-je un peu penaud à Mike, voilà la réalité du célèbre chien de chasse dans ses œuvres. Quand elle aura compris que l'oiseau est parti, on la retrouvera sans doute à la voiture.»

Nous rouvrîmes nos fusils et recommençâmes nous-mêmes à descendre le sentier. Mais après une dizaine de minutes, Sweetzer n'étant toujours pas revenue, je commençai à m'inquiéter qu'elle ait pu s'égarer dans les bois ou qu'elle ait pu suivre cet oiseau de l'autre côté de la vallée. Donc, nous nous arrêtâmes et je recommençai à siffler. Enfin, nous entendîmes un bruit de souffle et de branches cassées en dessous de nous et soudain Sweetzer déboucha des buissons avec le tétras de Mike dans sa gueule. Elle me le remit dans la main et, après examen, nous pûmes constater que l'oiseau n'avait qu'une seule atteinte dans la région de la tête où un unique plomb de 7 ½ avait pénétré. Parfois les oiseaux touchés à la tête font ainsi: ils ouvrent leurs ailes et volent sur une centaine de mètres avant de tomber raides morts et dégringoler du ciel comme une pierre. «Bon, j'ai l'impression qu'après tout tu ne l'avais pas autant raté que tu le disais», dis-je à Mike en lui tendant l'oiseau. Avec son instinct de chien de chasse, Sweetzer avait dû sentir que l'oiseau était touché et considérer que le rapport de sa proie était plus important que l'obéissance aveugle aux rappels de son maître.

«Je n'ai pas vu bouger une seule plume au coup de fusil, dit Mike émerveillé. J'aurais juré l'avoir proprement loupé. Quel magnifique rapport de Sweetzer! Sans elle, nous n'aurions jamais retrouvé cet oiseau. Merci, Sweetz! dit-il en se penchant pour la flatter. Quel grand chien tu as là, Jim! dit Mike.

– Question de dressage, Mike», répondis-je.

C'était la fin d'une journée parfaite, d'une chasse parfaite. Portant nos carniers bien rebondis, nous avons redescendu la piste vers le véhicule. Quant à Mike, il ne pouvait pas s'arrêter de chanter les louanges de Sweetzer, sa nouvelle meilleure amie.

Épilogue

Ce fut la première et la dernière fois que je devais chasser avec Mike Benninghoven. L'été suivant, il fit un malaise à l'aéroport Kennedy de New York, et peu de temps après on lui diagnostiqua une tumeur inopérable au cerveau. Mike continua de travailler aussi longtemps qu'il en fut capable. Il pouvait toujours remuer des chiffres dans sa tête, mais peu à peu la tumeur finit par l'empêcher de parler. Sa pensée restait claire, mais les mots avaient du mal à sortir, et finalement ne sortirent plus du tout. Nous eûmes quelques contacts au téléphone, tant que cela fut possible. Quelle que fût sa douleur pour trouver les mots, aussi longtemps qu'il put parler, il demandait des nouvelles de Sweetz et il évoquait le jour où elle lui avait rapporté son dernier tétras.

Je ne suis jamais retourné depuis dans le coin à tétras de Mike. Chaque année en septembre, j'envisage de remonter là-haut et j'ai toujours l'intention de le faire. Je me souviens parfaitement de l'endroit, comment on y parvient et où se tiennent les oiseaux, et peut-être qu'un jour j'y retournerai. Je sais que Mike n'y verrait pas d'inconvénient, en fait il aimerait sûrement que ça devienne « mon » coin à tétras, car c'était un homme généreux. Mais je n'ai tout simplement pas été capable d'aller là-haut sans lui. J'ai encore dans les yeux l'image de ce dernier tétras de la journée, de ce qui devait être le dernier tétras de la vie de Mike. Comment il avait jailli et traversé la piste devant nous, le coup de fusil de Mike, et Sweetzer dévalant la pente dans sa poursuite endiablée. C'est une image gravée à jamais dans ma mémoire et je craindrais d'en gâter le souvenir en retournant là-haut.

6

Agent double au canyon de la desolation

Le canyon est très tortueux, la rivière très rapide et de nombreux canyons latéraux se jettent dans le principal des deux côtés. Ils ont généralement leurs propres ramifications, ce qui fait que la région est découpée en une multitude sauvage de falaises grises et brunes… On voit de toutes parts des sommets escarpés en forme de tours et au-dessus d'eux, plus loin, de longues lignes de falaises brisées et au-delà, au-dessus des falaises, des forêts de pins qu'on peut apercevoir de temps en temps depuis certains points de vue entre les rochers. Les parois n'ont pratiquement pas de végétation : on trouve ici ou là quelques maigres buissons nains, accrochés à la roche. Des cèdres poussent dans les crevasses. Ils ne ressemblent pas aux cèdres des pays rafraîchis par les pluies qui forment de grands cônes ornés de branches. Leurs tronc tordus ressemblent à ces « casses-têtes » qu'utilisent les indiens à la guerre. On croirait des touffes affreuses de massues qui seraient couvertes d'épines. Nous envisageons d'appeler cet endroit le canyon de la désolation.

JOHN WESLEY POWELL

L'Exploration de la rivière Colorado et de ses canyons

Nous avions prévu trois jours de raft et de chasse à la perdrix choukar, au cours d'une descente du canyon de la désolation et du Gray Canyon, sur la Green River dans l'Utah. Un voyage assez compliqué, car deux jours avant le départ, l'organisateur devait d'abord emmener les rafts jusqu'à un point de mise à l'eau situé plus haut, puis redescendre la rivière sur une certaine distance avant de nous retrouver. Pendant ce temps les chasseurs et leurs chiens arrivaient sur un petit aérodrome privé grâce à un avion de location, puis continuaient en 4x4 jusqu'au point d'embarquement. C'est mon ami de chasse Mike Mastro qui avait organisé l'aventure mais, au milieu de l'été, lui et un autre ami furent contraints d'annuler le projet et je dus reprendre les rênes de l'expédition. *Je m'étais démené pour trouver d'autres participants et j'avais fini par rassembler les habituels*: le peintre Len Chmiel et le photographe Steve Collector. Tout était réglé: les dates convenues avec les organisateurs, le pilote du coucou réservé, les arrhes payées, la période bien marquée sur les agendas comme «vacances»... Bref, presque tout était en ordre. La seule chose qui nous manquait, à Collector et à moi, était le magazine qui s'engagerait à nous acheter l'article en fin d'expédition. Sachant que ce ne serait qu'une formalité, j'envoyai ma demande en toute confiance, car même le plus myope des rédac chef new-yorkais verrait qu'on tenait là une excellente aventure à raconter aux lecteurs.

«Pas intéressé? répondis-je, incrédule, à mon rédac chef au téléphone, quand il eut enfin daigné me répondre, juste deux semaines avant le départ programmé. Que voulez-vous dire par "pas intéressé"? C'est une histoire superbe, la région des grands canyons, la descente en raft sur les rapides, la chasse au choukar, peut-être même un peu de pêche dans les canyons secondaires. Comment peut-on ne pas être intéressé par cette histoire?

– Cette histoire ne me branche pas vraiment, dit-il.

– Ça ne vous branche pas vraiment? répétai-je incrédule, *ça ne vous branche pas vraiment?*»

Il est clair que les rédac chefs new-yorkais devraient sortir plus souvent de leur bureau.

«Mais tout est déjà organisé...»

Les voyages de chasse comme les campagnes militaires ont une façon de prendre vie par eux-mêmes et, dès que la lourde organisation se met en marche, il devient pratiquement impossible d'arrêter le processus. Dans mon esprit le voyage était commencé, ça ne branchait peut-être pas mon rédac chef, mais mes bateaux étaient déjà à l'eau, l'avion prêt à décoller et je voulais bien être damné si je laissais tout cela sombrer.

« Je croyais que c'était une commande ferme ? dit Collector, dont le sens pratique serait plutôt meilleur que le mien (ce qui vaut mieux en tant que père de deux jeunes enfants). Écoute, si on n'a pas un engagement ferme, je ne peux pas suivre. »

Il va sans dire que nous autres auteurs et photographes formons une misérable catégorie de chasseurs qui n'est pas tellement en mesure de s'offrir les services d'agences et de guides pour organiser leurs voyages d'agrément exotiques.

« On peut essayer de risquer le coup, arguai-je. Fais-moi confiance, on tient une bonne histoire, quelqu'un l'achètera forcément.

– Laisse tomber, Jim », dit Collector.

Il est vrai que Steve et moi traînons depuis vingt ans dans le monde des revues de chasse et que nous avons tous les deux appris à nos dépens qu'il ne faut jamais rien tenter sans engagement ferme.

« Peut-être que je pourrai arriver à le fourguer à *Sports Afield*, finit-il par déclarer.

– Tu sais que je n'ai pas le droit de travailler pour *Sports Afield* », dis-je.

Bon, c'est le genre d'idiotie auquel sont soumis les pigistes chasse free-lance, des brimades auxquelles sans doute même les mineurs de fond chiliens doivent échapper. Même si nous n'avons rien d'employés officiels de nos journaux et que par là même nous ne pouvons prétendre à aucun avantage et que nous ne sommes même pas suffisamment payés pour vivre de ce travail, il nous est interdit d'écrire pour des publications similaires.

« Peut-être pourrais-tu écrire pour *Sports Afield* sous un pseudo ? suggéra Collector.

– Un pseudo ? repris-je.

– Bien sûr, pourquoi pas ? Il nous reste deux semaines, laisse pousser ta barbe, achète un nouveau chapeau et fais le voyage *incognito*. Qui s'en apercevra ?

– Une mission secrète pour la concurrence, ironisai-je. Un agent double... ça me plaît. Bien sûr il ne faudra pas que tu me mettes sur les photos.

– Pas de problème, je ne te prendrai que de dos, m'assura Steve.

– Et Sweetzer ? Quelqu'un pourrait la reconnaître sur les photos.

– Jim, dit Steve patiemment. Je ne pense pas que quelqu'un fasse la différence entre Sweetz et un autre labrador jaune.

– Ouais, je dois être un peu parano », admis-je.

C'est ainsi que deux semaines plus tard nous survolions la petite ville de Green River dans l'Utah à bord du Cessna 206 que nous avions affrété : trois passagers, quatre chiens et tout le matériel. Nous survolâmes de très haut la rivière et la magnifique région des canyons à travers lesquels nous allions naviguer au cours des prochains jours. La Green River, qui est le plus gros affluent de la rivière Colorado, prend sa source dans les montagnes de Wind River, dans le Wyoming, puis elle s'écoule vers le sud à travers les montagnes Uinta aux confins de l'Utah et du Wyoming. Elle fait ensuite une brève boucle dans l'État du Colorado avant de retourner vers l'ouest puis à nouveau vers le sud où elle pénètre dans l'Utah. John Wesley Powell a exploré son cours en 1869 et une autre fois en 1871 et 1872. Ce fut la première partie de ses explorations historiques de la rivière Colorado. Powell n'avait pas semblé apprécier beaucoup cette région dont la dureté, l'aridité, lui donnèrent l'impression d'une contrée globalement inhospitalière. Il décrivit ce tronçon de la Green River comme la région de « la plus sauvage désolation » et il baptisa respectivement les deux canyons que nous devions descendre, le Desolation Canyon et le Gray Canyon.

Le peu de goût de Powell pour cette région devait être lié au fait que pour lui c'était loin d'être un voyage d'agrément. Il ne pouvait pas non plus s'adonner à la chasse aux choukars puisque ces perdrix n'allaient être introduites dans ce milieu que plus d'un demi-siècle plus tard. Ce qui n'était pas de chance pour Powell, car ce charmant petit gibier avait merveilleusement colonisé la contrée, comme si la nature avait conçu cet endroit pour lui tout en omettant de l'installer là au moment de la création. Et pour un chasseur, aucune région où abonde un joli gibier ne peut être qualifiée de désolée.

Maintenant que nous étions accoutumés à la vue spectaculaire du haut des falaises, notre expert pilote, un gars terriblement flegmatique, fit un piqué vers le fond du canyon en laissant nos cœurs accrochés à l'altitude précédente. Fonçant et virant sur l'aile comme une hirondelle, nous suivîmes les méandres de Desolation Canyon avec la sensation de prendre des virages de montagnes russes. Puis soudain nous vîmes une sorte de petite clairière devant nous, mais rien qui puisse ressembler à une piste d'atterrissage même sommaire, une simple étendue herbeuse le long de la rivière à la confluence de Rock Creek et de la Green River. Et nous atterrîmes, les jointures des doigts blêmes et emplis d'un sentiment de gratitude et de soulagement comparable à ce qu'on ressent à la fin d'un tour de montagnes russes.

« Pourquoi n'ai-je pas pris de photos de ça ? dit Collector en sortant de l'avion.

– Parce que tu étais mort de trouille », suggérai-je.

Nous déchargeâmes l'appareil et regardâmes, quelque peu nostalgiques, notre pilote qui redécollait. Nous espérions bien sûr que nos embarcations seraient au rendez-vous, car nous étions loin de tout et c'étaient elles qui transportaient toute notre nourriture. En attendant, nous fîmes quelques pas le long du torrent de Rock Creek. C'était une jolie rivière, à l'aspect idyllique, dont l'eau claire se perdait dans les eaux boueuses de la Green River. Len Chmiel monta une canne à mouche afin que Steve prenne quelques photos de pêche pour le magazine. Normalement il y a des truites dans ce torrent, mais l'eau était si basse à cette période de l'année, à peine un ruisseau, que la pêche semblait compromise ou pour le moins problématique. Steve prit tout de même quelques clichés de Len qui pêchait tantôt pour de bon, tantôt en faisant semblant. Il avait plutôt bonne allure dans cet exercice, à part le ridicule chapeau qu'il avait voulu porter à tout prix. C'était un truc à bords étroits et aplati, assez proche de celui que portait Art Carney dans *The Honeymooners*[1]. Steve essaya de le lui faire enlever pour la séance de photos mais Len refusa.

« Vas-tu porter ce chapeau pendant tout le voyage ? demanda Steve.

– Pourquoi cette question ? dit Len. En fait, oui, j'aime ce chapeau, je viens de l'acheter. »

Contrairement au photographe et à l'auteur, Len payait le voyage de sa poche et il n'était certainement pas venu pour servir

1. Célèbre série produite pour la télévision américaine et diffusée au cours des années 1955-1956.

de mannequin bénévole pendant tout le voyage. Après la séance de photos de pêche au cours de laquelle aucun poisson ne fut pris, Steve m'entraîna à part.

« J'ai peur qu'on ait un problème, dit-il.

– Quel genre de problème ? demandai-je.

– Un problème de chapeau, répondit-il.

– Un problème de chapeau ?

– Oui, si tu ne peux pas poser pour les photos, tout ce qu'on aura, ce sont des clichés de Len avec son stupide chapeau.

– C'est un problème de photographe, dis-je. Alors fais-lui porter un autre chapeau.

– Il ne le fera pas, dit Steve. Tu le connais aussi bien que moi. Ce que j'essaie de dire, c'est qu'il va falloir que je prenne des photos de toi.

– Pas question ! Absolument pas, insistai-je. Tu bousillerais ma "couverture". Rappelle-toi, le deal est que tu ne me prennes que de dos et avec parcimonie. »

Bien que Collector soit un vieil ami très cher, d'une manière générale je ne lui faisais pas tellement confiance sur ce sujet-là. Après tout, c'est un photographe professionnel, une espèce de paparazzo de la nature, et je savais qu'il vendrait père et mère pour un bon cliché. Il est aussi vrai que mon chapeau avait plus fière allure que celui de Len. Je l'avais acheté spécialement pour me déguiser pendant ce voyage. C'était un chapeau de cow-boy en paille, que j'avais un petit peu relooké pour la chasse. Un chapeau que je n'aurais jamais porté dans la vraie vie, mais qui était idéal pour une mission clandestine.

Enfin nous aperçûmes nos guides arriver par la rivière exactement au moment prévu. Nous oubliâmes le chapeau de Len dans l'excitation des présentations et du chargement des chiens, des armes et du matériel à bord. Comme chiens, il y avait les deux golden retrievers de Len, si parfaitement dressés qu'ils en devenaient ennuyeux, et Gus et Rusty, les deux bretons de Steve, au dressage un peu moins parfait. Et puis, toujours fidèle au poste, ma vieille Sweetzer. Et nous voilà partis.

En amont de notre point de rendez-vous, la Green River traverse des terres agricoles sans intérêt pour les choukars. Voilà pourquoi Skip et son équipe avaient mis à flot, sans nous, deux jours plus tôt, plus haut sur la rivière. Par l'entremise de Mastro, nous avions réussi à mettre la main sur une société de rafting acceptant de se mettre au service des chasseurs. Il y a, on l'imagine, peu de rapport entre les chasseurs et les adeptes des sports de glisse comme le canyoning ou le rafting. Leurs occasions de se rencontrer sont assez rares. Et en plus, beaucoup de ces petites sociétés qui organisent les descentes du canyon se moquent de vous lorsque vous leur annoncez que votre but n'est pas de chercher le grand frisson dans les remous et les rapides, mais de venir en automne à la chasse aux choukars qui vivent dans ces canyons. Skip Bell, qui dirige Adventure River Expeditions, faisait exception. Ainsi que les autres organisateurs titulaires d'une licence de rafting pour la Green, lui et son équipe fonctionnaient surtout l'été ou le printemps, quand les eaux sont hautes. Et bien qu'ils ne soient pas eux-mêmes chasseurs, ils ne peuvent manquer de repérer les endroits où se concentrent les perdrix. Une information sans aucun intérêt pour les adeptes de la glisse, mais bien sûr primordiale pour la chasse.

De toute manière, l'activité en eaux vives s'effondre aussi brutalement que le niveau de la rivière se met à baisser, en général autour de la fête du Travail en septembre, plus ou moins au moment de l'ouverture de la saison des choukars. Voilà le mariage parfait ! La possibilité pour Bell d'étendre sa saison commerciale de rafting en faisant profiter une nouvelle clientèle de la science « choukarienne » de ses hommes. L'équipe de Skip Bell se composait d'un autre batelier, un homme appelé Craig Smith, et d'un autre homme que nous n'attendions pas, nommé Monte Stadler, que Skip nous expliqua avoir invité pour nous guider à terre dans la poursuite des choukars, et ce bien que nous n'ayons jamais demandé ce service. En fait nous apprîmes que Stadler, qui était un ami de Bell, organisait habituellement des chasses au grand gibier en Alaska et qu'il se trouvait là par hasard au moment du départ quand Bell lui avait proposé de se joindre au voyage. La ficelle était un peu grosse car, après tout, qui pourrait bien avoir besoin d'un spécialiste de la grande faune d'Alaska pour chasser la perdrix des roches dans l'Utah ? Cependant, d'emblée nous appréciâmes Monte pour son sens de l'humour. Sa carte de visite indiquait : « Chasseur professionnel. Abominable homme des neiges moderne. » Et à la mention « Téléphone », on pouvait lire : « Vous rigolez ou quoi ? » Finalement nous étions contents de l'avoir parmi nous. Nous n'étions pas du genre à nous formaliser sous prétexte qu'un guide invitait un ami à participer à un voyage que nous avions payé en tant que clients. En fait, les jours suivants nous eûmes l'indulgence de lui laisser croire qu'il nous *guidait*, alors que ses connaissances sur ce gibier étaient largement inférieures aux nôtres.

Qu'y a-t-il de plus excitant que le premier jour d'une aventure quand on a devant soi trois jours de chasse et de rafting dans les canyons ? La contrée était si sauvage, si vide, si... désolée, qu'en nous engageant dans le défilé nous eûmes malgré nous l'impression d'être à notre tour des explorateurs. Bell nous avait expliqué que les plus fortes concentrations de choukars se trouvaient dans Gray Canyon, plus loin en aval, et que, pour cette première journée, nous essaierions de parcourir le plus de distance possible, plutôt que de perdre du temps à chasser un terrain moyennement favorable. Donc nous nous rassîmes et laissâmes la rivière nous emporter plus bas. La Green River a creusé ici son lit en taillant depuis la nuit des temps son chemin dans le haut plateau forestier de Tavaputs. À la confluence de Rock Creek et de la Green River, le Desolation Canyon est plus profond que le célèbre Grand Canyon du Colorado. Au-dessus de nous, la paroi striée de rouge de la falaise s'élevait de plusieurs centaines de mètres, sculptée par les intempéries et la rivière. Elle prenait des allures de cathédrale gothique, de château fort ou de tourelles. On se sentait bizarrement dans un endroit de dévotion et de recueillement, un lieu de silence contemplatif. Aux endroits où le canyon se resserrait, la rivière avait creusé de larges amphithéâtres sur les bords, créant ainsi son propre monde d'ombre et de lumière. Quand nous débouchions d'une courbe, nous faisions décoller des hérons et des canards qui volaient en cercle au-dessus de nous, attendant que nous nous soyons éloignés pour retourner se reposer à l'endroit qu'ils venaient de quitter. Et tout en haut des parois du canyon, des mouflons nous observaient debout, immobiles, à la manière des sentinelles indiennes. Nous voguions parfois le long de larges plages de sable blanc ou de luxuriants bouquets de peupliers, de saules et de buis, formant d'improbables oasis dans cet univers minéral. Des cerfs broutaient çà et là, aux aguets, inquiets à notre passage. Un castor essayait de rapporter dans le courant un tronc de peuplier si gros qu'on pouvait sérieusement se demander lequel des deux traînait l'autre. Des faucons des prairies et des faucons pèlerins nous regardaient depuis leurs nids perchés dans la falaise. Il y a quelque chose d'unique lorsque l'on descend une rivière : c'est cette impression de *passage*, ce sentiment d'être brièvement témoin et acteur, de faire à la fois partie des éléments et de se laisser entraîner par eux au loin. Curieuse sensation qu'on ne retrouve pas dans les voyages sur terre. Les chiens, quant à eux, dormaient aux endroits qu'on leur avait aménagés au-dessus du matériel.

Même à cette époque de l'année où les eaux sont basses, il y avait par endroits des zones de rapides qu'il fallait négocier. Il nous arrivait de voguer sur de longues parties lisses, calmes et boueuses, puis d'entendre dans le lointain le bruit sourd des rapides que nous approchions. Puis, très vite, nous nous retrouvions dans le bruit, tandis que la rivière se déversait dans des gouffres et bouillonnait autour des roches qui affleuraient. Nous empoignions alors nos chiens pour être sûrs qu'ils ne tomberaient pas et nous nous assurions que nos fusils étaient bien arrimés dans leurs housses imperméables. Puis nous passions les rapides en poussant des cris et nous glissions à nouveau vers une zone d'eaux calmes.

Et ainsi, les kilomètres défilaient. Un peu plus loin en aval, et plus tard dans la journée, nous pénétrâmes dans le Gray Canyon – le canyon gris –, un nom pas très original, mais très approprié, choisi par Powell et ses hommes. Effectivement, les parois rougeâtres du Desolation Canyon firent place brutalement à diverses teintes de gris. Une couleur, et ce n'est peut-être pas une coïncidence, qui s'accorde parfaitement au plumage des perdrix choukars. On peut imaginer qu'elles sont plus nombreuses ici car elles y résistent mieux aux attaques des prédateurs.

Bien que notre but fût de couvrir un maximum de distance en ce premier jour, nous ne pouvions résister à la tentation de faire quelques arrêts et de chasser brièvement le long de certaines pentes qui nous semblaient favorables. Un peu comme un échauffement pour affronter les rigueurs du terrain qui nous attendaient plus loin.

Il n'existe pas de chasse plus exigeante physiquement que la poursuite des choukars, mais ceux qui s'y risquent ont souvent la morphologie et la mentalité qui s'y prêtent. Ce serait par exemple un assez mauvais choix pour un chasseur en sérieux surpoids, handicapé ou gros fumeur. Mais aussi bonne que soit votre condition physique, vous regretterez de ne pas vous être entraîné à gravir plus de marches d'escalier au cours de l'été qui précède la saison.

On est assez loin aussi d'un sport de gentleman, on n'y trouve pas l'image traditionnelle du chasseur élégant, marchant à la suite de pointers hiératiques, une belle arme à la main. Les vrais chasseurs de choukars utilisent des fusils de rabatteurs, qui ne craignent ni les chutes, ni les coups, ni les bosses, ni les cicatrices, car, de toute manière, tôt ou tard, en sautillant sur les rochers, vous perdrez l'équilibre et votre arme en prendra un bon coup. C'est une des règles simples qui s'appliquent à la chasse aux choukars. En voici une autre : les choukars piètent toujours vers le haut de la pente. Ils courent vers le haut, mais ils volent vers le bas. Et ils sont bâtis pour courir au milieu des rochers. Grâce à leurs robustes pattes orange, ils contournent rapidement les blocs et filent sur les pierriers, leurs griffes s'accrochant merveilleusement à la roche. Ils sont agiles et rapides comme des *roadrunners*[1] et semblent maintenir une distance de sécurité constante avec le chasseur et son chien jusqu'à ce qu'ils décident brutalement de décoller, plongeant dans le vide le long des parois, comme pour rejoindre un autre canyon. Il y a un dicton amusant parmi les chasseurs de choukars, qui dit qu'on les chasse une première fois simplement par plaisir, puis le reste de sa vie en espérant se venger des humiliations subies. Mais personnellement je n'ai pas d'esprit de revanche vis-à-vis de ces oiseaux.

En ce premier jour, nous ne trouvâmes pas de choukars, du moins pas avant que Collector et moi n'ayons décidé d'interrompre la chasse et de retourner au canyon. Seul Len Chmiel, qui était le plus infatigable du groupe et qui faisait « tourner » ses golden retrievers, put doubler son temps de chasse effectif et poursuivre jusqu'à la nuit, alors que, avec Steve, nous buvions déjà un verre, confortablement assis autour du feu. Kate et Sweetz ronflaient, couchées à nos pieds, quand nous entendîmes deux coups de fusil très rapprochés. Collector rigola et hocha la tête. « Len est vraiment dingue, dit-il, je savais qu'il n'arrêterait pas avant d'avoir trouvé des oiseaux. »

Peu de temps après, Len rentra au camp. Assis dans nos fauteuils pliants, notre verre à la main, Collector et moi, nous nous sentions un peu flemmards. « Je parie que vous aimeriez bien savoir... » dit Len. Et au ton de sa voix nous sûmes qu'il avait rempli son carnier et que pour sa première chasse au choukar, sur la première compagnie levée au cours de ce voyage, il avait réussi un doublé avec son magnifique Purdey calibre 12. Oui, vous m'avez bien lu, malgré ce que nous disions plus haut, Len restera sans doute le seul chasseur d'Amérique à avoir chassé les choukars sauvages avec une arme de grand luxe de la vénérable maison londonienne. Je ne connaissais pas très bien Len à cette époque – je le connais bien mieux aujourd'hui – et Steve avait raison : il est dingue.

1. *Roadrunner* : il s'agit du « grand géocoucou » ou « coucou terrestre » – le célèbre Bip-Bip des dessins animés de Chuck Jones – qui cherche en permanence à échapper à Vil Coyote.

« Je parie que vous êtes très très curieux de savoir... dit-il encore.

– Tu as trouvé une compagnie juste avant que la nuit tombe et tu as fait un doublé », répondis-je, lui volant son petit effet.

Mais Len n'allait pas nous lâcher aussi facilement. Afin que nous nous sentions vraiment inutiles et fainéants (un peu ivrognes aussi, car nous en étions à notre deuxième cocktail), il fallait d'abord qu'il nous montre ses oiseaux, qu'il sortit lentement de son sac avec d'infinies précautions. Puis nous eûmes droit au récit de sa chasse minute par minute. On doit accorder aux chasseurs le droit de raconter leurs exploits, c'est une très ancienne tradition. Alors Len se servit un verre de vin et s'assit près du feu.

Le jour suivant ne débuta pas très fort. Nous fîmes quelques arrêts le long de la rivière à des endroits où Skip avait repéré des oiseaux durant l'été, mais vers le milieu de l'après-midi, après quelques exténuantes explorations des pentes du canyon, nous n'avions encore rien trouvé. Il y avait dans l'air un vent de mutinerie. En effet, au bout d'une journée et demie sur une expédition de trois jours, nous n'avions toujours que les deux oiseaux de Len. Skip nous certifia que les meilleures places à choukars étaient encore à venir, mais nous commencions à nous montrer fébriles, une variation sur le thème de « l'horrible Américain » qu'on pourrait appeler le syndrome du client chasseur mécontent. Mais le capitaine Bell gardait sa sérénité. Il faut un tempérament spécial pour bien faire ce métier, tempérament que Bell possédait. C'était un modèle de calme et de confiance. « Ne vous inquiétez pas, disait-il en réponse à nos jérémiades, on va bientôt tomber sur les oiseaux. Faites-moi confiance. Vous en verrez plein avant la fin du voyage. »

Et, comme en écho à cette phrase, l'un de nous distingua, au milieu des bruits de la rivière, le son faible mais typique des perdrix qui rappellent. Le bruit venait des roches au-dessus de nous, *tchouka, tchouka, tchouka*. Et bientôt tout le monde les entendit, comme le chant d'une chorale qui montait du canyon. L'adrénaline commençait aussi à monter. Les bateliers trouvèrent un endroit où aborder et il se forma une mêlée de chiens et d'hommes cherchant à rassembler fusils et matériel. Et très vite, en mettant le nez au sol, les chiens flairèrent le passage récent du gibier, ce qui porta l'excitation à son comble. Nous avions à peine quitté les embarcations que, au-dessus de nous, bousculées par un des chiens, des perdrix se mirent à voler, jaillissant des rochers comme des fusées. Sweetz était une vieille routarde de la chasse au choukar et n'aimait rien tant que de les poursuivre entre les blocs et les propulser dans les airs. À cause de leur propension à piéter plutôt qu'à tenir l'arrêt, l'usage de chiens leveurs est souvent plus efficace que celui de chiens d'arrêt. Alors les oiseaux partirent dans toutes les directions, adoptant des lignes de vol déroutantes. Rien n'égale les choukars pour offrir les tirs les plus acrobatiques et les plus variés. Collector était placé derrière moi et il se mit à crier pour m'indiquer des oiseaux à tirer. Je me retournai pour ajuster l'un d'eux qui allait passer juste au-dessus de moi, en se dirigeant vers la rivière. C'était comme tirer un canard de haut vol, à la passée. « Tire ! Tire ! » cria Steve.

Steve et moi nous connaissons depuis des années, nous avions travaillé ensemble pour plusieurs revues et nous sommes les meilleurs amis du monde, mais parfois nous réussissons à nous agacer mutuellement. Du côté de Steve, pêcheur et chasseur acharné, il est parfois frustrant d'être condamné à l'appareil photo plutôt qu'utiliser une canne ou un fusil. Pour ma part, c'est souvent une source d'irritation de l'avoir en permanence dans les bottes, à m'administrer des conseils que je n'ai pas demandés tout en me pointant son objectif sur la figure. J'ai déjà assez de difficulté tout seul à lancer ou à tirer dans le calme.

Mais je tuai cet oiseau qui filait vers la rivière et qui dégringola dans l'eau puis se mit à dériver dans le courant. Sweetz l'avait vu tomber et dévala les pierriers, jusqu'au bord de la rivière où elle plongea depuis un rocher. Son entrée dans l'eau fut parfaitement exécutée, comme ce que vous voyez dans les publicités pour croquettes. Elle se mit alors à nager vigoureusement, mue par une idée fixe : rapporter cet oiseau dans sa gueule de labrador venu sur terre pour accomplir cette mission primordiale. Astucieusement, elle nagea de manière à couper la dérive de l'oiseau et l'intercepter. L'oiseau saisi, elle fit demi-tour et revint vers la berge. J'étais sacrément fier d'elle. Je me retournai vers Collector. « As-tu pris de belles photos de tout ça ? » lui demandai-je. Mais Steve eut soudain l'air déconfit et embarrassé. Il regarda ses mains vides et dit : « Je n'ai pas mon appareil, comme s'il venait de découvrir la chose.

– Tu n'as pas ton appareil ? lui demandai-je, incrédule. Ma chienne vient de faire devant tes yeux un rapport unique en son genre et tu n'as pas ton appareil.

– J'ai été tellement pris dans l'action, dit-il, que j'ai oublié de le prendre.

– Peut-être que si tu passais moins de temps à me donner des conseils de tir, répliquai-je d'un ton grinçant, tu aurais plus de temps pour te concentrer sur ton travail.

– Je pensais que de toute manière je ne devais pas vous prendre en photo, Sweetzer et toi. Tu te souviens que vous êtes là *incognito* ? »

Nos chamailleries me font parfois penser à ce qui se passe entre deux sœurs restées vieilles filles. Mais je dus admettre que cette fois il avait marqué un point. De plus, maintenant que nous étions tombés sur les oiseaux, notre brouille mineure serait vite oubliée. Steve reprit son appareil et les chasseurs se remirent en marche pour explorer les divers secteurs des canyons qui rejoignaient la rivière en dessinant une main aux doigts noueux et arthritiques. Nous avions soudain l'impression qu'il y avait des oiseaux partout. Bien qu'il fût impossible de situer leur provenance, on entendait de toutes parts l'écho de leurs chants qui résonnait sur les parois des falaises formant une sorte d'amphithéâtre. Le canyon était vraiment plein de choukars et nous les poussions toujours plus haut. De temps en temps, on pouvait les apercevoir gicler devant nous entre des rochers et, tout aussi soudainement, ils semblaient disparaître à nouveau, comme s'ils s'étaient eux-mêmes transformés en pierres. De temps en temps, Sweetzer en coinçait quelques-uns, me permettant d'effectuer quelques tirs acrobatiques, parfois vers le bas et la rivière, parfois vers le haut, parfois entre deux canyons, mais toujours en déséquilibre. Des compagnies de choukars explosaient littéralement de la pente pierreuse comme des débris de roche soufflés par de la dynamite, d'autres sortaient de l'ombre, passaient un instant dans la lumière aveuglante du soleil et s'évanouissaient à nouveau dans la pénombre de l'autre versant, monde d'ombre et de lumière, d'oiseaux gris sur fond de roches grises, vision fugace et fulgurante de poitrines barrées de noir, ponctuée par l'orange des becs et des pattes. Il n'existe pas à mes yeux de plus étrange et de plus merveilleuse forme de chasse aux oiseaux que la chasse au choukar, ni de plus étrange et de plus merveilleux décor que celui des grands canyons.

Le son étouffé des coups de fusil de mes amis me provenait des autres « doigts » du canyon, et je sus qu'eux aussi avaient trouvé leurs oiseaux. Et puis nous grimpâmes encore et encore. Parfois je pouvais apercevoir l'un d'eux sur une crête lointaine. Et aussi haut que je grimpais, je pouvais me rendre compte que Monte se trouvait toujours un cran plus haut que moi. C'était sans doute à cause de sa morphologie de chamois, au centre de gravité assez bas et à ses jambes qui poussaient la pente comme des pistons.

Seul le capitaine Skip Bell était resté avec les bateaux, à se reposer et à profiter du spectacle parfois amusant des oiseaux qui fuyaient la falaise d'où les chasseurs à bout de force venaient de les faire partir en criblant la roche de plomb et en déchirant le ciel de leurs coups de fusil. Souvent les chasseurs ne voyaient pas les oiseaux, mais Skip, aux premières loges, rigolait tout seul en les apercevant qui s'éloignaient en courant avant de profiter d'une petite crête pour ouvrir les ailes et glisser en vol, absolument indemnes, jusqu'à une autre crête plus lointaine.

Le temps était inhabituellement chaud pour la saison et je chassais en short, ce qui était un peu osé pour traverser les buissons d'épines de la berge ou lors des inévitables chutes dans les éboulis. À la fin du voyage, on aurait dit que mes jambes étaient passées par des bambous tranchants. Sweetz est de loin une meilleure athlète, son équilibre est meilleur et, bien sûr, elle dispose de quatre pattes, mais si elle ne tombait pas, la roche était terrible pour ses pattes. Stupidement, je n'avais pas jugé utile de l'équiper de protections et, juste après le voyage, ses coussinets étaient presque à vif et si douloureux qu'elle eut des difficultés à marcher durant plusieurs jours. Je ne lui avais jamais mis de bottines et je ne savais pas que les pattes des chiens sont comme des pneus de 4x4: elles ne s'endurcissent pas en vieillissant mais au contraire l'enveloppe de protection se crevasse et devient plus fine. Les pattes de Sweetzer avaient déjà de nombreux kilomètres au compteur et la corne de ses coussinets disparaissait. Ce n'est que maintenant que je comprends que j'aurais dû lui mettre les bottines beaucoup plus tôt. Aujourd'hui encore, j'en perds le sommeil quand j'y pense.

À partir de midi, le canyon devenait un four solaire et s'il y avait au moins une chose que je voulais éviter, c'était de tuer ma chienne d'un coup de chaleur. En plus de cela, les labradors y sont plus exposés que beaucoup d'autres races de chiens de chasse. Je transportais deux bouteilles d'eau dans mon carnier, mais, après l'exténuante montée et quelques oiseaux en poche, je décidai de redescendre près de la rivière où je trouvai une petite anse de contre-courant plus calme où Sweetz put patauger quelques instants pour se rafraîchir.

Finalement, les chasseurs se retrouvèrent aux bateaux et chacun raconta ses aventures, compara et admira les oiseaux prélevés par l'un ou l'autre, puis nous remîmes tout dans les embarcations pour descendre un peu plus bas sur la rivière, jusqu'au point de campement appelé Rattlesnake Canyon (le canyon du serpent à sonnettes). C'est ici que s'était réfugié, au cours de l'hiver 1899-1900, Flat Nose George Curry[1], un des membres de la bande de hors-la-loi de Butch Cassidy. Il y avait vécu dans une grotte et avait entrepris de construire un radeau qui lui aurait permis de s'échapper en descendant la Green River. Mais avant que Curry n'ait terminé son radeau, il fut bloqué à Rattlesnake Canyon par deux détachements de rangers et mourut finalement sous une pluie de balles.

Nous prîmes un peu de repos avant de repartir pour une courte chasse en fin d'après-midi. Cette fois, Collector ne put résister et il échangea son appareil photo pour un fusil. Je suivis le fond de la vallée tandis que Steve montait dans la pente. Un peu plus tard, je levai les yeux et le vis avec Kate, au bord du plateau à quelques centaines de mètres au-dessus de la rivière. Rien que de les regarder là-haut, j'en eus le vertige. Puis j'entendis Steve pousser une espèce de cri d'homme sauvage à mi-chemin entre le yodel tyrolien et le cri primitif de Tarzan. Une pure joie.

Puis tout le monde revint pour la nuit au campement que nos guides avaient judicieusement dressé pendant notre dernière sortie. Il y avait un bon feu, quelqu'un s'occupait du dîner et tout ce qu'il fallait pour l'apéritif était disposé sur les tables pliantes. Les chasseurs se servirent à boire et tout le monde s'assit dans les fauteuils en toile pour reposer ses os endoloris tandis que les chiens, exténués, gisaient comme des cadavres dans le sable à nos pieds.

1. *Flat Nose* signifie « nez plat ». George Curry fut ainsi nommé à la suite d'un coup de pied de cheval qu'il avait reçu en plein visage.

Post-scriptum

Je reçois un e-mail de mon rédac chef à la revue *Outdoor Life*:

«Jim, juste par curiosité, est-ce que c'est toi et Sweetzer qu'on voit partout en couverture du dernier *Sports Afield*?»

7

À propos de mules qui volent et de thons de prairie

Poule des prairies (Pinnated grouse)
Tympanuchus cupido (Linné) 1758
Noms vernaculaires américains : prairie chicken, prairie cock, prairie grouse, prairie hen
En français : cupidon des prairies, poule des prairies
En allemand : Eigentliche Prariehuhn.
PAUL A. JOHNSGARD
The Grouse of the World

Autre appellation : Thon de prairie
FERGUS/VALDÈNE/STANTON, 1996

Notre muletier Bob Mark exerçait cette activité pendant ses loisirs de petit entrepreneur en bâtiment et il enseignait aussi la menuiserie dans les écoles de la région de North Platte, dans le Nebraska. « La seule chose dont il faut se méfier avec Badger, c'est que quand il prend le galop, il ne répond plus trop bien au commandement "holà". Tu dois tirer les rênes et pomper comme ça », avait dit Bob Mark en faisant une série de mouvements frénétiques pour me montrer. « Qui a parlé de galoper ? » avais-je répondu.

Si j'avais eu envie d'aller vite, j'aurais pris un véhicule tout-terrain au lieu d'un hybride âne cheval, et, dans ces circonstances, j'étais ravi de naviguer laborieusement à travers la grande prairie du Nebraska, juché sur ma fidèle mule (mâle), Badger, dont les grandes oreilles battaient gaiement au rythme de son pas. Bien que je sois monté à cheval à des degrés divers plus ou moins toute ma vie et que j'aie même possédé quelques chevaux, j'ai toujours eu des relations difficiles avec eux. Ce que j'ai surtout appris au sujet des chevaux, c'est qu'ils sont grands et forts, bêtes et capables de causer énormément de dégâts, sans parler des blessures qu'ils peuvent infliger aux humains chétifs en face d'eux. En fait, il m'a fallu un peu plus de quarante ans pour réaliser que je n'aime pas du tout les chevaux. Mais ces mules, c'est autre chose et, dès le début, je m'étais senti lié au vieux Badger. Il avait d'emblée compris que j'étais mauvais cavalier, mais n'avait pas retenu ce fait contre moi, comme l'aurait fait un cheval, et il ne cherchait pas non plus à en tirer un avantage. Il allait au pas gentiment avec une douce et belle allure. Et comme les mules ont le dos plus étroit que les chevaux, à la fin de la journée, le cavalier ne redescend pas de sa selle comme s'il avait passé huit heures en salle de gymnastique à faire du stretching sous la houlette de Suzanne Somer. (Si les cow-boys ont cette démarche affreuse, il y a bien une raison.)

« Les mules ont souffert d'une sale réputation depuis des années, expliqua Mark, un homme imposant, aux bras solides comme des poutres, barbu, les cheveux roux, avec un sens de l'humour malicieux. Les gens pensent qu'elles sont méchantes et butées, toujours prêtes à mordre ou à donner des coups de pied, mais, par bien des aspects, elles sont plus malignes et plus gentilles que les chevaux. Et si elles sont correctement éduquées, vous pouvez faire avec elles bien des choses qui seraient impossibles avec des chevaux.

– Comme tirer au fusil en selle ? demanda l'un de nous.

– Oui, bien sûr, répondit Bob, impassible. Vous pouvez essayer de faire ça… au moins une fois. »

En fait, l'idée n'est pas de tirer depuis le dos des mules, mais de les utiliser comme moyen de transport pour trouver les oiseaux. Ces parages sont si vastes que le chasseur à pied a tôt fait de se sentir minuscule et impuissant, et ces mules sont idéales pour arpenter la plaine à votre place.

Pour cette expédition dans les Sandhills du Nebraska, près du charmant village de Wallace, il y avait, en plus de votre serviteur et du photographe Collector, notre ami peintre Len Chmiel – ce phénomène qui tire les choukars des canyons et, maintenant, les poules des prairies à dos de mule avec un très british Purdey à deux coups, calibre 12 – et Michael Hall, directeur artistique d'une agence de publicité de Denver qui, lui, utilisait un automatique Beretta de calibre 12. Tous deux avaient de bons chiens et Chmiel était maintenant flanqué d'un trio de golden retrievers impeccablement mis (Gus, Rusty et Diva). Hall était venu avecun épagneul breton, une femelle appelée Belle. Tous deux étaient d'excellents tireurs. Collector avait aussi amené son épagneul breton femelle, Kate, et naturellement Sweetz était avec moi.

Nous allions rapidement découvrir qu'une des qualités les plus appréciables que le sang d'âne apporte aux gênes chevalins est la possibilité de sauter sans élan les clôtures barbelées. Il fallait mettre pied à terre tandis que Mark entourait d'un chiffon les deux fils du dessus et commandaiténergiquement: «*Heap! Heap!*» Mark ignore l'origine de ce très ancien vocable muletier, mais subodore qu'il doit s'agir de la contraction des mots «*hop*» et «*leap*[1]». Et hop, Jack et Jenny sautent! Jenny, comme chacun sait, étant le nom donné aux mules femelles en Amérique.

Donc, nous étions maintenant déployés sur la prairie, formant une longue ligne de mules et de cavaliers. Six en tout, les fusils dans des fontes coincées sous les selles, les chiens menant leur quête un peu en avant ou trottant sur nos talons. C'était la première fois pour Sweetzer et pour tous les autres chiens également qu'une chasse se déroulait devant des mules et le fait que leurs compagnons de chasse respectifs s'en trouvent surélevés était cause d'une certaine désorientation canine. Avant de s'accoutumer progressivement à notre nouvelle position, les chiens avaient perdu beaucoup de temps à galoper de mule en mule, cherchant leurs maîtres du coin de l'œil à un mauvais niveau. «Holà! Sweetz!» Je devais constamment lui rappeler où je me trouvais.

1. Leap: sauter, bondir.

Pour une raison qui m'échappe, les chiens sont bizarrement indifférents à la présence des mules et leur courent entre les pattes comme si elles n'étaient pas là, ou au contraire ils viennent en dessous d'elles s'aplatir dans la poussière pour profiter de l'ombre à l'occasion de nos fréquentes pauses. Il est vrai que l'ombre est un luxe rare dans la prairie. Pour leur part, les mules, qui avaient derrière elles des centaines d'heures de chasse en compagnie de Bob et de sa petite meute de chasse au raton laveur, semblaient elles-mêmes assez indifférentes à nos chiens, mais, en réalité, elles faisaient en général gentiment attention à ne pas les piétiner. Un seul... en fait deux incidents canins-équins étaient venus troubler l'expédition, quand une nouvelle mule de l'écurie de Bob, une jenny marron, nommée comme par hasard Châtaigne, envoya deux fois au tapis la petite épagneule de Mike Hall. À chaque fois, la chienne avait commis la même erreur: elle avait collé son nez au jarret de la mule, comme pour y retrouver l'odeur de son maître en selle au-dessus. Et à chaque fois le coup de sabot, foudroyant équivalent animal des directs du droit de Mohamed Ali quand il était jeune, avait atteint la malheureuse Belle en plein sur le museau, produisant un bruit d'senfoncement à vous dresser les cheveux sur la tête. La chienne avait hurlé à la mort et fait quelques cercles en titubant comme une ivrogne pour finalement s'effondrer. Heureusement, une heure après, elle était à nouveau en chasse, avec un gnon sur le museau, mais sans séquelles sérieuses à déplorer.

Les oiseaux décollaient devant nos nobles montures en disposant leurs ailes comme des petits ailerons latéraux et s'égayaient devant nous comme un banc de poissons dodus. Je sais que c'est un grand écart de classification taxonomique, mais nous avions fini par les appeler des « thons de prairie ». Peut-être cela tenait-il à l'impression diffuse d'être en mer sur une barque, comme ces pionniers des grandes plaines qui nommaient parfois leurs chariots, « goélettes des prairies ». C'est cette association d'idées qui m'avait d'emblée fait penser aux thons. Le doux tangage des mules et le moutonnement de la prairie qui ondule à l'infini rappellent le clapotis de la houle sur un océan agité (une certaine région des Sandhills du Nebraska est d'ailleurs appelée *sand choppies*[1]).

1. « La houle de sable » en français.

La prairie, à ce moment, ne ressemblait à rien tant qu'à une mer un peu formée qu'on voit à l'horizon. Par une étonnante illusion d'optique, dans le halo d'air chaud vibrionnant, on aurait même dit que ces vagues moutonnaient réellement. Quant aux oiseaux, même la couleur de la chair de leur poitrine ressemblait étrangement beaucoup plus au thon cru qu'on utilise pour les sushis, qu'à n'importe quelle autre espèce de volaille sauvage ou domestique. Et je dois ajouter que, à moins d'être correctement faisandée avant sa délicate préparation, le goût de cette viande se rapproche hélas un peu aussi de celui du thon.

Il fut un temps où la poule des prairies, ou tétras des prairies, était considérée comme le gibier le plus prolifique de la terre. Il en existe trois sous-espèces en Amérique du Nord (la grande, la petite et celle dénommée Attwater), et une quatrième est désormais éteinte, dénommée la «poule des bruyères de l'Est». Son aire de répartition s'étirait du nord au sud, du Canada au Texas, et d'est en ouest, de l'Ohio jusqu'à l'est de la Californie et le Nouveau-Mexique. Des notes émanant des premiers pionniers font état de vols de plusieurs milliers d'individus, permettant d'estimer leur quantité globale à plusieurs millions d'oiseaux. Dans son *Almanach d'un comté des sables*, Aldo Leopold raconte que, en 1873, les halles de Chicago achetèrent 600000 poules des prairies à des chasseurs professionnels. Ce nombre est bien supérieur à celui des populations actuelles de poules des prairies sur tout le continent. Paul A. Johnsgard, l'expert incontesté de ce groupe d'oiseaux, souligne que la poule des prairies est «l'espèce qui a le plus souffert des activités humaines en Amérique du Nord». S'il est clair que la chasse commerciale a lourdement ponctionné les populations, la première cause du déclin précipité de ce gibier a été le labourage et la transformation en terres agricoles de la grande prairie vierge. Au début du XXe siècle, la poule des prairies avait déjà disparu de la plus grande partie de son biotope d'origine et, aux endroits où elle subsistait, ses effectifs s'étaient effondrés.

La bonne nouvelle, c'est qu'elle a tout de même survécu dans plusieurs États où subsiste la prairie à bisons, et bien que les densités n'atteindront plus jamais les chiffres du siècle dernier, quelques États, dont le Nebraska, réussissent à maintenir des populations autorisées à la chasse. Sans être aussi prolifique que dans le temps, au fil des années, l'espèce a pu s'adapter suffisamment pour ajouter le fourrage ou les céréales cultivées à son régime alimentaire, en particulier le blé, le maïs et la luzerne. Et à l'endroit même où nous chassions, l'installation depuis une vingtaine d'années de systèmes d'irrigation à pivot central aurait même permis une augmentation sensible de ces populations d'oiseaux. Mais il ne faudrait pas que l'emprise agricole progresse encore, car les études montrent que, malgré l'abondance de nourriture, ces oiseaux ne peuvent survivre si plus de 60 % de leur prairie d'origine est détruite.

« Faites gaffe aux drapeaux orange à l'entrée des champs à pivot[1] », avait expliqué Leon Fanning, notre second muletier professionnel.

Leon est un ami de Bob Mark, qui chasse avec lui les ratons laveurs à dos de mule avec des chiens courants, parfois toute la nuit, jusqu'à ce que se lèvent les brumes humides de l'aube. « Ils mettent ça quand ils traitent les maïs. Les drapeaux indiquent au dos une date et un délai de quarante-huit ou soixante-douze heures. C'est le temps qu'il faut pour qu'un humain puisse pénétrer à nouveau dans le champ sans combinaison de protection de cosmonaute. »

Leon, un grand gars sec et compétent, à la voix douce dont le léger accent trahissait ses racines du Missouri, avait secoué la tête à l'évocation de cette insanité. Comme chef d'équipe des poseurs de ligne de la Compagnie rurale d'électricité, il était souvent appelé pour entrer dans ces zones un peu « chaudes ». Et en tant que père de quatre jeunes garçons, comme beaucoup de ses voisins campagnards il s'inquiétait de leur avenir au contact de cette agriculture chimique. Les nappes phréatiques sont parfois si polluées par les ruissellements d'origine agricole qu'il y a des villes entières du Nebraska où la consommation d'eau du robinet est interdite aux enfants, aux personnes âgées ainsi qu'à tous ceux qui ont des problèmes de santé. Le mythe d'une vie saine à la campagne s'en trouve sérieusement écorné.

Bien qu'après les mises en garde de Leon nous gardions un œil sur les drapeaux orange, en bons chasseurs opportunistes, nous ne nous privions pas de prospecter les grasses bordures herbeuses de ces champs à pivot où les oiseaux trouvent couvert et nourriture.

1. Immenses champs circulaires où un système d'arrosage pivote autour d'un axe.

Mais à mon goût, la chasse sur ces terrains rappelle trop celle du faisan et les cenchrus étaient particulièrement redoutables cette année. Ces graminées envahissantes sont les premiers indésirables à s'installer quand la prairie est labourée et rendent la chasse particulièrement difficile aux chiens, même s'ils sont « bottés », ce qui est une réelle nécessité dans cette région.

Je préférais chasser au large, au sein même de l'immense prairie d'herbe courte, monter les collines et descendre les ravines sur un vieux Badger et admirer une terre ressemblant encore d'assez près à ce qu'elle devait être il y a deux cents ans.

Alors que nous avancions dans la grande plaine, Bob Mark nous expliqua que parfois on oublie un peu ce que les ranchers ont fait pour restaurer la prairie d'origine. « Ils ont vraiment fait un super job ici. Ils auraient pu faire pâturer le bétail jusqu'à satiété, mais ils ont veillé à faire des assolements et ils ont foré des puits, pour accélérer le rythme des rotations. La prairie est dans un meilleur état maintenant qu'elle ne l'a jamais été. »

Nous chassions sur les terres d'un dénommé Lynn Frederick, un homme affable et chaleureux, représentant de la troisième génération de ranchers ici. Curieux de tout, il nous rendait visite chaque matin dans la cour au moment où Bob et Leon sellaient les mules, et encore une fois le soir après la chasse quand nos hôtes qui semblaient indestructibles dessellaient et soignaient les montures, tandis que chasseurs et chiens, épuisés, s'affalaient dans leur coin à la recherche d'un peu d'ombre. Nous faisions de louables efforts pour aider, mais depuis longtemps nos muletiers savaient que leur travail gagnait en rapidité si une bande de rigolos ne les gênaient pas. Nous croquions des pommes cueillies dans l'ancien verger d'une maison de pionniers en ruine sur laquelle nous étions tombés dans la prairie, nous buvions des sodas et nous nous racontions les péripéties de la journée. En général, Lynn amenait Landon, son fils de 2 ans aux cheveux blond filasse, et il nous relatait des histoires de l'époque de son père et de son grand-père. De cette manière, il établissait un lien entre les générations et incidemment nous intégrait aussi à cette belle région de prairie et de ciel. Frederick était fier d'être au service de la terre et il pouvait l'être.

L'été avait été particulièrement humide au Nebraska et ce début d'automne était très doux. La prairie resplendissait encore d'un vert étonnant, parsemé ici ou là de touffes d'herbes rouges ou de sauges aux reflets argentés. Le ranch offrait un biotope idéal aux oiseaux et avait en cela parfaitement répondu à nos attentes. Parfois nous devions presque marcher sur eux pour qu'ils s'envolent, et d'autres fois ils partaient en bande à deux cents mètres de nous sans raison apparente. En tout cas, ces « thons des prairies » sont vraiment faits pour de longs vols et nous les voyions s'éloigner dans l'océan céleste jusqu'à devenir de simples petits points noirs sur l'horizon. Ils franchissaient une crête de colline dans le lointain et finalement pliaient les ailes pour descendre sur le versant d'après. Nous espérions que ces oiseaux se sépareraient et s'éparpilleraient sur le flanc de la colline car ainsi ils sont beaucoup plus faciles à chasser, tenant surtout beaucoup mieux devant les chiens. Nous nous dirigions donc vers le lieu supposé de la pose des oiseaux et nous glissions à bas de nos fidèles montures. Nous sortions les fusils des fontes et soit nous tendions les rênes à Bob ou à Leon, soit nous les accrochions à nos boucles de ceinture (et non à la ceinture même, suivant le conseil des muletiers, « des fois qu'une mule s'envolerait... »). Dans ce cas, on était quitte pour une boucle de ceinture tordue ce qui valait mieux que de rester attaché à plus de huit cents livres de viande de mule qui s'envolent.

Puis les chasseurs s'éparpillaient à pied, chassant consciencieusement le flanc de colline et de curieuses cuvettes de déflation, sortes d'espaces où la fragile couverture herbeuse a disparu pour une raison ou une autre – feu, bétail, roue de camion – et où le sable s'est amoncelé sous l'action du vent. Il s'est alors formé comme un cratère dans le sol où parfois les semences ont levé à nouveau de manière naturelle. D'autre fois des ranchers comme Lynn Frederick y ont replanté de l'herbe afin de restaurer la prairie. Les poules des prairies affectionnent ces cuvettes dont l'épais couvert offre un abri efficace contre le vent.

Alors que nous progressions fusil en main, prêts à épauler, des alouettes s'envolaient et chantaient dans le ciel tandis que le bruit des crickets montait dans un crescendo qui semblait annoncer quelque drame à venir. Les chiens quêtaient fébrilement devant nous tandis que les mules suivaient placidement derrière. Nous disparaissions dans les creux de terrain pour réapparaître ensuite sur une crête avant de redescendre. Alors les « thons de prairie » jaillissaient de l'herbe seuls, par paires ou par petits groupes et nous déclenchions la fusillade. Et lorsque le vent soufflait, c'est généralement le cas sur la prairie, les coups de fusil semblaient emportés au loin et ne faisaient pas plus de bruit qu'un pistolet à bouchon. Ici et là on voyait des petits nuages de plumes qui retombaient du ciel, des chiens se précipiter au rapport et nos gentilles mules, impassibles, qui arpentaient la prairie de leur allure parfaite.

8

Yaak magique

Je préfère la symphonie et la magie des forêts profondes...
Il y fait sombre, il y pleut beaucoup. Les arbres sont grands et il y a
de mystérieux regroupements d'animaux. Impressions
qu'on ne trouve nulle part ailleurs dans le monde.
J'y suis chez moi.
RICK BASS
Le Livre de Yaak : Chronique du Montana[1]

Une année, à la fin de septembre, mon ami Guy de La Valdène et moi avions chassé le choukar dans les ravins de la rivière Grande Ronde, dans l'est de l'État de Washington. C'était une région d'une indicible splendeur. De larges plateaux surplombaient des crevasses tortueuses, des collines ombragées se transformaient en montagnes, des rivières coulaient, minuscules, au fond de vertigineux canyons. Là-haut, à l'endroit où nous chassions, se déroulaient de vastes paysages ouverts où l'impression d'immensité vous serre l'estomac et vous donne des frissons au point que vous en éprouvez une sorte de malaise.

Nous avions chacun notre véhicule et nous avions roulé en tandem depuis Washington où il faisait beau, chaud et sec, jusqu'à la vallée de Yaak dans le Montana, où l'on ressent la fraîcheur et l'humidité des forêts tropicales des régions du nord-ouest des

1. Rick Bass, *Le Livre de Yaak : Chronique du Montana*, Éditions Gallmeister, Paris, 2007.

États-Unis. Un front froid, chargé de pluies et de brumes, faisait rouler de gros nuages sombres au-dessus de la cime des arbres de la forêt profonde. Nous étions venus rendre visite et chasser le gibier à plumes avec l'écrivain Rick Bass.

Parfois, se rendre trop vite d'un endroit à un autre peut donner le tournis, comme si l'image du pays d'où vous êtes parti ne s'effaçait pas devant celle du pays où vous arrivez, lequel en devenait comme hostile et inhospitalier. Ou pire, presque maléfique. En même temps, pour ceux d'entre nous qui sont sensibles aux paysages (et la plupart des chasseurs le sont), certaines topographies et certains climats agissent en déclencheurs de l'imagination et du souvenir. C'est ainsi qu'un sentiment de crainte avait envahi Guy, aussi omniprésent que les nuages noirs au-dessus des bois de Yaak. « Je ne pense pas pouvoir rester ici très longtemps, me dit-il, peu de temps après notre arrivée. Je n'aime pas cette région, elle me met mal à l'aise. »

Les montagnes nous entouraient, quelque peu oppressantes effectivement, serrées et couvertes de forêt sombre là où elles n'avaient pas été scalpées et transformées par les bûcherons en larges et hideuses plaques pelées. On ne voyait pas bien pourquoi cet endroit était appelé « vallée », j'y éprouvais moi-même une certaine claustrophobie renforcée par le plafond trop bas qui cachait le ciel.

« Bon, c'est un peu sinistre, admis-je. Mais tu ne peux pas partir maintenant, nous avons rendez-vous pour chasser avec Rick demain.

– Je verrai comment je me sens au matin, dit Guy. Mais il n'est pas impossible que je quitte ces bois.

– Peut-être que ça va se dégager demain, suggérai-je. Un peu de soleil pourrait faire une grosse différence ici-bas. »

Mais ça ne s'était pas éclairci et le lendemain, après le lever du jour, tout parut encore plus sinistre, plus froid et plus sombre que la veille, tandis qu'un crachin tenace semblait ne jamais devoir s'arrêter. Guy logeait dans un minuscule *bed and breakfast* à la sortie de la minuscule ville de Yaak, qui se composait sommairement d'un carrefour avec deux cafés face à face de chaque côté de la rue et d'une espèce de supérette. Je campais moi-même dans ma caravane Airstream, à l'extérieur de la ville. La première chose qu'il me dit en frappant à ma porte fut qu'il s'en allait.

« Tu viens avec moi ? ajouta-t-il.

– Eh bien, répondis-je, indécis, je ne sais pas. J'ai fait tout ce chemin pour chasser avec Bass, j'ai rendez-vous avec lui, je ne pense pas que je devrais partir maintenant.

– C'est bon, dit Guy, mais moi, faut vraiment que je parte. »

On dit que le Yaak est un lieu de sortilèges et là où il y a de la magie, il doit aussi y avoir une face sombre, une magie noire, et sans doute est-ce ce qui avait tant affecté la Valdène, car je ne l'avais jamais vu aussi troublé, presque effrayé, alors que c'est un des hommes les plus courageux que je connaisse.

« Ça m'ennuie qu'on se sépare maintenant, dis-je. Nous n'en avons que pour une journée, nous pouvons partir tous les deux demain.

– Non, je dois m'en aller maintenant, insista Guy. Ce pays me rappelle trop la Suisse. » Il hésita et ajouta presque en s'excusant : « Ça ressemble exactement à l'endroit en Suisse où mon père est mort. »

J'avais compris. Certaines contrées sont hantées par nos fantômes et parfois il suffit de remonter en voiture et s'éloigner de cent ou deux cents kilomètres pour leur échapper. Alors Guy et moi nous dîmes au revoir. Ça me faisait de la peine de le voir partir. Et juste après son départ, alors que les nuages noirs descendaient toujours plus sur la forêt et que la pluie crépitait sans relâche sur la tôle de l'Airstream, je regrettai de n'être point parti avec lui. Je l'enviai de se diriger vers les grandes plaines de l'est du Montana. Je montai le chauffage, me servis un autre café, puis me remis à gribouiller dans mon carnet de notes.

Quand Rick Bass vint me chercher à ma caravane, la pluie s'était un peu calmée, transformée en un crachin brumeux. Le Yaak est le domaine de Rick Bass et ceux qui connaissent un peu son travail savent à quel point il aime cette région. Alors qu'elle avait empli Guy d'appréhension, elle apportait à Rick la joie, le respect et l'émerveillement. Son œuvre est habitée du même sentiment palpable de mystère que l'on ressent à l'intérieur de ces bois sombres et marécageux et dans ces montagnes. Dans les livres de Bass, le surnaturel devient la norme et les personnages humains ou animaux sont fréquemment capables d'exploits surnaturels ou animés d'une force et d'une résistance que l'on rencontre uniquement dans une contrée magique.

Bass est un homme calme, timide, attentif, intensément courtois, aux grands yeux bleus qui brillent d'une lueur presque étrange. Des yeux aux aguets. Ceux d'un homme naturellement proche du monde animal. Il avait avec lui son braque allemand Colter et nous montâmes tous dans mon Suburban pour nous diriger vers le premier secteur de la journée.

Les bois étaient encore très verts, mais les trembles et les peupliers commençaient à prendre des teintes diverses de jaune, de rouge et d'orange. Les buissons à baies portaient des petits fruits blancs et d'autres rouges. Il y avait des bouleaux, des aulnes, des sapins et des épicéas et toute une luxuriance à laquelle je n'étais guère accoutumé. La forêt dégageait un calme étrange, comme si la terre sombre gisait sous son linceul de nuages. J'ai tout de suite aimé chasser avec Rick Bass. C'est un grand marcheur et un chasseur attentif et méticuleux, qui semble s'approprier la terre au fur et à mesure qu'il la parcourt. Et on voit qu'il connaît ses bois. Sweetz et Colter chassaient aussi très bien ensemble, se partageant le terrain entre le travail à portée de fusil de Sweetz et la quête élargie de Colter.

« Cela t'arrive-t-il de te perdre dans ces bois ? » demandai-je à Rick, car tout de suite j'avais été frappé du fait que, pour moi, c'était le genre d'endroit où je me serais tout de suite irrémédiablement perdu si j'y avais chassé seul. Pour être honnête, je suis même un peu effrayé par ces immenses forêts.

« Bien sûr, répondit-il en marquant une pause comme s'il étudiait la question. Parfois, je suis tellement perdu que je ne sais même plus où je suis. »

C'était une réponse classiquement « bassienne », à la fois un peu à côté, mais aussi extrêmement précise, et bien que j'eusse à y repenser deux fois, je compris ce qu'il voulait dire : il y avait perdu et « perdu ».

Et juste à ce moment-là Sweetzer sentit la présence d'oiseaux. Elle accéléra. Nez au sol, reniflant bruyamment et queue battant furieusement, elle fit soudain voler une gélinotte huppée. J'épaulai, tirai, mais l'oiseau disparut dans les bois. « J'aurais parié que mon coup finirait dans un arbre, expliquai-je en montrant un tronc qui se dressait entre moi et la trajectoire de l'oiseau indemne. De toute manière, je ne touche pas souvent grand-chose d'autre quand je chasse en forêt.»

Nous reprîmes la chasse. De temps en temps, j'observai Bass alors qu'il progressait dans le couvert. Il avait toujours un sourire aux lèvres comme s'il avait en permanence conscience du plaisir d'être vivant à ce moment-là et de se trouver ici dans cette nature qu'il aimait tant, à faire ce qu'il aimait tant faire. Un sourire de plaisir et de gratitude qui gagnait inconsciemment son compagnon qui, à son tour, finissait par se sentir bien.

Ceux qui connaissent l'œuvre de Bass sont aussi familiers de ses efforts insensés pour préserver l'aspect sauvage de la vallée du Yaak. Dans sa croisade d'activiste solitaire, il s'est opposé aux compagnies d'exploitation forestière, aux lobbies de l'État et aux politiciens fédéraux. Il a écrit des centaines de lettres, d'éditoriaux, d'articles et même un livre, *Le Livre de Yaak*[1], pour rassembler autour de lui autant d'alliés possibles. Il apporte à ses efforts de préservation une conviction quasi religieuse, une foi d'évangéliste, une qualité qu'on découvre tout de suite dans son style et son discours. Je ne connais aucun autre écrivain dont la voix est aussi proche et aussi inséparable de ses écrits.

«Regarde ce tremble, dira-t-il devant les couleurs étonnantes d'un arbre, comme s'il n'en avait jamais vu d'aussi beau avant. C'est presque aussi nourrissant qu'un repas.»

Nous reprîmes la chasse, fouillant les remises de Bass, l'une après l'autre, reprenant la voiture entre deux secteurs que nous rejoignions par une piste à travers les bois. Sweetz et Colter faisaient du beau boulot et envoyèrent plusieurs oiseaux. À un moment, Sweetz leva une gélinotte des épicéas, mais elle se borna à voleter jusqu'à une branche et à s'y percher, ce qui me permit de me mettre juste en dessous et de la regarder droit dans ses yeux rouges. La gélinotte des épicéas fait partie de la poignée d'oiseaux nord-américains que Sweetzer n'avait encore jamais rapportés, mais bien sûr nous n'allions pas tirer sur un oiseau branché. Nous reprîmes la chasse.

Le crachin tombait en continu. «Regarde ça, dit Bass en parlant d'une masse de nuages épais qui dérivaient le long de la pente de la montagne, c'est si beau.»

---

1. Traduit aux éditions Gallmeister en 2013.

En redécouvrant ce pays à travers les yeux du visiteur, c'était comme si Bass le voyait pour la première fois. Il me raconta l'histoire d'un puma qui avait chargé son chien et me décrivit les sentiments mêlés de peur, de colère et d'exaltation qui l'avaient animé en assistant à la scène. Il me raconta des histoires d'ours et des histoires de loups. À l'évidence, Bass passait beaucoup de temps dans les bois et savait observer.

Assez curieusement, je me souviens de presque chaque détail de cette journée. Je revois très clairement chaque envol de gélinotte levée par Sweetzer ou arrêtée par Colter et la trajectoire de chaque oiseau s'esquivant dans les bois. Je me souviens du paysage, du temps et de l'atmosphère humide dans le Suburban entre chaque secteur, et je me rappelle le bruit de la pluie tombant sur la voiture et dans nos gobelets de café lorsque nous avions fait une pause. « Est-ce que ce n'est pas une odeur merveilleuse ? » avait dit Bass. Je me souviens comment mon autre chienne avait eu un petit flirt innocent avec Colter à l'arrière du Suburban. C'est une petite chienne croisée teckel et fox qui ne chasse pas et qui ne fera pas couler beaucoup d'encre dans ce livre, bien qu'elle fût notre compagnon de voyage, à Sweetz et à moi. Je me souviens de tout cela, mais je n'arrive pas à me rappeler si on avait tué un oiseau. Je ne crois pas que ce fût le cas mais, en tout état de cause, je n'en ai aucun souvenir précis. En revanche, je me souviens que ce fut une de ces rares journées parfaites quand les chiens sont brillants et que la nature révèle juste assez d'elle-même pour vous tenir en haleine.

Et je me souviens de ceci : à la fin de la journée, nous rejoignions la grand-route, juste après nos derniers instants de chasse. Nous nous rendions à la taverne de la petite ville locale (en fait vers les deux tavernes locales, car Bass ne veut pas donner l'impression d'en privilégier une par rapport à l'autre). Nous roulions à travers la forêt lorsque je me suis tourné vers Rick pour lui dire quelque chose. Soudain, au même instant, une biche se matérialisa, juste devant le véhicule. Elle se tenait là, oreilles dressées, nous regardant foncer sur elle. J'appuyai de toutes mes forces sur le frein et le Suburban pila. Il fit plus que s'arrêter, il s'immobilisa, raide mort sur ses quatre roues, sans faire un millimètre de plus. D'un bond, la biche traversa la route et disparut dans la forêt.

«J'étais certain qu'on allait la heurter, dit Bass. Je n'ai jamais vu un pick-up s'arrêter comme ça.

– Faut dire que je viens de remplacer les plaquettes», dis-je à moitié convaincu.

Mais nous savions tous deux que les plaquettes neuves n'avaient rien à voir dans cette histoire. Que c'était juste un exemple de la magie de Yaak.

9

Tout là-haut dans le Nord

Le sable fin des Sandhills du Nebraska flottait comme une vapeur au-dessus de la route étroite qui montait et descendait au rythme des collines. Une cowgirl blonde me doubla au volant d'une vieille Plymouth rouge sang, puis ce fut un Noir avec un cerf six pointes attaché sur la galerie de son 4x4. C'était le jour anniversaire de la grande manifestation noire du Million Man March[1], à Washington, et cela me parut une bonne chose que cet homme rapporte un cerf à sa famille.

La vieille route était parallèle au tracé de la nouvelle autoroute dont des sections entières avaient disparu dans de grands cratères causés par les déplacements du sable, prouvant ainsi l'incongruité de la présence humaine dans cette contrée. En haut des collines, des rafales de vent nous frappaient et semblaient assez fortes pour nous repousser en arrière. Avec l'Airstream en remorque, même en roulant accélérateur collé au plancher, je ne pouvais dépasser les 80 kilomètres-heure. Mais je n'étais pas pressé, j'ai appris à ne prévoir d'arriver... que quand j'arriverai. Nous nous dirigions vers l'État du Dakota du Nord, pour une chasse aux oies, et donc rien ne pressait vraiment.

1. Également appelée «Jour de l'expiation». Cette manifestation fut organisée le 16 octobre 1995 à Washington par des associations noires-américaines afin de mieux faire prendre conscience aux partis politiques de la situation socio-économique des Noirs.

La nuit précédente, j'avais bivouaqué dans un parc de la minuscule ville de Stapleton dans le Nebraska. C'était un joli parc, calme et propre, et j'avais été le seul à en profiter. Au matin, en prenant mon petit déjeuner au Shady Lady Café, qui était joyeusement décoré pour Halloween, j'avais entendu des gens du coin parler d'un air préoccupé d'un récent cambriolage. Apparemment, un jeune homme de North Platte était venu ici et avait pénétré dans le garage de l'autre côté de la rue pour voler cinq pneus. Puis il s'était introduit au Club des anciens combattants et il avait volé leur stock de bière Budweiser. Les spéculations allaient bon train à propos de ce dernier fait. Ce voleur, qui semblait avoir ses préférences, avait délaissé tous les produits de la marque Miller, pour n'emporter que ceux de chez Anheuser-Busch. Il se considérait clairement comme un amateur de Bud. Et le fait qu'il vole cinq pneus suggérait que c'était pour remplacer ceux de son propre véhicule, y compris la roue de secours. Il n'y a pas si longtemps, les vols étaient inconnus à Stapleton, le jeune homme «de la ville» avait probablement cru qu'il disparaîtrait facilement dans la nature après son hold-up nocturne. Mais il fut arrêté le jour suivant.

Nous traversâmes la rivière Loup, la South Loup et la North Loup, toujours avec ce vent violent de face, si bien qu'à la nuit tombante nous n'avions atteint que la ville de Herreid, dans le Dakota du Sud (448 habitants), et que nous campâmes à nouveau dans le parc municipal. Beaucoup de ces petites villes rurales que nous traversions sont si petites qu'on n'y trouve même pas un motel ou un camping. Mais presque toutes mettent un point d'honneur à entretenir un joli parc ou jardin municipal où le camping est généralement autorisé pour la nuit et le plus souvent gratuit. Beaucoup mettent à disposition des branchements d'eau et d'électricité, mais en tout cas il y a toujours un robinet d'eau disponible pour remplir les bidons. En manière de reconnaissance envers ces sympathiques petites communautés, j'essaie toujours de laisser quelques dollars d'une manière ou d'une autre. Parfois, je refais un plein à la station-service, ou j'achète des provisions à l'épicerie, ou bien je prends mon petit déjeuner au café ou une bière à la taverne. Si possible donc, j'apporte toujours une petite contribution à l'effort d'entretien du parc.

En quittant Herreid, ce matin-là, des nuages d'orage noirs se massaient vers le nord. Le vent se maintenait autour de 70 kilomètres-heure avec des rafales. Je calculai que si je n'avais pas eu ce vent de face mais au contraire dans le dos, j'aurais roulé en moyenne à 170 km/h.

La radio locale passait en revue le cours des denrées agricoles, le blé de novembre, le soja de décembre, le porc de janvier, le bacon de février. «Dans un moment nous irons à Crofton, dans le Nebraska, pour évoquer l'actualité des aliments porcins», dit la voix du speaker. À la frontière, en arrivant dans la petite bourgade rurale de Strasburg, dans le Dakota du Nord, un panneau signalait fièrement, avec une flèche, la ferme natale de Lawrence Welk[1]. Bien sûr, c'était tentant, mais j'avais de la route à faire. Peut-être une autre fois.

J'ai su que j'étais vraiment dans le Nord quand j'ai capté une chaîne de radio de Saskatchewan dont le programme du jour concernait les confessions de Joueurs anonymes. Parmi eux, l'histoire tragique d'une femme d'agriculteur céréalier qui avait mis en gage la ferme familiale à l'insu de son mari pour se livrer à son vice et qui bien entendu avait tout perdu. Je changeai de station et tombai cette fois sur l'interview d'un chiropracteur – pas moins d'une demi-heure – au cours de laquelle l'homme nous dit tout ce qu'il fallait savoir sur la bonne position pour ratisser les feuilles mortes ou pelleter de la neige. On ne trouve ça que dans le Nord.

Finalement, j'atteignis Kramer, dans le Dakota du Nord, ma destination, au soir d'une journée froide, humide et venteuse. Si vous aimez la chasse au gibier à plumes, vous avez sans doute connu des douzaines de ces hameaux des Grandes Plaines qui ressemblent plus ou moins à des villes fantômes, avec la poussière qui tourbillonne au sol et sa rue principale où la moitié des commerces sont à l'abandon, avec les vitrines cassées ou obturées. À la sortie de la ville, on aperçoit l'ancienne gare et la voie de chemin de fer ainsi que la coopérative dont les silos à grains s'élèvent, telles des cathédrales, qu'ils sont effectivement d'une certaine manière, tristes vestiges d'une ancienne religion disparue. Car l'agriculture moderne a trahi la foi des populations locales

1. Célèbre musicien et chef d'orchestre américain, animateur en particulier du *Lawrence Welk Show* de 1955 à 1982.

dont les petites exploitations ont été dévorées par les grosses, englouties par les forces inexorables de la mondialisation, des marchés et de l'agro-business.

Dans cette bourgade, même l'école élémentaire avait fermé, à la suite du déclin des populations rurales, forçant les familles à rejoindre les villes pour y scolariser leurs enfants. En général, il ne restait plus suffisamment d'enfants pour former une classe. Cela en dit long sur la sociologie et la démographie d'une région quand les dernières préoccupations sérieuses des villages restent le saloon et la maison de retraite.

Dans ce cas précis, l'ancienne école élémentaire avait été recyclée en agence de chasse au canard et à l'oie, et ses locaux réduits pour l'essentiel en campement abritant les chasseurs. Le marché des écoles défuntes n'étant pas très florissant, l'organisateur avait acheté l'ensemble pour pas cher. De nos jours, la chasse constitue souvent le dernier soubresaut économique de ces villages moribonds.

Je n'eus aucun mal à trouver l'école, qui était en plein milieu du village et qui, de surcroît, continuait de ressembler beaucoup plus à une école qu'à un pavillon de chasse. C'était un bâtiment d'un seul étage, assez long, bordé d'un mur de briques et avec de larges fenêtres aux huisseries d'aluminium. À l'intérieur, des lampes fluorescentes grésillaient au plafond et projetaient un éclairage agressif dans les couloirs, créant une impression de vide.

Les chasseurs étaient installés sur des lits de camp dans les anciennes salles de classe transformées en dortoirs. Les tableaux noirs portaient encore les traces, griffonnées à la craie, de problèmes d'algèbre qui ne seraient jamais résolus. Je n'ai jamais été bon en maths et j'aurais été bien incapable de résoudre ces équations.

J'étais donc heureux une fois de plus de pouvoir loger dans l'Airstream que j'avais garé dans la cour d'école. Je n'avais pas beaucoup aimé l'atmosphère des classes désaffectées, qui amplifiait mon sentiment de mélancolie automnale.

La scène de l'auditorium servait de salle à manger, comme si les dîneurs étaient les acteurs maladroits d'une pièce de théâtre organisée par l'école. Le premier soir et semble-t-il la veille aussi, la spécialité maison était un vieux classique des cantines scolaires, une viande indéfinissable cuite durant des heures dans une mijoteuse automatique et servie dans une sauce brune. Mon vieil ami Oliver Moore appelait cela de « la nourriture marron ». À l'instar des problèmes d'algèbre, je me demandai si ce plat ne datait pas lui aussi de la fermeture de l'école. Je remis le couvercle sur la marmite et plongeai le nez dans le plat suivant, qui contenait lui aussi un truc marron. Pas un légume en vue, il n'y avait pour compléter que des pains ronds industriels, des paquets de beurre et un plateau de gobelets en carton contenant du lait entier... Dans le frigo de l'Airstream il me restait une laitue romaine entière qui me sembla soudainement plus précieuse qu'un lingot d'or. Je pariai intérieurement que je pourrais bien la vendre à ce groupe pour au moins dix dollars. Quelques-uns de ces chasseurs étaient là depuis une semaine et m'avaient bien l'air de déjà présenter des signes de scorbut.

Nous étions assis à une table pliante avec Oliver Moore et mon ami anglais Douglas Tate. Furtivement je propulsai une grosse noix de beurre au plafond à l'aide de ma cuiller. L'école me faisait un drôle d'effet. Je sentais une furieuse envie de démarrer une bonne bataille à coups d'ingrédients qui m'enverrait *illico* dans le bureau du principal.

Après le dîner, Doug, Oliver et moi prîmes des routes de campagne absolument rectilignes pour nous rendre à la petite ville voisine de Newburg. Je me suis toujours dit qu'en construisant ces routes ils auraient dû mettre quelques virages juste pour apporter un peu de variété. La monotonie de ces routes droites engourdit l'imagination humaine.

Newburg ressemblait remarquablement à Kramer. Il y avait le même sempiternel silo à grains le long de la voie ferrée, les commerces étaient aussi en majorité à l'abandon et leurs vitrines obturées, sauf celle du bar du village qui offrait ce soir un divertissement spécial en l'honneur de l'armée de chasseurs d'oies qui occupait la région. Mais il était encore tôt et on ne voyait que des véhicules de ranchers garés devant la porte. Une fois à l'intérieur nous constatâmes que nous étions les seuls chasseurs d'oies présents. Un certain nombre de gars du coin, casquette de travail vissée sur la tête, buvaient des bières assis aux tables ou au bar. Ils attendaient que le show débute tout en jetant des regards inquiets vers la porte, comme s'ils craignaient de se faire surprendre par leurs épouses. Le divertissement de ce soir se présentait sous la forme de deux danseuses « exotiques » (Dieu que j'aime ce terme !), originaires de Minot, Dakota du Nord, la mégapole du coin. À l'heure annoncée, une planche de contre-plaqué fut installée sur une table de billard et la première danseuse, une petite blonde rondouillarde, gaulée comme « des chiottes en briques », comme ils disent élégamment par ici, se mit à sautiller sur les notes discordantes de Bonnie Raitt sortant du juke-box. La fille grimpa sur la scène improvisée puis se lança dans une danse assez banale et, sinon voluptueuse, du moins énergique. Peut-être parce qu'on était à la campagne, il se dégageait une certaine innocence de cette scène, assez loin du clinquant habituel des strip-teases qu'on trouve en ville. Même les danseuses avaient un air candide. Ce n'étaient que de braves filles de la campagne – Minot est tout de même loin de Sodome et Gomorrhe – essayant de se faire un peu d'argent. Qui aurait pu les en blâmer ?

Quand on y pense, personne n'est à blâmer pour la mort des petites villes rurales, le déclin des fermes familiales et la transformation de régions entières. C'est simplement l'évolution du monde et il en a toujours été ainsi. Demandez aux Indiens ce qu'ils en pensent.

Après que la blonde replète eut terminé son show, elle redescendit de la scène et passa dans la foule ramasser des pourboires et elle fut remplacée sur le billard par sa copine, une jeune femme svelte aux cheveux noirs qui dansait avec beaucoup moins d'enthousiasme, comme si elle n'appréciait pas vraiment son travail.

Pendant ce temps, la blonde faisait le tour des tables avec l'inexorabilité d'un collecteur d'impôts. Elle attrapait les hommes un par un, les serrait avec la force d'un ours, leur embrassait le visage de ses lèvres humides et leur glissait quelques mots à l'oreille en pressant son opulente poitrine sur leur torse. Puis elle écartait suffisamment son string pour dévoiler ses trésors cachés tout en offrant un réceptacle naturel pour qu'ils y déposent leurs dollars. Quand elle eut atteint notre trio, Douglas Tate sauta nerveusement de son tabouret et s'en fut se cacher derrière le bar. « Je ne peux pas faire ça... dit Douglas avec son accent Geordie très marqué, je suis anglais. »

Amis anglophiles, sachez que Robert McNeil, dans son fascinant ouvrage *The Story of English*, décrit le Geordie (prononcez

« jordy »), comme le plus populaire des accents régionaux de Grande-Bretagne. On le trouve dans le Tyneside, une région du nord-est de l'Angleterre.

Moore et moi étant de bons Américains, nous nous laissâmes docilement malmener par la fille et, au moment rituel, déposâmes nos billets à l'endroit idoine. « Douglas, tu peux venir finir ton verre maintenant », dit Oliver.

Mais en fait la petite danseuse exotique avait un œil de lynx et aucun client ne pouvait y échapper. Quand Tate fit mine de revenir vers nous, elle lui tomba dessus comme une catcheuse cherchant à immobiliser son adversaire. Elle l'attrapa par le cou et lui abaissa la tête qu'elle fit disparaître entre ses seins pendant ce qui sembla être de longues minutes. Finalement, je lui demandai :

« Vous ne croyez pas qu'il faudrait peut-être le laisser respirer ? »

Quand la fille le relâcha, Tate était à bout de souffle. Il avait le visage cramoisi et ses lunettes étaient couvertes de buée. « Tu sais... dit-il en cherchant ses dollars dans ses poches de pantalon, ce n'était pas aussi désagréable que je l'aurais pensé. »

Le lendemain matin, nous étions debout à 4 h 30, ce qui est la chose que je déteste le plus à la chasse au gibier d'eau. Une demi-heure avant l'aube, nous étions allongés sur le dos dans un chaume de blé couvert de gelée blanche, ce qui est la deuxième chose que je déteste le plus à la chasse au gibier d'eau. Grâce au violent vent de face, j'avais réussi à louper la première journée de chasse prévue... Il faut bien que j'admette que ce n'est pas mon sport favori ni celui de Sweetzer.

Ça avait été un désastre sans précédent pour notre hôte. Une grande marque américaine de fusils invitait les meilleurs journalistes pour l'introduction prochaine sur le marché d'un nouvel automatique. Comme notre profession est réputée relativement facile à corrompre, chacun de nous était équipé d'un modèle flambant neuf et la marque espérait en retour un peu de publicité rédactionnelle obtenue à bon compte. Mais ce matin-là, toutes les armes s'enrayèrent après le premier coup de fusil. Le représentant de la marque, hautement embarrassé, avait promis d'envoyer de nouveaux fusils à tous les journalistes participants dès que le voyage serait terminé et, très clairement, on sentait que des têtes allaient tomber à l'usine.

C'est alors qu'avec les premières lueurs de l'aube arriva le moment que j'aime tant à cette chasse. Près de 100 000 oies des neiges et bernaches du Canada se levaient de leur remise nocturne sur un lac voisin et se mettaient à voler comme un énorme essaim et à évoluer comme si elles ne formaient qu'un seul corps. Le bruit nous parvenait d'une immense cacophonie sans équivalent sur terre. Les riches variations musicales du chant des oiseaux et le battement d'innombrables ailes puissantes claquant les unes sur les autres rappelaient pour certains auteurs (comme l'excellente Terry Tempest Williams) le bruit d'un monstrueux train de marchandises ou d'un stade rempli de supporters de football enragés. Mais pour moi, il me semblait entendre le son de la voix de Dieu. Les oiseaux décrivaient des cercles toujours plus larges et toujours plus hauts et il ne semblait pas qu'ils dussent venir un jour se poser dans notre chaume de blé. Au contraire, ils avaient l'air de prendre la tangente et, tels que nous étions couchés sur le dos, nous pouvions les voir passer, bande après bande au-dessus de nous, bien plus haut que la portée de nos fusils et totalement indifférents aux appels des experts en appeaux de notre groupe. Ça m'était égal, c'était une merveille d'observer tous ces oiseaux voler vers le sud pour leur migration annuelle, ainsi qu'ils le faisaient inlassablement depuis la nuit des temps.

« Douglas, dis-je à mon compagnon couché dans l'affût voisin, je me demandais ce que tu allais faire de cet automatique qu'ils vont te donner. »

Douglas, qui était envoyé par une revue anglaise, est l'un des meilleurs experts d'Amérique en armes fines britanniques. Il a même écrit un livre à ce sujet, sous le titre *Birmingham Gunmakers*. C'est un véritable amoureux des fusils anciens à platine et je ne l'imaginais pas un seul moment tirer ni posséder un de ces automatiques.

Douglas eut l'air de réfléchir à la question. « Je ne sais pas, dit-il finalement. Je pourrais scier le canon et l'utiliser pour des braquages, je suppose. »

À ce moment-là, un de nos collègues, incapable de supporter plus longtemps la vision de ces oiseaux au-dessus de sa tête, sauta hors de son affût et se mit à tirer sur des oies volant hors de portée. On pouvait entendre les plombs rebondir sur leurs poitrines, mais un ou deux projectiles durent avoir touché plus sérieusement l'une d'elles, qui se décrocha du groupe et fit une longue descente jusqu'à un champ situé à presque un kilomètre de là où nous étions.

« Quelqu'un devrait aller chercher cette oie, dit un des guides.

– On va y aller, avec Sweetzer », proposai-je, trop heureux de trouver une occasion de me lever et d'aller faire un tour.

Cependant, une fois arrivé au lieu présumé de la chute, le couvert s'avéra très épais, presque impénétrable, et après l'avoir quadrillé pendant une heure dans tous les sens, nous dûmes nous résigner à admettre que nous n'allions pas retrouver cette oie blessée. Cela me mit mal à l'aise et je me sentis vraiment énervé par cet homme qui avait tenté un de ces stupides « coups de longueur ».

Le soir même, la branche locale de la chambre de commerce de la région de Bottineau, dans le Dakota du Nord, nous invita tous à un banquet organisé par l'association Ducks Unlimited, en prélude à la compétition de chasse aux oies qui devait se tenir le lendemain, à laquelle certains chasseurs du groupe s'étaient inscrits. Le gymnase du collège de Bottineau avait été pavoisé pour l'occasion par un comité d'épouses et je fis le tour pour regarder les tableaux – assez nuls – accrochés aux murs. « Une meute de loups est en chasse. Sauriez-vous la retrouver ? » demandait la légende d'une de ces œuvres d'art. J'entendis une remarque dans un groupe :

« Quel beau travail ces dames ont fait ce soir, elles ont rendu l'endroit encore plus beau que le hall de l'Holiday Inn. »

Croyez-moi, je ne fais preuve ni de cynisme ni de snobisme lorsque je dis que c'est à cause de choses de ce genre que j'adore les contrées du Nord. J'en eus un autre exemple plus tard quand je demandai à une serveuse de Cork & Bottles, notre « oasis », à Kramer, si le poulet du menu était frit. Elle me jeta alors le regard le plus las qu'une serveuse puisse vous jeter, suggérant que j'étais l'être humain le plus ignare que la terre eût porté. « On fait *tout* frire, mon chou », me répondit-elle.

Après le dîner, le maire, qui officiait comme maître de cérémonie pour l'événement, se leva de sa chaise pour nous souhaiter la bienvenue en la bonne ville de Bottineau. Il annonça fièrement qu'un bon nombre de fines plumes cynégétiques se trouvaient ce soir dans l'assistance et que si ces messieurs avaient la bonté de se lever de leurs chaises, tout le monde pourrait les voir. La plupart des journalistes se levèrent, un peu penauds. Comme j'avais senti le coup venir, j'avais vivement fait retraite au bar et je pus éviter cette scène embarrassante. Puis l'un des membres de la presse cynégétique, un gros gars particulièrement boursouflé, avec une moumoute, fit un geste de salut en direction des Bottineauviens charmés. Où peut-on trouver en Amérique, si ce n'est dans le Nord, des gens qui considèrent une bande d'écrivaillons rustiques (dont je fais partie) comme des célébrités parmi les plus éminentes ?

Il est vrai que cette partie des États-Unis, si perdue dans le Nord, ne ressemble à aucune autre et que ses habitants, géographiquement et psychiquement isolés du reste de la nation, sont un peu différents. Peut-être que cette immense plaine sans relief, cette région où l'on voit toujours la ligne d'horizon, a un curieux effet psychologique sur eux. Surtout si l'on y ajoute les vents de prairie qui soufflent constamment, les hivers implacables et ces routes rectilignes comme tirées au cordeau.

Après le banquet nous retournâmes à la vieille école élémentaire de Kramer, où nous nous assîmes un moment dans le couloir sur de vieux canapés à ressorts. Un jeune gars du coin qui travaillait pour l'agence nous raconta un jour du printemps dernier où il travaillait à herser les champs de son père et était pressé car il devait retrouver un ami en ville au cinéma. Mais son père l'avait appelé sur la CB pour lui dire que quand il aurait fini, il fallait qu'il dépose le tracteur dans un autre champ. Le garçon était furieux parce que ça voulait dire qu'il manquerait la séance. Il roulait vite et il avait remarqué une buse posée devant lui sur la route qui dévorait un animal écrasé. Comme beaucoup de fermiers et de ranchers, le garçon détestait les rapaces par principe, ainsi que les loups, les coyotes et tous les prédateurs. Quand il vit la buse, il se dit en lui-même : « Merde, j'ai aucune chance de l'avoir, elle va s'envoler avant. » Mais la buse tenait à son repas et quand elle s'envola finalement, il était trop tard et le tracteur la percuta en plein milieu des grilles du radiateur. « Il y avait des plumes qui volaient partout, se souvint le jeune, hilare. Il y en a même qui étaient entrées dans la cabine par les bouches d'aération. J'vous jure, ça valait le coup de louper le ciné pour ça. »

Tout ça pour dire qu'il n'y a pas que les urbains et les banlieusards qu'on pourrait retirer de la nature ; pas mal de ruraux sous la houlette du département d'État de l'Agriculture, des lycées agricoles, des fournisseurs d'équipements et de pesticides, continuent de transformer nos précieuses terres agricoles en usines chimiques dénaturées par la monoculture où les rongeurs et les prédateurs n'osent plus faire un pas. Des endroits où un jeune homme peut ressentir une telle joie d'avoir écrasé une buse avec son tracteur. Des endroits où les hameaux à l'agonie racontent l'histoire d'un système qui les a trahis, où le développement des zones commerciales a transformé les rues commerçantes des villages en villes fantômes et où le grand hall de l'Holiday Inn devient l'ultime parangon du bon goût et pourrait même devenir l'emblème ou la métaphore des rêves illusoires de l'Amérique rurale. Pour en revenir à ce que j'écrivais plus haut, il y a beaucoup de monde à blâmer dans cette histoire. Demandez aux Indiens ce qu'ils en pensent.

Le lendemain matin, dans une aube froide et pluvieuse, nous nous retrouvâmes à nouveau couchés dans le chaume, regardant vers le ciel les immenses volées d'oies qui passaient au-dessus de nos têtes. Assister, allongé sur le dos, à un tel spectacle intemporel vous amène tout de même à relativiser. Je fus frappé par l'idée que même si cette région s'était modifiée sous l'influence humaine, vu d'en haut, du côté des oies, rien ne devait avoir beaucoup changé depuis la nuit des temps.

Dans l'après-midi, Doug Tate et moi attelâmes l'Airstream et reprîmes la route vers l'ouest en direction du Montana, où nous avions rendez-vous pour une chasse aux gélinottes à queue fine et aux faisans. Je ne peux pas dire que nous étions fâchés de partir. Bien que chacun de nous puisse être touché par le spectacle grandiose de la migration d'automne des oies, nous sommes au fond de nous des chasseurs au chien d'arrêt ou leveurs de gibiers, des marcheurs pour qui la chasse au gibier d'eau semble un peu sédentaire. De toute manière, l'art véritable de la chasse aux oies, consiste à savoir disposer les formes et utiliser les appeaux convenablement. Si vous êtes là simplement pour la balade et si vous laissez les organisateurs faire le travail nécessaire pour attirer les oies à portée de fusil, dans ces conditions la chasse manquera singulièrement de piquant.

Tate ne conduit pas les automobiles. «J'ai tenté deux fois, répond-il simplement quand on lui pose la question. Et j'ai su que ça n'était pas mon truc.»

Mais c'est un excellent copilote, un type brillant et un agréable compagnon. Nous avions tous deux trouvé amusant d'apprendre qu'il existait une rivalité ancrée entre les habitants de l'est du Montana et les gars de l'ouest du Dakota du Nord, qu'on appelle de manière méprisante les Nodaks. Quant aux gars du Montana, ils aiment penser qu'ils leur sont, en quelque sorte, supérieurs. D'ailleurs, il y a pas mal de blagues qui circulent à ce sujet.

«Jim, dit Douglas alors que nous passions la frontière. Connais-tu l'histoire du Nodak qui déteste tellement son voisin du Montana qu'il lui a envoyé un bâton de dynamite par-dessus la frontière?

– Non, je ne la connais pas, répondis-je.

– Eh bien le gars du Montana l'a ramassé, il a allumé la mèche et l'a renvoyé.»

L'HIVER

10

Sur la frontière avec Tate

Mars 1876
Comme nous faisions halte pour la nuit, une petite compagnie de gélinottes à queue fine traversa notre piste en volant. Crook (le général George Crook) tira sept coups de carabine et en fit tomber six. Toutes sauf une étaient touchées à la tête ou au cou. C'était un beau tir, si l'on considère la rapidité avec laquelle il avait été effectué alliée au fait que le tireur avait les mains engourdies par les nombreuses heures passées en selle dans le froid. Ces oiseaux figurèrent sous forme d'un appétissant ragoût au menu de notre petit déjeuner du lendemain.
JOHN G. BOURKE
On the Border with Crook

Doug Tate et moi nous rendîmes d'abord à Westby, dans le Montana, où nous devions rencontrer un type appelé Justin Adams pour chasser le faisan et la gélinotte à queue fine (ou à queue en épingle, comme on disait aussi familièrement). Westby est une toute petite ville, située à la limite de la frontière avec le Dakota et juste en dessous de la frontière du Canada. Il était assez tard en saison pour que, à cette latitude septentrionale, les feuilles soient déjà tombées des arbres et qu'on ressente une atmosphère franchement hivernale.

À notre premier passage en ville, nous fîmes un arrêt à la taverne pour boire une bière. C'était la fin de l'après-midi, il faisait déjà sombre et nous étions les seuls clients. Nous étions assis au bar et nous discutions avec le jeune homme qui nous servait. Derrière lui, on voyait sur un rayonnage un alignement de bocaux de diverses tailles contenant des œufs, des gésiers de dinde, et des pieds de porc confits au vinaigre comme des cornichons. Des cervelles de veau conservées de la même manière ressemblaient furieusement à ces trucs qu'on garde dans du formol dans les labos.

Le jeune homme était très aimable et, à l'entendre parler, il semblait plus vieux qu'il n'en avait l'air physiquement. Au risque de contredire mes précédentes remarques sur les failles socio-économiques de l'agriculture moderne, il est aussi vrai que certains jeunes qui ont grandi dans cet environnement, particulièrement dans les fermes et les ranches, ont souvent cette maturité qui fait totalement défaut aux jeunes du même âge qui habitent les villes et leurs banlieues. Peut-être est-ce lié au fait que malgré tout ils vivent toujours au contact et au rythme des cycles naturels de la terre, des saisons, du temps, des récoltes, de la vie animale et du processus de la vie et de la mort. Nous demandâmes au jeune homme à quoi ressemblaient les hivers par ici. Il eut un sourire las et ironique et dit :

« C'est ce que tout le monde nous demande.

– Eh bien ?

– Vous n'avez pas idée à quel point il peut faire froid. Ni à quel point on s'ennuie par ici », dit-il.

Le jeune homme venait de terminer ses études et souhaitait s'échapper de Westby à la première occasion. Il est triste de constater que ces jeunes ruraux meurent d'impatience de quitter le ranch ou la ferme, de s'écarter au plus vite de l'ennui abrutissant qui règne dans leurs patelins afin de rejoindre une grande ville.

Nous terminâmes nos bières, lui souhaitâmes bonne chance et suivîmes les indications d'Adams pour nous rendre au mobile home qu'il louait pour la saison à la sortie de la ville. Adams m'avait dit au téléphone qu'il rentrerait tard ce soir-là, donc nous installâmes l'Airstream à côté de son emplacement et sortîmes le barbecue pour faire griller deux canards que nous avions apportés avec nous du Dakota. Avant ce voyage, Douglas Tate et moi ne nous connaissions qu'au téléphone. Douglas est auteur cynégétique, mais aussi partenaire de British Game Guns, une société de Seattle qui importe des fusils de chasse britanniques. Je ne propose pas souvent aux gens de voyager avec moi dans l'Airstream et, en général, si je le fais, ce n'est qu'avec des amis proches. Mais j'avais fait une exception dans le cas de Doug, car, comme il arrive parfois, j'avais pressenti que nous deviendrions vite amis. Et c'est ce qui arriva.

Donc, nous étions assis à la table de l'Airstream à déguster, avec du riz sauvage, un de ces canards, bien grillé à l'extérieur mais saignant à l'intérieur. Il y avait aussi du pain français, de la salade et une bouteille de vin rouge. Le soleil s'était couché tôt et la température avait dégringolé, mais l'Airstream était chaud et confortable.

Doug me raconta qu'il avait grandi dans une famille ouvrière des environs de Newcastle, dans le nord de l'Angleterre, une enfance bien différente de ma propre éducation relativement pépère dans les banlieues résidentielles de Chicago. Il était né dans une famille qui vivait à six dans un appartement de deux pièces du centre-ville sans électricité. Il avait eu une enfance très dure entre les rues de Newcastle où il fallait constamment se défendre et où les bagarres à coups de poing étaient quasi quotidiennes. À l'école, qui n'était même pas un refuge pour échapper à cette violence, des maîtres, semblant sortir des romans de Charles Dickens, distribuaient gifles, coups de canne et brimades au moindre prétexte. C'était une culture de la boisson où les pères et les maris passaient la plupart de leur temps libre au pub, et où les incidents et abus sur les épouses et les enfants étaient si banals qu'ils avaient lieu dans l'indifférence générale.

Quand Douglas eut 5 ans, le gouvernement travailliste de l'époque déplaça la famille dans un ensemble moderne à l'extérieur de la ville. L'arrière des maisons donnait sur des champs dont la vision inédite eut un profond effet sur la vie de Tate. « Imagine un jeune de Harlem, se retrouvant soudainement dans les vertes collines du New Jersey », me dit-il. Douglas développa un nouvel intérêt pour les oiseaux et l'apprentissage de la nature. Il allait jouer dans les champs avec ses amis et ils faisaient semblant d'être des chasseurs. Et finalement, progressivement, à la manière des enfants, ils devinrent vraiment chasseurs.

Le père de Douglas était invalide et lisait beaucoup. Durant toute son enfance il y avait des livres un peu partout dans la maison, et les livres devinrent la deuxième chose qui lui permit de s'en sortir. Il se mit à lire à corps perdu, ce qui non seulement renforça son amour de la nature, mais lui permit aussi d'échapper à la morosité sinistre du quotidien à Newcastle.

« J'essaie de retourner à la maison tous les ans ou tous les deux ans, me dit Doug alors que nous dînions dans l'Airstream, et quand je retourne au pub du quartier, je vois tous ceux avec qui j'ai grandi. Quand je passe devant eux ils lèvent le nez de leur pinte et ils disent : "Oh ! Douglas, salut !" et ils retournent à leur bière. C'est comme si je n'étais jamais parti. »

Mais il était bel et bien parti, illustrant ainsi la maxime de D. H. Lawrence, selon qui « la seule véritable aristocratie est l'aristocratie de la conscience ». Lecteur vorace, sans éducation ni formation, Douglas se transforma en intellectuel autodidacte, gourmet, gourmand de tout, œnophile, gentleman et chasseur. Il débuta par des chasses aux lapins et aux pigeons, qui sont à peu près tout ce qu'un enfant de la classe ouvrière, formé sur le tas, pouvait espérer faire dans la Grande-Bretagne de cette époque où tout était figé sur le plan social. Mais quand il arriva aux États-Unis, il découvrit un continent entier à sa disposition avec une tradition de chasse populaire et démocratique, un paradis de territoires ouverts et immenses.

Le lendemain matin, nous partîmes chasser avec Justin Adams. Adams est un homme passionné, sec, énergique, avec des yeux bleus perçants et intelligents. Il s'exprime de la manière un peu saccadée qui trahit l'ancien militaire. Il avait été toubib au Vietnam et c'était clairement le genre de gars que vous ne seriez pas fâché d'avoir près de vous si vous étiez dans le pétrin. Ça faisait plusieurs saisons de chasse qu'Adams venait dans l'extrême nord-est du Montana et chaque fois il y restait plusieurs semaines d'affilée, chassant sur la frontière, alternativement avec son permis du Montana et celui du Dakota du Nord. Cela lui permettait, s'il le souhaitait, de faire deux prélèvements maximums autorisés dans la même journée en passant d'un État à l'autre. On ne pouvait pas vraiment décrire Adams comme un chasseur du dimanche. Il avait cinq chiens, qu'il faisait tourner alternativement et qu'il faisait tous chasser à fond à chaque journée de chasse. Mais actuellement les populations d'oiseaux étaient assez faibles et Adams se plaignait de ne pas trouver autant de faisans et de gélinottes que lors des années précédentes.

Par ici, le paysage était composé de collines et les fonds marécageux, aménagés en zones de production de gibier d'eau, regorgeaient d'oies et de canards. Des grues du Canada en très grand nombre, volaient très haut au-dessus de nous en direction du sud et faisaient entendre le concert de leurs cris innombrables.

Malin et animé d'un certain esprit de contradiction, Adams était penché sur le volant de son 4x4 alors que nous roulions vers les terrains de chasse du jour. La conversation roulait sur des sujets aussi divers que le contrôle des armes à feu, la constitution, les races et Bill Clinton que, comme bon nombre de conservateurs, il détestait avec une ferveur d'une intensité inédite qu'aucun autre homme politique américain n'avait expérimentée au cours de ce siècle.

En ce qui me concerne, quand je pars à la chasse, j'aurais tendance à laisser les sujets politiques à la maison. J'ai un bon argument pour cela : je considère qu'une des raisons d'aller à la chasse ou à la pêche est justement de se livrer à une occupation qui nous fait oublier pour un temps ces considérations temporelles. J'ai par exemple un certain nombre d'amis de chasse dont j'ignore totalement les opinions politiques, que je ne veux d'ailleurs pas connaître. Il n'y a là rien de délibéré, le sujet ne vient simplement jamais sur le tapis. À la chasse nous vivons l'instant présent, et après la chasse, autour d'un verre, à table dans l'Airstream ou autour d'un feu de camp, nos conversations semblent rester d'elles-mêmes centrées sur le gibier, les chiens, les armes et la campagne. Mais Adams avait l'air sinon obsédé, du moins préoccupé par la dégradation de la situation politique et sociale et le relâchement de la morale, aux États-Unis. Je ne pouvais m'empêcher d'apprécier et d'admirer le personnage pour sa vive intelligence et ses convictions, mais, même lorsque nous chassions, il se tournait parfois vers nous tout en marchant de travers et il commençait une nouvelle harangue sur tel ou tel sujet « brûlant ». Puis il s'arrêtait, nous fixait, Douglas ou moi, de ses yeux bleus intenses et demandait : « Vous êtes d'accord avec moi ? » Et ce n'était pas juste une façon de parler. Nous avions plutôt le sentiment d'être interrogés par un maître d'école particulièrement exigeant et, après les histoires que Doug avait racontées la veille sur son enfance anglaise, j'avais l'impression que si l'on donnait une mauvaise réponse, on recevrait des coups de règle sur les doigts de la part du professeur Adams. J'aimais sincèrement beaucoup le personnage, mais il me rendait nerveux; il semblait solitaire et isolé, enfermé dans le carcan de ses opinions.

Nous quittâmes l'endroit, comme prévu, le matin suivant pour aller chasser plus loin dans le sud autour de Glendive, dans le Montana, et retrouver un autre groupe d'amis. J'étais toujours seul à prendre le volant et Tate me servait de copilote. Nous traversâmes les localités de Plentywood, Antelope, Medicine Lake, Culbertson, puis, le long du Yellowstone, Sidney, Crane et Savage. Nous parlâmes de livres, de gastronomie et de vin, de gibier, de voyages, de la campagne. Douglas était bien plus cultivé que moi sur la plupart de ces sujets, mais il ne tombait jamais dans la pédanterie. C'était un plaisir de l'écouter parler. Il me raconta que lui et sa femme Bonny, qui est un chef réputé formé au Cordon Bleu à Paris, faisaient partie d'un groupe de dingues de gastronomie qui organisaient régulièrement des réunions amicales pour cuisiner et partager des repas d'exception. Il me dit que leur passion était si brûlante et si exclusive que ça lui rappelait ce que nous vivions nous-mêmes en tant que chasseurs.

À Glendive, nous devions retrouver trois amis de l'Idaho, Bill Vanderbilt, Patrick McIntyre et Butch Harper. Tous trois étaient des chasseurs sérieux, passant la majorité de l'automne sur la route, de terrain de chasse en terrain de chasse, faisant consciencieusement « leurs devoirs », étudiant les cartes et tenant des carnets de chasse détaillés, notant, chaque jour, chaque détail spécifique à chaque région. Dans chaque nouvel endroit, ils passaient du temps au café, offraient des verres aux gens du cru pour essayer de glaner des informations au sujet des ranchers et des fermiers du coin qui seraient susceptibles de les autoriser à chasser sur leurs terres. La chasse aux États-Unis suit inexorablement le chemin de l'Europe, avec une privatisation croissante des terres et la location des chasses par des groupes ou des individus, des clubs ou des guides, qui louent à la saison et revendent ensuite des journées aux riches chasseurs des villes. C'est l'inévitable résultat de l'accroissement des populations humaines et du déclin des habitats sauvages et du gibier. C'est aussi le résultat d'un aspect déprimant de notre société : pour continuer d'exister, même une activité aussi marginale que la chasse du gibier à plumes doit faire la preuve d'une valeur économique réelle.

Mais ces gars-là procédaient de manière traditionnelle. Ils frappaient aux portes, palabraient avec les propriétaires, faisaient un effort pour s'intéresser à la vie locale, peut-être pas de manière totalement gratuite, mais enfin ils le faisaient avec une absolue sincérité. Et au moment de Noël, ces chasseurs envoyaient même des cartes de vœux aux ranchers et aux fermiers pour être sûrs que ces derniers ne les oublient pas d'une saison à une autre.

Et ces gens-là étaient des marcheurs, ce qui nous allait bien à Doug et à moi. La prairie autour de Glendive avait une allure particulière. La plaine ondulait gentiment, coupée par des ravines, et formait un immense et merveilleux terrain de chasse sur lequel nous nous dispersâmes tandis que les chiens déployaient leur propre quête avec un sentiment de liberté inégalable. Hommes et chiens progressaient ensemble, concentrés sur le seul objectif de poursuivre ces oiseaux qui s'envolaient devant nous, partageant la joie pure de se sentir en vie, de parcourir la prairie en toute liberté sur des kilomètres avec des compagnons animés du même esprit, de ressentir une simplicité, une légitimité, qui n'ont que peu d'équivalents dans le monde moderne. Après, nous cuisinions les oiseaux sur des réchauds de campagne dans l'Airstream ou devant le motel bon marché de Glendive où nos amis avaient établi leur base. Nous cuisinions, nous partagions des éclats de rire, dînions et buvions du vin, puis nous discutions sans fin dans une chambre du motel, calés par les oreillers des lits sur lesquels nos chiens, fourbus, affalés, dormaient du juste sommeil des chasseurs. Après tout, c'est peut-être à cause de ces moments-là que la chasse semble réduire nos vies à une chose très élémentaire dénuée de toute complication.

Un matin, très tôt, je reconduisis Doug Tate de l'autre côté de la frontière, à l'aéroport de Minot, dans le Dakota du Nord. Je le laissai, puis repartis vers le Montana reprendre l'Airstream. Du mauvais temps s'annonçait et, le soir, alors que je traversais la région des Badlands entre le Dakota du Nord et le Montana, le vent se leva et poussa d'énormes nuages sombres au-dessus du paysage aride. Quelques grosses gouttes de pluie de la taille d'un dollar en argent s'écrasèrent sur le pare-brise, puis, comme pour signifier que les chasses étaient terminées, il se mit à pleuvoir à verse.

11

La rivière de la femme qui pue

La terre est la seule chose qui perdure.
JOHN NEIHARDT
Élan-Noir parle[1]

Nous étions dans le sud-ouest du Nebraska, très loin des sentiers battus, en amont d'un bassin hydrographique appelé « rivière de la femme qui pue ». L'endroit devait son nom au cadavre, vieux de deux semaines, qu'on y avait trouvé. Il s'agissait d'une Indienne cheyenne ayant eu à affronter un trappeur canadien français qui, à l'évidence, se sentait un peu seul. Mais les détails de l'histoire sont trop révoltants pour qu'on s'y attarde. C'était le cœur des provinces agricoles avec ses petites villes au fond des vallées, dont chacune avait sa rue principale en état de semi-abandon. On y voyait la défunte quincaillerie, la boutique Tout-à-cinq-dollars, où on lisait encore les mots LIQUIDATION FINALE inscrits sur les vitrines fêlées. Chacune de ces villes avait son silo à grain, sa coopérative agricole et son comptoir des fertilisants Anhydrous Ammonia dont les camions-citernes, alignés comme des véhicules militaires, semblaient prêts à donner l'assaut final à la campagne américaine.

1. John Neihardt, *Élan-Noir parle,* éditions 10-18, Paris, 2001.

C'était la mi-décembre et la saison du faisan avait débuté depuis plus d'un mois. Nous étions venus au pied levé, Mike, Steve et moi, dans le but de prospecter de nouveaux terrains, mais aujourd'hui nous avions du mal à trouver un endroit où chasser. La journée était bien entamée, mais, à plusieurs reprises déjà, nous nous étions fait refouler lorsque nous avions voulu poser notre question. Sans compter les fois où nous avions trouvé porte close. L'agriculture étant ce qu'elle est aujourd'hui, beaucoup de petits ranchers et de fermiers ainsi que leurs femmes sont obligés de prendre des emplois en ville. En fait, l'histoire de l'agriculture familiale se lisait ici sur cette terre, comme dans un musée à ciel ouvert retraçant la triste histoire des fortunes déclinantes, depuis les vieilles maisons éboulées des anciens pionniers jusqu'aux mobile homes miteux, parfois effondrés comme des châteaux de cartes, en passant par les fermes abandonnées depuis longtemps après l'absorption des petites exploitations par les complexes agro-industriels. En plus des propriétaires absents et de ceux qui nous refusaient leur accès, il y avait aussi les terres couvertes de panneaux indiquant que la chasse était louée. Une autre technique avait été adoptée par certains fermiers qui ne voulaient pas avoir l'air de refuser de manière antipathique: ils vous disaient qu'ici ce n'était pas possible, mais qu'on devrait essayer chez leur voisin Hoot. Mais arrivés chez Hoot, on ne trouva qu'un vieux labrador cacochyme au poil grisonnant qui nous aboya dessus sans conviction, et Hoot, bien sûr, n'était même pas chez lui. Comme nous l'apprîmes plus tard, Hoot était là où il passait tous ses après-midi, au silo à grain, à jouer au poker avec ses copains. Alors nous essayâmes le voisin de Hoot, de l'autre côté de la cour de ferme qui était encombrée d'un incroyable fatras de carcasses de voitures et d'accessoires agricoles. Une vision tiers-mondiste. Le voisin était dans son atelier, couché sur les coudes, dans la graisse, en train de bricoler une machine agricole indéfinissable. «J'espère que, cette année encore, j'atteindrai mon seuil de rentabilité», nous dit-il en guise de bienvenue.

Mais «le fermier à la ferraille», comme nous l'appellerions plus tard, ne nous laissa pas chasser non plus. «Y a plus d'oiseaux par ici, les gars», nous dit-il avec un hochement de tête éploré. Une autre excuse favorite des propriétaires. «Vous perdriez vot' temps. Fut une époque où on avait des oiseaux partout, mais je ne sais pas ce qui s'est passé… Je vous jure, depuis qu'on a fait marcher un gars sur la lune, les oiseaux se sont mis à disparaître.»

Plus tard, Mike, notre porte-parole désigné, s'engagea sur le perron d'une maison dont l'allure était plus prometteuse, à en juger par la paire d'épagneuls bretons que nous vîmes derrière leur grillage en arrivant et qui ressemblaient bien à des chiens de chasse. Mais on sentait aussi que les choses ne semblaient pas trop bien se dérouler pour Mike. La femme à qui il parlait était sortie sur le perron, ce qui, à tout prendre, était bon signe car elle n'avait pas catalogué Mike comme *serial killer* et, de nos jours, c'était un bon début. Mais elle n'arrêtait pas de secouer la tête et ça, ce n'était vraiment pas bon signe. Finalement ça durait tellement que je décidai de sortir du véhicule pour aller voir s'il était possible d'aider Mike. Je n'en suis pas très fier, mais quand rien ne marche, la dernière cartouche de Mike est de me présenter comme un « célèbre écrivain cynégétique ».

« Mme Stratton ici présente... dit Mike en m'expliquant où en était la négociation, ne souhaite laisser personne du Colorado chasser sur ses terres, car la dernière fois les chasseurs ont laissé les barrières ouvertes et du bétail s'est échappé. » (Bon Dieu, les gars, c'est si dur de refermer des barrières ? Pourquoi nous rendre à tous la vie si compliquée ?)

« Eh bien, m'dame, vous n'avez pas à vous inquiéter avec nous, l'assurai-je. Nous refermons toujours nos barrières. »

Puis Mike me présenta comme célèbre écrivain. Mme Stratton ne fut pas du tout impressionnée ; on lui avait à l'évidence déjà fait le coup. En fait, elle nous dit que, bien des années auparavant, Gene Hill avait chassé ici. « C'est quoi déjà votre nom ? » me demanda-t-elle.

Puis je l'interrogeai à propos de ses bretons. Il apparut qu'ils venaient de chez un éleveur que je connaissais un peu. Nous fîmes quelques digressions sur le thème. Le sujet des chiens reste un formidable atout pour casser la glace. Mme Stratton semblait effectivement se radoucir. Nous promîmes encore de fermer les barrières, nous la cajolâmes et nous fûmes à deux doigts de la supplier... Enfin, ce n'est pas exact, nous avons supplié.

Finalement, Mme Stratton succomba sous notre double assaut implacable. Elle consentit à nous donner l'autorisation de chasser sur ses terres et nous indiqua l'endroit où nous pourrions démarrer. Elle nous demanda de ne pas nous approcher de la truie de l'autre côté de la route. « Elle vous sectionnerait les jambes, avertit-elle. Et ne tirez pas sur mes vaches », dit-elle ensuite. Elle fit une pause, nous regarda droit dans les yeux et ajouta: « Et, les gars, si vous trouvez des oiseaux, ne les loupez pas. »

Donc nous voilà, Sweetz et moi, en train de chasser les bords du large fond de la vallée de la « rivière de la femme qui pue ». Des feuilles mortes brunes dérivaient à la surface immobile de l'eau couleur gris ardoise aux reflets verts. Une herbe jaune, épaisse, couvrait les berges. D'immenses peupliers à présent totalement dénudés de leurs feuilles se détachaient nettement sur le morne ciel d'hiver.

Steve et sa femelle épagneul breton chassèrent le long de la pente au-dessus de nous, en bordure d'un chaume de blé. Mike et Belle, l'autre femelle épagneul breton, allèrent battre un maïs de l'autre côté de la rivière. Les champs étaient assez petits, leur taille dictée par l'ondulation inégale des collines derrière lesquelles le soleil de l'équinoxe d'automne commençait à disparaître. Sweetz et moi passâmes près d'une carcasse de buse qui pendait au bout d'une ficelle. Je rappelai ma chienne auprès de moi, car il s'agissait d'un appât pour attirer des prédateurs, coyotes, renards ou lynx, vers un piège à palette où l'un deux se prendrait la patte. C'était une scène irréelle, cette buse morte, si sereine, suspendue de cette manière. Nous nous éloignâmes prudemment de l'endroit.

Puis Sweetz donna des signes d'une présence de gibier et se mit à l'arrêt. Oui, je sais, ce n'est pas un chien d'arrêt, mais de temps en temps, surtout si elle voit un gibier au sol, elle peut s'immobiliser comme un pointer. Un coq cherchait à s'extraire comme au ralenti d'un fouillis de branches mortes; j'entendis sa progression bien avant de l'apercevoir et quand finalement il sortit du fourré, il fit un vol assez près du sol qui m'offrit un coup de fusil facile. Je le loupai de mes deux coups. Joyeux Noël, cher faisan!

J'abandonnai les fonds pour monter retrouver Steve là-haut, le long des champs. Kate était en arrêt sur une bande de cailles au bord des chaumes. Nous fîmes tomber quelques oiseaux. Une dépression nous arrivait dessus et nous pouvions sentir dans nos os que le baromètre chutait, le vent froid chuintait dans les branches squelettiques des peupliers. À n'en pas douter, l'hiver était bien là.

Mike et Steve devaient repartir le lendemain matin pour le Colorado et j'allais moi-même de mon côté... même si j'ignorais encore dans quelle direction. Nous préparâmes à dîner dans l'Airstream qui était garé devant le motel où nous dormions. Il s'appelait le Soo-Paw, contraction de Sioux et Pawnee. C'est à peu près tout ce qui restait par ici pour rappeler l'ancienne présence de ces tribus. Un motel typique des Grandes Plaines des années 1960, à l'extérieur déjà bizarrement décoré pour Noël, tandis que les haut-parleurs nasillards de la réception égrenaient des chants de Noël. Pour le dîner, je fis rôtir trois gélinottes à queue fine que j'avais apportées du Montana. Je les avais farcies avec leurs gésiers hachés revenus avec de l'ail, des oignons verts et quelques grains de raisin. J'avais fait une sauce en déglaçant le plat d'un bouillon de gibier et j'avais accompagné le tout de poireaux braisés, de tomates sautées, de fines *pommes frites*[1] ainsi que d'une salade à la vinaigrette, d'une *baguette*[1] et d'une bonne bouteille de margaux.

Sweetz gisait épuisée sur le lit, ses yeux irrités pleuraient un peu et elle avait le nez tout écorché d'être entrée en force toute la journée dans les pires fourrés. Elle était même trop exténuée pour venir mendier, ce qui pour un labrador est signe de grande fatigue. Elle me sembla vieille ce soir-là et c'était la première fois que je le remarquai réellement.

Alors que nous terminions le dîner, une véritable explosion de vent polaire vint frapper l'Airstream et, avec Steve et Mike, nous échangeâmes des regards et des sourires. Nous nous y attendions, mais pour l'heure nous étions bien au chaud, douillettement installés, heureux et rassasiés. Il y a des moments dans une existence de chasseur dont on sait que l'on se souviendra toute sa vie et ce moment-là en faisait partie. Une belle partie de chasse avant, une tempête de blizzard après, et ce dîner était déjà inscrit dans notre mémoire collective de chasseurs comme de vieilles photos de Noël dans un album.

Il faisait affreusement froid et au matin, quand Mike et Steve frappèrent à ma porte pour dire au revoir, il y avait une couche de neige tourbillonnant au sol. Nous nous serrâmes la main et nous fîmes de nombreuses accolades en nous tapant sur l'épaule. Nous nous promîmes d'autres chasses, ailleurs, plus tard, nous désolant de nous séparer car nous étions amis et chasseurs. Je les regardai s'éloigner du Soo-Paw motel, avec le cœur serré. La guirlande lumineuse qui courait le long du toit continuait de clignoter dans la pâle lumière de l'aube.

1. En français dans le texte.

12

Esprits en fuite

Sweetz et moi campions dans l'Airstream, à l'extérieur de Fort Robinson dans le Nebraska. Le fort était maintenant transformé en parc national et en musée. On était « hors saison » pour le parc et nous étions les seuls occupants du terrain de camping. J'aimais beaucoup cet endroit ; les petites buttes sablonneuses plantées de pins, bordant les pelouses parfaitement manucurées qui entouraient le vieux fort, les casernes blanches, les petits cottages des officiers alignés avec une précision toute militaire, les rives très boisées de la rivière où les cerfs et les dindons sauvages abondent.

En même temps c'est un endroit isolé, empreint de mélancolie. On y sent la présence de fantômes et d'esprits. La terre est gorgée de sang par ici. C'est là que fut assassiné, en 1877, le grand chef sioux Crazy Horse. Et c'est là aussi que, par une glaciale nuit de pleine lune de janvier 1879, par une température bien en dessous de zéro, avec une couche de neige fraîche au sol, que 149 Cheyennes, hommes, femmes et enfants, tentèrent une évasion en passant l'un après l'autre par une minuscule fenêtre d'un des baraquements. Ils avaient neutralisé les sentinelles et couru à travers ce qui est maintenant le terrain de camping où je me trouve. Puis, ils étaient descendus vers la rivière et avaient essayé de s'enfuir par là. Réveillés par les cris de leurs camarades, les soldats s'étaient organisés rapidement et les avaient pris en chasse. Les Indiens qui ne furent pas tués ni repris cette nuit-là et qui refusèrent de se rendre moururent tous dans une grotte située non loin d'ici. Les soldats qui les y avaient acculés déclenchèrent un feu nourri depuis l'entrée jusqu'à ce que s'installe un terrible silence. Quand les soldats pénétrèrent dans la grotte après que la fumée se fut dissipée, ils trouvèrent les cadavres cheyennes empilés comme les victimes d'un holocauste, ce qu'au sens strict du terme ils étaient réellement. Les corps des hommes recouvraient ceux des femmes et ceux des femmes couvraient ceux de leurs enfants.

J'avais voulu voir cette grotte qui se trouve sur un terrain privé à l'extérieur du complexe du fort, mais – et cela paraît justifié – c'est un endroit secret et sacré pour les Cheyennes, et les personnes extérieures à la tribu n'y sont pas admises.

Peut-être allez-vous croire que j'ai rêvé ce que je vais vous raconter maintenant et peut-être l'ai-je effectivement rêvé. Mais peut-être aussi nos rêves conjurent-ils simplement les fantômes. En tout cas, tard au milieu de cette première nuit à Fort Robinson, alors que j'étais au lit dans l'Airstream avec Sweetzer lovée à mon côté, je l'entendis se redresser, soudainement réveillée, le poil hérissé sur le dos, un grognement sourd sortant de sa gorge. Une sueur froide me parcourut la colonne vertébrale et je jure avoir entendu au-dehors le bruit étouffé d'une course, des cris presque inaudibles et aussi des murmures dans une langue qui m'était étrangère. Les Cheyennes croient que tout ce qui est arrivé un jour à un endroit reste en place et qu'ainsi le passé, le présent et l'avenir sont inscrits pour toujours dans la terre.

Le lendemain, jour de fermeture de la saison du faisan, l'aube était claire et froide. Sweetz et moi sortîmes de l'Airstream. Je tenais mon fusil à la main et une clochette de chasse pendait au collier de Sweetzer. Les peupliers étaient nus, les lourdes herbes d'automne s'étaient recroquevillées au sol, couvertes d'une fine couche de givre. Nous chassâmes le long d'un fourré qui suivait la rivière et nous fîmes voler trois poules faisanes l'une après l'autre. Nous chassâmes le long du ballast d'une ancienne voie de chemin de fer. Sweetz plongeait tête la première dans l'épaisseur du couvert qu'elle traversait en force, déchirant l'entrelacs de ronces et passant à gauche ou à droite d'un vieux barbelé qui suivait le tracé de la voie. Elle fit encore sortir trois oiseaux, qui volèrent l'un après l'autre, me faisant chaque fois épauler mon fusil plein d'espoir, puis le rabaisser quand je voyais que c'était des poules.

Sweetz ne semblait pas se formaliser qu'on ne tire pas ce beau gibier et continuait de chasser pleine d'ardeur. Ce n'est que de retour à l'Airstream pour déjeuner que je vis le sang sur sa poitrine et qu'en l'examinant je découvris la déchirure de dix-huit centimètres que le vieux barbelé lui avait occasionnée dans la peau. Le cuir ouvert laissait voir le muscle marbré mis à nu en dessous.

Le vétérinaire de Crawford travaillait cet après-midi sur une vente aux enchères de bétail, donc je dus parcourir cinquante kilomètres jusqu'à la clinique vétérinaire de Chadron dans le Nebraska. Le docteur Colleen Mitchell entreprit de recoudre Sweetzer tandis que son assistante Joli et moi tentions de l'immobiliser. Aussi intrépide et courageuse qu'elle puisse être à la chasse, elle devient un énorme bébé lorsqu'il s'agit d'aller chez le docteur, et bien qu'elle fût sous anesthésie locale, elle n'arrêta pas de se plaindre et de gémir, me causant de l'embarras aux yeux de ces doctes femmes.

Puis, après une bonne heure passée à envelopper Sweetz de pansements et bandages, le docteur Mitchell me présenta une note astronomique... de vingt-six dollars! «Les points peuvent être retirés au bout de dix jours, dit-elle. Et entre-temps, tenez-la écartée de l'eau, ajouta-t-elle.

– Ben voyons, fis-je, essayez d'écarter un labrador de l'eau pendant dix jours.

– Eh bien, vous n'avez qu'à arrêter de chasser pendant quelques jours, répondit-elle.

– Je n'y avais jamais pensé», admis-je.

Donc Sweetzer, une rangée de points proéminents sur sa poitrine rasée, et moi-même rentrâmes à l'Airstream à la nuit tombante. La météo annonçait un froid vif pour la nuit et je pouvais déjà sentir le thermomètre chuter. Je ressentis alors un énorme pincement de solitude, une tristesse à briser le cœur qui transpirait de cette terre où le sang avait coulé. Je me demandai si cette nuit encore nous entendrions le son d'êtres humains désespérés tentant de fuir dans la neige. Je savais que dans mes rêves les Cheyennes seraient encore au-dehors, que les fantômes tourmentés de ces hommes, de ces femmes et de ces enfants couraient éternellement en direction de la rivière pour essayer de fuir.

Et comme nous allions entrer dans la caravane, j'entendis clairement le bruit d'un envol et le froissement d'ailes qui fendaient l'air. Sweetz et moi nous arrêtâmes pour regarder, pleins d'étonnement, trois coqs faisans voler directement au-dessus de l'Airstream. Les ailes écartées pour planer, glissant comme des apparitions, ils se posèrent sans bruit le long d'une clôture à moins de cent mètres de nous. Puis nous les vîmes disparaître.

13

L'homme des bois

Comme moi, Dean Wavrunek, l'homme des bois, transporte son propre logement quand il voyage. Mais dans son cas, c'est une véritable hutte de rondins de sapin couverte d'une toile peinte de symboles rituels. Il tire les poteaux derrière son pick-up sur une remorque spécialement fabriquée à cet effet. Un peu l'équivalent moderne des travois indiens qui servaient à déplacer les tipis dans la prairie. Quand il trouve un endroit qui lui convient, en quelques heures il installe les poteaux et il arrime la toile. En dernier, il plante un totem devant la porte d'entrée puis il y accroche un crâne de bison peint, auquel pendent diverses amulettes. Puis il construit un foyer au centre de la pièce. Je dois avouer que ça rend ma caravane avec sa cuisinière à gaz et autres commodités un rien vulgaire.

Nous étions tous deux installés à l'arrière d'un campement de chasseurs d'oies dans le Minnesota. Bien que je me considère comme un étudiant sérieux de la culture indienne, je n'étais pas absolument certain du protocole en usage quand il s'agit d'entrer dans le tipi de quelqu'un d'autre à la fin du XXe siècle. Il faut dire que ce n'est pas comme s'il avait accroché un de ces trucs de bienvenue que certaines personnes mettent à leur porte dans les lotissements de banlieue. Mon guide des coutumes indiennes suggère de simplement gratter doucement à la toile qui sert de porte d'entrée, ce que je fis tout en regardant le totem auquel en général on pend les scalps et en me demandant jusqu'où pouvait aller l'authenticité du personnage.

En fait, professionnellement, Wavrunek est le shérif de la minuscule ville de Verdigre dans le Nebraska. Et il est devenu «coureur des bois» un peu comme on entre en religion. Il arbore une grosse moustache et une coiffure, à la Buffalo Bill. Wavrunek et sa femme font leurs propres vêtements et mangent tous les animaux qu'ils peuvent tuer ou trouver morts sur la route. Lorsqu'en de très rares occasions il est obligé de dîner au restaurant, la première chose qu'il demande à la serveuse est: «Avez-vous une créature sauvage au menu?» Et en aucun cas il ne mangera du porc. «Je ne mangerai aucune viande de porc», avait-il dit dédaigneusement un matin alors qu'un plat de bacon faisait le tour de la table du petit déjeuner. Il avait secoué la tête d'un air sombre. «Cette viande-là n'est pas bonne pour nous», avait-il déclaré. En général, et par principe, notre coureur des bois ne chasse qu'avec un fusil à pierre qu'il a lui-même fabriqué (une réplique d'un modèle à piston de 1830 de Jacob and Melchior Fordney), ou alors avec un arc et des flèches. Un ami, Nez-Percé, lui fabrique en ce moment un authentique arc indien pour lequel il fera lui-même les flèches. Ça lui paraît trop simple de tirer avec les carabines modernes, et toutes les armes à percussion centrale lui semblent n'avoir aucun charme en face de son cher fusil à pierre.

Cependant, ces jours-ci, le charme avait été confronté à la dure réalité du monde moderne, plongeant Wavrunek dans un terrible dilemme. Au matin, nous avions projeté de tirer des oies dans les chaumes de maïs, mais le garde fédéral avait refusé à Dean le droit de tirer de la grenaille de plomb avec son fusil à pierre. Ce soir-là, donc, Dean occupa son temps à charcuter des cartouches de calibre 20 pour récupérer les projectiles d'acier seuls autorisés dans les zones humides. Bien qu'il répugnât à utiliser les godets de plastique qui enserraient les billes d'acier, il lui fallut admettre que, de nos jours, mener une vie de coureur des bois impliquait un certain degré de compromission et d'adaptabilité.

Dean Wavrunek est un exemple de ce que j'aime par-dessus tout dans la communauté des chasseurs, dans toute sa diversité d'individus, d'intérêts, de styles et de talents. Par exemple, si le sauvaginier moderne qui tire des cartouches de calibre 10 Magnum avec un fusil automatique représente une des extrémités du spectre des possibles, Wavrunek occupe l'autre extrémité, et il y a beaucoup de place entre les deux pour le reste d'entre nous. En plus d'être un parfait coureur des bois et un artisan accompli, c'est aussi un maître dans le lancement du tomahawk (encore un talent tombé en désuétude au cours du siècle) et au tir de précision avec sa longue carabine. Aussi, la prochaine fois que vous accomplirez ce que vous jugez être un très beau coup de fusil ou de carabine, vous vous souviendrez de la chose suivante : l'homme des bois est capable à chaque démonstration de propulser une hache à double lame et de la planter droit dans une petite planche. Il y a deux pierres bleues attachées à des lanières de cuir qui pendent à la même hauteur de chaque côté de la lame. Alors il prend son fusil à silex chargé d'une balle sphérique en plomb. Il s'installe calmement, relève le chien, vise et tire. La balle du mousquet arrive droit sur la lame du tomahawk où elle vient se briser en deux parfaites demi-sphères qui pulvérisent les pierres situées de chaque côté.

Cette nuit-là, au pavillon de chasse, je fis parler Dean de sa philosophie d'homme des bois. Il me raconta sa fascination d'enfant pour les récits de Dany Boone et de Davy Crockett. Une année il demanda au Père Noël un déguisement de Davy Crockett et ce fut le commencement de sa vie d'homme des bois. Il m'avoua qu'il n'éprouvait pas le moindre intérêt pour la politique nationale ou internationale. « Je me fiche totalement de ce qui peut arriver dans le reste du monde car ça n'a aucune incidence sur ma vie, me dit-il. Je ne m'intéresse qu'à ce qui se passe dans mon village. » Dean est en quelque sorte l'exemple ultime du « localiste » : ni passager des autoroutes de l'information ni même un peu intéressé par la politique ou les affaires internationales. Il est le vestige d'un autre temps, plus simple. Aussi excentrique et curieux que cela puisse sembler, c'est tout de même une idée intéressante et on ne peut que s'émerveiller devant cet homme d'une espèce rarissime qui s'acharne à perpétuer ce mode de vie.

Le lendemain à l'aube nous étions à l'affût, couchés à plat ventre dans un chaume de maïs et cachés derrière un abri fait de vieux épis. Nous étions convenus que Dean ouvrirait le feu en premier, mais à cause de la portée réduite de son fusil à pierre il expliqua qu'il ne prendrait pas le risque de tirer à plus de trente mètres, c'est-à-dire uniquement si notre « appeleur » arrivait à faire venir les oies juste au-dessus des formes disposées pour les leurrer.

Quand on utilise des armes antiques, on apprend à ne tirer qu'à coup sûr et uniquement pour tuer. C'est une leçon que tous les chasseurs devraient retenir.

Il y avait quelques virtuoses des appeaux dans notre groupe et ils firent venir aux formes la première oie qui survolait le maïs. La lumière froide de l'aube commençait à rosir et l'atmosphère s'emplissait du cri des bandes d'oies qui arrivaient et qu'on devinait au loin comme une traînée de poivre noir au-dessus de l'horizon. L'oie isolée fit des cercles au-dessus de nous, descendit un peu, tourna encore puis cassa les ailes pour se préparer à atterrir en douceur parmi les formes. Dean se redressa, émergeant de ses épis de maïs comme un épouvantail à corbeaux. Il prit sa visée calmement en ajustant le long canon, et le vieux fusil fit *paaah, vrrroouf* en deux syllabes bien distinctes. Merveilleux bruit sourd, étouffé, de l'étincelle des pierres qui mirent le feu aux poudres et réveillèrent dans notre mémoire subliminale de chasseurs des réminiscences de la lointaine conquête de l'Ouest. L'oie dégringola. Nous félicitâmes l'homme des bois.

14

L'oie de Noël

À la fin décembre, après une chasse, nous dérivions à travers les hautes plaines du sud-est du Wyoming avec l'espoir d'être de retour à temps pour Noël. J'ai dit dériver, car c'est l'impression que l'on a quand cet infâme vent du Wyoming fait tournoyer la neige sur la route qui défile devant nous. La portion de route la plus déprimante qu'on puisse imaginer pour un soir de Noël. Le soir tombait, la lumière était grise et granuleuse à cause de la tempête de neige, et l'Airstream gémissait et tanguait dans les bourrasques tandis que le Suburban tirait puissamment pour maintenir l'ensemble. On aurait dit que nous étions les seules personnes dehors en cette nuit-là, peut-être même les seules personnes de l'univers à en juger par l'atmosphère qui régnait. Je dis « nous » et « personnes », mais il n'y avait que moi et Sweetz et Patsy Kline dans le lecteur de cassettes, qui chantait *Crazy... I am crazy for feeling so lonely...*

Nous avions fait une bonne chasse de canards et d'oies sur la rivière Platte dans le Nebraska. Le temps avait été un vrai temps de chasse au gibier d'eau avec un froid de canard, humide et neigeux. Les colverts arrivaient par vagues, sortant des nuages sombres et bas pour plonger sur les appeaux. Les oies aussi s'étaient mises à passer, arrivant avant l'aube au-dessus des chaumes immenses, emplissant le ciel d'hiver blanchâtre de leurs cris plaintifs et du bruit sourd de leurs battements d'ailes. Là-bas, c'est le paradis, un monde enchanté où la nature offre un festival de merveilles.

À présent, je n'étais plus qu'à quelques heures de chez moi, mais, avec la tempête qui se formait et la visibilité qui déclinait, j'envisageais sérieusement de me ranger sur le bord de la route pour y passer la nuit. C'est une des choses qu'on peut faire quand on voyage avec sa maison. Mais bon, c'était tout de même le soir de Noël, j'étais attendu à la maison et je transportais une oie toute fraîche à l'arrière du Suburban. De toute manière, si je m'arrêtais maintenant, avec le vent et la neige qui allaient durer toute la nuit, je pourrais bien ne jamais repartir. Enterrés vivants ! On me retrouverait au printemps avec Sweetzer au moment où la neige laisserait à nouveau apparaître un peu d'aluminium de l'Airstream devenu cette fois notre tombeau.

Voilà donc les sombres pensées qui me passaient par l'esprit en cette soirée de Noël dans le blizzard quand, soudainement, une silhouette humaine émergeant de la tempête de neige sembla se matérialiser devant mes yeux. Un instant je crus à une illusion d'optique produite par la lumière laiteuse du soir et les flocons qui virevoltaient. Mais au moment où je le dépassai alors qu'il se tenait debout au bord de la route, je vis clairement un immense gaillard vêtu à la diable, pas du tout équipé pour cette neige et l'air d'être incontestablement en perdition.

Je dois admettre qu'avec le climat de meurtres et de violences qui règne actuellement sur les routes d'Amérique je ne prends plus beaucoup d'auto-stoppeurs. Aussi je me demandais qui pouvait bien faire de l'auto-stop dans un coin aussi paumé, par une nuit d'hiver aussi moche. Et il y avait le pénitencier d'État de la ville de Rawlins, pas si loin que ça…

Mais bon, c'était le soir de Noël et il fallait être un homme plus endurci que moi pour laisser un pauvre bougre dehors dans une tempête de neige, à la tombée de la nuit, au beau milieu des plaines du Wyoming, et donc je ralentis précautionneusement et m'arrêtai sur le bas-côté en mettant mes feux de détresse, au cas où il serait venu d'autres véhicules. En fait j'aurais aimé qu'il vienne d'autres véhicules.

Je regardai le gars s'avancer vers moi en trottinant et je lui trouvai une démarche vaguement familière. Il tenait un petit bidon à la main qui m'inquiéta un peu. L'homme passa côté passager, ouvrit la portière et se hissa sur le siège en respirant bruyamment et en dégageant des panaches de vapeur dans l'habitacle. J'étais à la fois tout à fait soulagé et totalement abasourdi de m'apercevoir que je connaissais le personnage. C'était mon vieil ami Jack Higginbotham. Higgy, comme nous l'appelions. Un ami d'enfance avec qui j'avais eu une brouille il y a quelques années à propos d'un chien de chasse. Ça me faisait d'autant plus un choc de le voir ici que j'avais entendu dire qu'il était mort.

La dernière fois que l'un d'entre nous avait vu Higgy remontait à quelques années. C'était aussi aux environs de Noël. Des gars de la ville étaient venus jusqu'à ce trou dans le Wyoming, où Higgy vivait, pour essayer de saisir sa voiture. À l'évidence, Higgy les avait surpris en cours d'opération car on l'avait vu remonter la grand-rue en glissant sur la chaussée neigeuse, accroché aux montants de la portière avant gauche. On les vit disparaître ainsi à la sortie de la ville, Higgy toujours pendu à l'extérieur de la portière, et puis plus personne n'entendit parler de lui ni de son pick-up. Bien que Higgy soit réputé pour disparaître pendant des mois, même des années, cette fois, après tout ce temps écoulé, nous pensions qu'il était mort et que les gars du recouvrement l'avaient assassiné avant de faire disparaître son corps quelque part dans les plaines. Higgy s'était mis dans un bon nombre de sales histoires au cours de ces dernières années. Finalement la rumeur racontait qu'on l'avait aperçu au Mexique et qu'il vivait avec une femme nommée Esperanza, mais personnellement je n'y avais pas vraiment cru. Maintenant il se tournait vers moi en souriant et me glaçait les sangs.

« Hé ! Jimmy ! dit-il, comme s'il n'y avait rien d'étrange à se retrouver après si longtemps au milieu des plaines du Wyoming un soir de Noël.

– Hé ! Higgy ! répondis-je. Je te croyais mort. »

Il prit un air dédaigneux.

« Tous ces bruits qui ont couru sur ma prétendue mort ont été largement exagérés.

– Donc tu es vivant, c'est ça ? demandai-je, pas totalement convaincu.

– Ai-je l'air mort, Jimmy ? demanda Higgy.

– En fait, en quelque sorte, malheureusement oui », dis-je.

Higgy était pâle comme la mort et semblait bien plus vieux que dans ma mémoire, ses cheveux étaient devenus blancs comme neige.

« Et que diable fais-tu ici au milieu de nulle part ?

– Je me rendais à un dîner de Noël chez des amis, mais je suis tombé en panne sèche un peu plus haut sur la route. Je suis retourné à pied jusqu'à la dernière station-service et je revenais vers la voiture quand la tempête m'a surpris. Mais, bon Dieu, ça me fait plaisir de te voir là, Jimmy. Il commençait à faire très froid dehors.

– Quels amis ? demandai-je. Où ça ? »

Higgy se brouillait systématiquement avec ses vieux amis, puis s'en faisait de nouveaux, se brouillait à nouveau, se rabibochait et entretenait ainsi continuellement le processus.

« Oh, tu ne les connais pas, ce sont de nouveaux amis. Et toi, d'où venais-tu ? »

Je lui racontai un peu ma chasse.

« Eh bé ! Ça avait l'air pas mal, dit-il un peu envieux. Je n'ai pas chassé depuis bien longtemps... pas depuis cette chasse aux gélinottes des sauges où on était ensemble.

– Je m'en souviens. Ça fait bien longtemps, Higgy, n'est-ce pas ? »

Puis, pendant un moment, l'atmosphère devint très calme dans la cabine après avoir évoqué, Higgy et moi, notre brouille et les choses qui avaient été dites et qui ne pourraient jamais être retirées. Finalement, je repris :

« Peut-être que tu voudrais apporter une oie chez tes amis pour Noël ? J'en ai deux à l'arrière.

– Ça serait super, répondit Higgy. J'ai horreur d'arriver les mains vides à un dîner de Noël. Une oie serait une belle chose à apporter. »

Quelques kilomètres plus loin, le pick-up de Higgy se matérialisa lui aussi, surgissant soudainement de la tempête devant nos yeux. Je fus surpris de voir que c'était le même pick-up rouge cerise que les gars étaient venus saisir et qui l'avait traîné jusqu'à la sortie de la ville. Higgy était comme ces chats qui ont neuf vies. Je me rangeai derrière sa voiture et je sortis l'oie de l'arrière du Suburban tandis que Higgy remettait de l'essence dans son réservoir. La neige tombait de plus en plus fort et volait à l'horizontale, poussée par le vent.

« Bon, je pense qu'il vaut mieux qu'on se quitte avant que la tempête empire ! cria Higgy contre le vent.

– Je pense que oui ! lui répondis-je en criant aussi et en couchant l'oie, à l'arrière de son pick-up.

– Merci pour l'oie, Jimmy, dit Higgy. Et joyeux Noël.

– Joyeux Noël, Higgy. »

15

Rencontre avec la police des chiens

J'étais à la maison pour un certain temps entre deux voyages et, pour une raison ou pour une autre, j'avais décidé que ma femme et moi devions introduire un peu de l'atmosphère de la ville dans nos vies. Je suis le premier à admettre que je suis désespérément un cul-terreux, un pécore, un bouseux, que j'ai détesté les villes toute ma vie et que je me suis livré aux pires extrémités pour éviter de les fréquenter. Mais je pense que c'est le poète espagnol García Lorca qui disait qu'un homme accompli doit un jour se couvrir de la « poussière rouge » des villes (à cause de la pollution, j'imagine), et donc je fis tomber la bouse de vache de mes bottes et nous partîmes vivre dans un appartement en ville. Bien sûr, je ne vais nulle part sans Sweetz et on nous avait assuré que les chiens étaient les bienvenus dans cet immeuble en particulier.

Sweetz et moi avions le mal du pays et les grands espaces nous manquaient, mais nous prîmes les choses du bon côté en faisant de longues promenades au parc tous les après-midi. Et comme beaucoup d'autres villes américaines, celle-ci avait un « problème d'oies » : des centaines, des milliers de bernaches du Canada avaient pris possession des jardins publics et des terrains de golf. Ironiquement, l'un des grands succès de la gestion moderne du gibier, la restauration des populations d'oies, était devenu un cauchemar urbain. Il y avait trop d'oies et les parcs, les jardins et les golfs faisaient parfois penser à une scène des *Oiseaux* d'Hitchcock. Il y avait des oies et des déjections d'oie partout, et les oiseaux eux-mêmes n'étaient plus qu'une piteuse version semi-domestique de l'oie sauvage migratrice d'origine. Elles passaient beaucoup de temps à tourner dans l'eau fangeuse des bassins où leur seule présence devenait une nuisance. Elles ne migraient même plus vers le sud en hiver. Elles se bornaient à voler de temps en temps vers le parcours de golf le plus proche afin d'en brouter l'herbe bourrée d'engrais et de pesticides.

Bien entendu, pour un chasseur, la solution évidente aurait été d'autoriser la chasse sur les golfs et même certains jours dans les parcs (la fête des chasseurs !), mais il va sans dire qu'un tel concept ne verra jamais le jour dans l'Amérique citadine. Ainsi donc, le service des espaces verts de cette ville dépense chaque année des milliers de dollars à essayer de piéger les oies en surnombre pour les transplanter dans des endroits où il est légal de les chasser. Cependant, ces oies n'ayant connu que la facilité de la vie citadine et habituées aux commodités de la ville, y reviennent d'un coup d'aile à la première occasion.

Donc, Sweetz et moi faisions de longues promenades au parc chaque après-midi. Je lui enlevais souvent sa laisse car elle marche très bien au pied, et parfois je lui envoyais une balle de tennis pour qu'elle me la rapporte. Et de temps en temps, je la laissais poursuivre un peu, mais seulement par jeu, les oies du parc. Comme il n'y avait pas de prédateurs en ville, je pensais qu'un peu d'exercice ne pouvait que leur faire du bien, et d'ailleurs elle n'en attrapa jamais aucune.

Un jour, au début, un homme qui promenait son chien, un terrier, me stoppa. Je ne sais pas comment il avait vu que nous n'étions pas d'ici, mais à l'évidence il le savait, comme si j'avais eu un écriteau dans le dos indiquant : « Je suis un cul-terreux, donnez-moi coup de pied au... »

« Ce n'est pas mes oignons, dit l'homme, mais vous savez que la police des chiens vous mettra une amende si vous vous promenez sans laisse.

– La police des chiens ! Mais ma chienne n'embête personne, elle marche gentiment au pied, lui répondis-je.

– Ça n'a pas d'importance, dit-il. Vous risquez un PV de soixante-quinze dollars s'ils vous prennent avec un chien sans laisse.

– À quoi ressemble cette police des chiens ?

– Ils font des rondes avec les véhicules des espaces verts de la ville, et la plupart d'entre eux sont des petits vicelards qui adorent rédiger des PV. »

Ce même jour dans le parc, je vis une femme qui envoyait des balles à son jeune labrador pour qu'il les rapporte. Je m'approchai.

« Vous n'avez pas peur de la police des chiens ? lui demandai-je.

– Oh, je me fais arrêter tout le temps, répondit-elle. Je prends au moins une amende par mois. Mais ce chien a six mois et il lui faut de l'exercice, alors je considère ça comme une dépense de base dans mon budget chiot, comme les visites au vétérinaire. »

Je n'avais pas encore croisé la police des chiens, mais au bout d'un moment je devins paranoïaque. Je continuais à laisser Sweetzer en liberté, mais je regardais continuellement par-dessus mon épaule. Je continuais aussi d'entendre de plus en plus d'horreurs à propos de la police des chiens de la part de mes nouveaux amis citadins. Par exemple, un soir après le travail, mon ami Dave Williams, qui possède une paire d'excellents springers de chasse, les avait emmenés dans le minuscule étang d'un petit parc proche de sa maison. Il était tard et la nuit tombait, il n'y avait là personne d'autre que lui. Dave avait regardé si tout semblait sûr, les avait détachés puis avait lancé à l'eau quelques oiseaux factices pour entraîner ses chiens au rapport. Pendant tout ce temps la police des chiens l'avait observé de loin à la jumelle. Et le temps que ses chiens reviennent à la nage avec les faux oiseaux, Dave s'était vu dresser non pas un mais deux procès-verbaux à soixante-dix dollars chacun.

Un autre jour, la police des chiens était venue frapper à la porte de mon ami Bob Stanley. Apparemment quelqu'un du voisinage s'était plaint d'aboiements et ils voulaient vérifier les certificats de vaccination et d'enregistrement de ses chiens.

« J'espère que tu leur as dit d'aller se faire voir, avais-je dit, outré, à Bob quand il me raconta cette histoire. Et leur as-tu demandé s'ils avaient un mandat ?

– Non, je ne l'ai pas fait, avait répondu Bob, d'un ton résigné.

– Ils étaient armés ?

– Ouais ! Le flic m'a collé son PV, car bien sûr mes papiers n'étaient pas exactement en règle. Au bout du compte, tout ça m'a coûté trois cents dollars. »

Donc, je devenais maintenant vraiment paranoïaque. J'en faisais même des cauchemars dans lesquels une Gestapo canine frappait à ma porte au milieu de la nuit et demandait à voir les papiers de Sweetzer, que bien entendu je n'avais pas, et ils la traînaient dehors, gémissante, pour l'emmener croupir dans une cellule insalubre de la prison des chiens...

Et un jour cela arriva. Sweetz était sans laisse dans le parc. Nous n'embêtions personne, elle était parfaitement sous mon contrôle, elle ne courait même pas après les oies, elle me rapportait juste une balle que je lui lançais pour lui faire faire un peu d'exercice, quand les flics s'arrêtèrent à notre hauteur avec leur voiture. Deux hommes en descendirent. Ils étaient petits, râblés, basanés, ils portaient un uniforme avec des bottes noires et l'un d'eux avait déjà sorti son carnet à souche. Aucun des deux ne semblait avoir l'ombre d'un sentiment amical.

À présent, Sweetzer était revenue à mes pieds, mais elle n'appréciait pas l'allure agressive des deux flics qui s'approchaient de nous et se mit à grogner. « Mauvaise idée, lui soufflai-je. Boucle-la un peu.

– Votre chien n'est pas tenu en laisse, dit le policier. Je vais devoir vous dresser un procès-verbal.

– OK, pas de problème, dis-je, ne voulant pas faire d'histoire.

– J'ai besoin d'une identification, continua-t-il. Je ne vois pas de médaille sur le collier de votre chien.

– C'est un chien de chasse, dis-je. On ne leur met pas de médaille, car elles ont tendance à s'accrocher quand ils passent des clôtures.

– J'ai besoin d'une preuve d'enregistrement communal, dit-il.

– Je n'en ai pas, répondis-je. Nous ne sommes pas d'ici.

– Alors, il me faut votre permis de conduire, monsieur, dit le flic antichiens.

– Je n'ai pas mon permis sur moi, je n'ai pas pris mon portefeuille, nous ne faisions qu'une petite promenade au parc.

– Dans ce cas, je vais devoir mettre le chien en fourrière, jusqu'à ce que vous puissiez nous fournir une identification, poursuivit-il.

– Ouais bien sûr, dis-je, d'un air de défi. Pour avoir encore à discuter avec une demi-douzaine de gars dans votre genre... »

Mon pire cauchemar urbain devenait réalité.

« Ramon, passe le nœud coulant à ce chien », dit le flic antichiens à son coéquipier.

Visiblement, il ne plaisantait pas. Mais avant que Ramon ait pu faire quoi que ce soit, je criai à Sweetzer de courir. Et je me mis à foncer à travers le parc comme si nos vies en dépendaient. Ramon courut derrière nous tandis que son chef (dont je n'ai jamais su le nom) sautait dans le véhicule. J'entendis une sirène se mettre en route. Je jetai un œil en arrière pour voir Ramon parler dans un talkie-walkie alors qu'il courait. Ça lui fit perdre un temps précieux, alors que Sweetz et moi prenions de la distance, jouissant de la pleine possession de nos moyens physiques après l'entraînement d'une longue saison de chasse. Nous avions pris vers le centre du parc où la voiture ne pouvait pas suivre et où il y avait plus de monde. D'autres promeneurs nous regardaient fuir, impassibles, comme le font les citadins en général, et quelques propriétaires de chiens nous crièrent même quelques mots d'encouragement au passage, car tout le monde déteste cette police des chiens.

Sweetz et moi nous étions déjà sortis de plusieurs mauvais pas. Nous avions affronté des rats géants dans les marais d'Alabama, des alligators en Floride, des ours dans le Colorado et des serpents à sonnettes en Idaho. Nous nous étions perdus dans les forêts du Wisconsin et avions failli disparaître dans l'éboulement d'une falaise en Utah. Mais c'était la première fois que nous cherchions à échapper à la justice de notre pays.

Enfin nous réussîmes à semer les antichiens après avoir largué Ramon dans une allée et reprîmes le chemin de l'appartement où nous nous enfermâmes à triple tour. Durant les jours qui suivirent, nous ne fîmes que des sorties nocturnes. Mais même en restant bien sûr soigneusement à l'écart du parc, je me sentais obligé de porter des lunettes noires et un chapeau et de déguiser Sweetzer en shar-peï. Comme beaucoup de propriétaires de labradors le savent, si on leur tire la peau du cou vers le museau, on obtient les mêmes nombreux plis que sur les chiens de cette race chinoise. Un peu de bande adhésive pour tenir l'ensemble, et *voilà*[1] !

Finalement nous décidâmes que la ville n'était pas un endroit pour un chasseur et encore moins pour un chien de chasse. Sous le couvert de la nuit, nous chargeâmes l'Airstream et reprîmes la route des espaces sauvages.

1. En français dans le texte.

16

En croisant la piste présidentielle

Je n'ai jamais eu de relations sexuelles avec cette femme.
Le président Bill Clinton

Il était clairement temps de remettre un peu de soleil dans notre environnement hivernal. Les jours courts, froids et sombres que nous avions dans le Nord commençaient à nous peser, à Sweetzer et à moi. Nous nous déplacions donc vers le sud, remorquant à présent l'Airstream sur la route en dessous d'Albuquerque au Nouveau-Mexique. Mon ami Jon Williams était mon passager, et deux autres amis, Dave Christian (D.C.) et Steve Collector, fermaient la marche à bord du Toyota Land Cruiser rouge défraîchi et un peu cabossé de notre ami Dave. Nous formions une petite caravane hétéroclite de chasseurs américains issus de la bourgeoisie modeste, en route vers l'Arizona pour chasser la caille.

Pour donner raison à D.C., qui pense qu'en voyage l'aventure débute dès que vous avez franchi la porte du garage, nous passâmes près d'une sortie d'autoroute bloquée par un important cordon de voitures de police tous feux et gyrophares allumés. Il y avait des véhicules arrêtés le long de la route, et divers personnages officiels, en uniforme ou non, se donnaient des airs d'importance en marchant de long en large, l'oreille collée à des talkies-walkies ou à des téléphones cellulaires. Peut-être est-ce l'époque qui veut ça, ou le simple fait que nous regardons tous trop la télévision, mais plus tard, en comparant nos souvenirs, il s'avéra que nous avions tous eu la même perception initiale de cette scène, à savoir qu'il s'agissait soit d'une saisie de stupéfiants, soit d'une fusillade, soit d'un affrontement entre le Bureau des alcools, du tabac et des armes à feu et un groupe de patriotes marginaux ou une secte religieuse. À moins que ce ne fût tout cela à la fois.

Un ou deux kilomètres plus loin, une Bronco flambant neuve, contenant quatre gaillards patibulaires, les cheveux courts, sanglés dans des costumes noirs et portant des lunettes noires, se mit à notre niveau un moment pour nous dévisager pendant que le conducteur parlait dans un téléphone de voiture. Puis ils accélérèrent, nous coupant dangereusement la route pour rejoindre le bas-côté où ils s'arrêtèrent brutalement. « Qu'est-ce que c'est que ces conneries ! » nous étonnions-nous à voix haute avec Williams quand nous vîmes une longue file de voitures, roulant tous feux allumés à intervalles réguliers de l'autre côté de l'autoroute. Il nous vint alors à l'esprit que tout ce tintouin devait avoir pour cause l'enterrement d'un personnage local particulièrement important, jusqu'à ce qu'on remarque que le convoi ne suivait pas de corbillard. Au contraire, le véhicule important semblait être une limousine noire rutilante, située au centre du dispositif et ornée d'un drapeau américain. Nous nous perdions en conjectures au sujet de l'identité du haut personnage transporté par la limousine quand nous vîmes la bannière : « Bienvenue au président Clinton ». Mais hélas, nous venions de croiser la voiture et il était donc trop tard pour satisfaire le puéril besoin de saluer de la main la voiture du président des États-Unis.

En mettant une radio locale nous apprîmes que Bill Clinton était effectivement en ville pour une de ces visites obligatoires d'une quinzaine de minutes à la réserve indienne du coin (après quoi, ces mêmes Indiens pourront être ignorés sans crainte pour le reste du mandat). Et nous comprîmes que la Bronco devait faire partie des services secrets, inquiets de vérifier si l'Airstream ne pouvait pas être bourré d'explosifs ou contenir une équipe de terroristes arabes. En fait, nous étions pourtant tous bien armés dans cette voiture (de nos fusils de chasse bien sûr), et je me suis longtemps demandé quels moyens ils avaient à leur disposition pour s'assurer si rapidement de nos identités, ainsi que du fait que nous étions plutôt inoffensifs. Peut-être qu'après tout Big Brother nous regarde vraiment.

Ce qui, croyez-le ou non, nous ramène à mon propos. Une des premières choses que vous ne pouvez manquer de remarquer quand vous tombez sur le président des États-Unis dans la vraie vie est une chose que vous remarquez rarement quand vous le regardez aux infos du soir. C'est l'incroyable filtre d'irréalité à travers lequel il est forcé d'observer le monde. Isolé par son escorte et ses équipes d'aides et de protecteurs, talonné où qu'il aille par les infatigables services de presse accrédités par la Maison Blanche, ballotté çà et là par les vents variables de l'opinion publique dominante du moment, évoluant d'une apparence savamment chorégraphiée à une autre, je me demande comment cet homme aurait bien pu garder un soupçon de sens commun.

Eh bien, je vais vous dire comment : ce n'est ni une idée nouvelle ni un concept révolutionnaire, c'est au contraire une idée toute simple. Il lui faut de la nature. Je ne parle pas d'un jogging quotidien autour de la Maison Blanche, ni d'un golf avec un sénateur, ni d'un tour dans les bois de Camp David avec une trentaine de ses plus proches conseillers marchant autour de lui, ni d'une flânerie sur la plage de Hilton Head au cours d'un week-end « New Age Renaissance », ni même d'une chasse aux canards pendant une ou deux heures à l'aube – davantage organisée pour qu'il puisse y faire une déclaration politique que pour tirer des canards –, ce qui à tout prendre est pourtant mieux qu'un brunch dans la roseraie de la Maison Blanche avec Wayne Pacelle, le défenseur des droits de l'animal.

Non, je parle de Nature avec un N majuscule, dans le sens d'une véritable expérience de survie, tout seul sur notre mère la Terre avec peut-être un peu de fil de pêche et un hameçon. La Nature telle que la pratiqua encore Theodore Roosevelt quand il partit, des mois durant, chasser au cœur des espaces sauvages de l'Ouest américain. Ou même de la manière bien plus modeste que mes amis et moi et la plupart d'entre nous pratiquons. La Nature que nous découvrons, seul ou avec quelqu'un de cher, ou peut-être juste avec un chien et un fusil calé au creux du bras, ou une canne à pêche, ou simplement avec une paire de jumelles et une carte topographique en main.

Bien sûr, je sais que même s'il le voulait – ce qui malheureusement semble loin d'être le cas –, Bill Clinton ne pourrait pas faire ces choses-là. En fait, Theodore Roosevelt était le dernier des grands présidents chasseurs et le dernier à avoir eu la possibilité de déambuler plus ou moins à sa guise dans les grands espaces. Et je pense que c'est fichtrement mauvais, aussi bien pour le président Clinton que pour le pays. En fait je pense que ces retraites dans la nature devraient être obligatoires pour les présidents américains et tous les autres politiciens, de la même manière que les grands chefs indiens, comme Crazy Horse chez les Sioux et Little Wolf chez les Cheyennes, devaient périodiquement s'isoler sur une colline durant deux ou trois jours, sans abri ni provisions, juste pour méditer sur le monde et essayer d'y voir plus clair. Et Dieu sait si nos politiciens manquent souvent de clairvoyance, et que de telles périodes de réflexion et de retour aux sources leur offriraient non seulement des moments de répit dans leur tâche ingrate, mais leur redonneraient le sens de la mise en perspective et même de l'honneur. Cela les aiderait à comprendre ce qui est vraiment important dans ce monde et les ferait réfléchir sur les choses qu'il est bon de protéger, les choses pour lesquelles il faut se battre. Cela leur permettrait aussi d'appréhender la réalité d'une terre qui semble bien n'être pour eux qu'une idée abstraite. Bien sûr ces changements dans le comportement de nos élus seraient porteurs d'espoirs, mais cela ne risque pas d'arriver à 10 000 mètres d'altitude ni derrière les vitres blindées d'une limousine.

17

Pays apache

Sur une partie de notre route aujourd'hui abondaient
les perdrix particulières de cette contrée (des cailles de Gambel).
Personne n'avait jamais vu de perdrix en tels nombres.
En parcourant la distance d'un demi-mile,
nous en vîmes entre 800 et 1 000.
Extrait du journal de HENRY SMITH TURNER, *à la date du 28 octobre 1848,*
décrivant l'expédition de l'armée américaine le long de la rivière Gila,
dans le secteur actuel de la réserve apache de San Carlos.

Nous espérions déjà que ça ne tournerait pas en une de ces fameuses expéditions placées sous le signe du « Ah-si-vous-aviez-été-là-l'an-dernier » (ou, pire, le siècle dernier). Nous venions d'arriver un peu plus tôt sur la réserve apache de San Carlos, là même où le célèbre Geronimo fut confiné après sa première reddition. Nous étions là dans le but de chasser les cailles du désert sur une partie des 730000 hectares de la réserve qui était à l'époque un endroit magnifique et sauvage. Nous étions reçus par un ami armurier qui est aussi professeur de tir instinctif, Bill Dowtin de Tucson, et son voisin Rick Hopkins, dresseur de chiens de chasse réputé en Arizona, titulaire de nombreux titres en concours de travail. Tous deux étaient des habitués de la « rèse », la réserve, depuis déjà de nombreuses saisons. Tout l'été, au téléphone, Dowtin n'avait pas ménagé ses efforts pour m'appâter avec le récit des énormes bandes de cailles qu'on y rencontrait, soulignant qu'on pouvait y lever parfois 250, 300 voire 500 oiseaux et le fait que chacun pût tirer le maximum autorisé en seulement deux heures. Le plus gros problème, à l'évidence, était de s'occuper à l'intérieur du campement pendant le reste de la journée, mais cela ne me semblait pas insurmontable. Pourtant, lorsque nous nous rendîmes dans le premier secteur de chasse du jour, dans l'un des coins secrets et favoris de Hopkins, une vaste étendue plate et sèche, il semblait n'y avoir aucun oiseau. Pire encore, le bétail avait tellement dévasté l'endroit qu'il n'y avait même plus de couvert convenable pour que des oiseaux puissent s'y cacher. Des quantités de vaches à moitié sauvages, bien qu'écornées, pâturaient ici en état d'abandon, pur produit du cynisme de la gestion fédérale des réserves indiennes, auxquelles on attribue plus de bétail que la terre ne peut en supporter. Par endroits les vaches avaient transformé la terre en paysage lunaire où elles mouraient de faim et de maladie car il n'y restait strictement rien à brouter. Les carcasses des vaches mortes laissées là où elles étaient tombées ponctuaient le paysage, leurs charognes aux sabots en l'air faisant de coûteux appâts pour les vautours. Il est vrai qu'historiquement les Apaches n'ont jamais manifesté de réel intérêt pour l'élevage.

Une fois de retour aux 4x4, après notre première sortie infructueuse à travers les paysages dévastés par les bovins, Rick Hopkins, dont les deux excellents braques allemands se désaltéraient dans leurs gamelles, regarda son ancien coin favori et secoua la tête. « Ça me brise le cœur de voir où nous en sommes arrivés… » dit-il doucement.

Notre campement est excellent, jouissant comme d'habitude d'une bonne herbe à pâturer ainsi que de grands cèdres qui fournissent bois et abri. Le gibier est abondant. Un cerf à queue noire et de nombreuses perdrix furent ramenés aujourd'hui. Ces dernières ont été levées en très grand nombre. Elles ont une touffe de plumes sur le dessus de la tête comme les perdrix de Californie. On observe en abondance des traces de cerfs, d'antilopes, d'ours et de dindons sauvages. Lièvres et lapins sont fréquemment dérangés, au passage de nos chevaux.

LIEUTENANT A. W. WHIPPLE

(expédition de l'armée à travers l'Arizona, janvier 1854)

Nous fîmes un cercle de chariots, à l'ancienne mode des pionniers, avec l'Airstream, d'autres véhicules et des tentes, au milieu d'un bosquet de chênes en contrebas de la route. C'était un bel endroit et nous n'allions pas nous laisser décourager par les éternels signes de présence du bétail, ni par quelques bouteilles d'alcool cassées.

Nous étions au nombre de sept, aussi différents les uns des autres que peuvent l'être les membres d'un groupe hétéroclite rassemblé dans le désert. En plus de Dowtin et Hopkins, il y avait aussi Steve Collector, l'entrepreneur Dave Christian, Doug Baer, le photographe, et le « chasseur dansant » Jon Williams qui apprend les bonnes manières et la danse aux enfants des écoles à travers le pays. Nous représentions aussi un large spectre d'opinions politiques, depuis le constitutionaliste Dowtin jusqu'au libéral citadin Williams. Il est vrai que ce genre de mélange pouvait être volatil puisque les membres de ce groupe ne se connaissaient pas vraiment. L'alchimie de l'entente était imprévisible. Pour être honnête, on n'est jamais sûr de rien en ce domaine important qui peut faire réussir ou capoter une expédition de chasse. Pourtant, plus tard, bien qu'on ne puisse dire réellement pourquoi et que la chasse elle-même ait été plus que moyenne, certains d'entre nous se souviendraient de ces moments comme l'une de nos meilleures sorties de chasse.

Et n'ayez crainte, ça ne sera pas encore une histoire sans oiseaux car, avec Williams, nous levâmes notre première compagnie de gambels dès le premier après-midi. Alors que nous commencions à chasser une colline, elles se trouvaient dans une cuvette rocheuse au-dessus d'un point d'eau aménagé pour le bétail. Les gambels donnent du fil à retordre aux meilleurs chiens d'arrêt. Ce sont d'infatigables piéteuses, particulièrement quand il n'y a pas de couvert pour les dissimuler. À l'exception d'une touffe de cactus impénétrable et de quelques figuiers de Barbarie disséminés dans la pente – et immangeables par le plus affamé des bétails –, ce flanc de colline était rocheux et dénudé, ayant été brouté sans fin par des vaches en totale liberté et qui s'écartaient sur notre passage.

Il n'y avait que Sweetzer avec nous. Hopkins et ses pointers chassaient un autre secteur cet après-midi. Sweetzer réussit à coincer les cailles dans cette cuvette où elles n'eurent d'autre choix que de s'envoler. Bien que j'évite toujours de me donner des airs d'expert en matière de chasse, laissez-moi simplement expliquer que bien que les labradors ne soient pas la race idéale pour la chasse aux cailles des déserts du Sud-Ouest, dans certaines circonstances, ces chiens leveurs de gibier peuvent être plus efficaces sur les grandes piéteuses que les chiens d'arrêt, qui les suivent prudemment et indéfiniment sans parvenir à les bloquer. Pour sa part, Sweetzer les pistera au sol jusqu'à « bourrer » assez vite et les mettre à l'envol brutalement, de manière à faire éclater la compagnie, nous permettant ainsi de chasser avec plus de profit les oiseaux éparpillés. À partir de là, les chiens d'arrêt peuvent aussi jouer leur partie sur les oiseaux isolés qui ont tendance à mieux tenir les arrêts. Donc, elle avait bousculé la compagnie qui s'était éparpillée dans la pente, nous offrant quelques heures de chasse intéressante à poursuivre les isolards. Les gambels ont leurs habitudes de vol propres, n'offrant que rarement un coup franc, adoptant sans cesse des trajectoires biscornues aux angles surprenants. Si l'on ajoute cela à la marche hasardeuse sur les fameuses roches volcaniques qu'on appelle *malpai* (mauvais pays), ça donnait une chasse réellement sportive et pleine de difficultés.

À un moment, faisant honneur à son sobriquet, le « chasseur dansant » ajusta un oiseau qui venait au-dessus de lui, perdit son équilibre, se rattrapa de façon précaire, esquissa une rapide série d'entrechats hasardeux à travers les rochers, reprit son équilibre en continuant de viser, puis bascula derechef et continua sa curieuse chorégraphie, me rappelant Fred Astaire et son fameux ballet dans *Mariage royal*.

Même loin dans le sud, là où nous étions, les jours d'hiver sont courts, et nous revînmes vite au campement pour ramasser du bois et préparer le dîner. Avant le coucher du soleil, Dowtin, qui anime des stages de trois jours complets à Phœnix permettant d'acquérir la technique du tir instinctif, fit une petite démonstration de « flingueur » professionnel à l'aide d'un lanceur de plateaux manuel. Puis nous avions allumé un feu avec des branches de chêne et de mesquite, et quand la braise fut bien rouge, nous fîmes griller du filet de cerf que Steve avait apporté du Colorado.

C'avait été une longue route et une longue journée et nous en avions encore trois comme ça à passer. Nous tirâmes à la courte paille afin de savoir qui aurait le lit d'appoint de l'Airstream, qui dormirait sur le sol et qui, dans la tente.

Nous vîmes une profusion de vols d'oies et des myriades de cailles bleues (cailles à écailles), ainsi que des bandes de dindons sauvages dont l'un d'eux fut tiré. Les berges de la rivière à la confluence du San Pedro étaient couvertes de traces de cerfs et de ces dindons ; nous vîmes aussi des signes de présence de castors et de porcs sauvages (pécari).

LIEUTENANT WILLIAM HEMSLEY EMORY (1848)

Les récits anciens émanant de trappeurs blancs et d'explorateurs à propos de cette région ne manquaient jamais de souligner la profusion de cailles et affirmaient qu'il n'était pas exceptionnel de trouver des bandes d'un millier d'oiseaux. Mais de telles quantités ne peuvent subsister que dans un habitat originel exceptionnellement favorable, et, d'après toutes les sources, les hautes terres d'Arizona de l'époque étaient bien plus riches qu'elles ne le sont à présent. Les immenses prairies ouvertes étaient couvertes d'une luxuriante herbe basse à laquelle ont largement succédé au cours des derniers siècles les buissons envahissants et les garrigues de mesquite, de créosotier et d'atriplex, ces boules d'herbes sèches qu'on voit rouler dans les westerns.

La présence de bovins dans ces prairies est une longue histoire en dents de scie. Avant d'être chassés une fois pour toutes de l'endroit par les féroces Apaches, dans les années 1830, les Espagnols avaient établi dès la fin du XVIIe siècle, dans le sud de l'Arizona, une activité d'élevage très prospère. À cette époque la plupart des rivières et des sources, qui ne sont alimentées maintenant qu'à la saison humide, s'écoulaient toute l'année, pleines de grasses truites de Gila, qui sont en fait une espèce de chevesne, et de castors. Le fond des vallées était recouvert de grands arbres. On y trouvait aussi de vastes zones humides et, dans les plaines d'alluvions, une terre noire extrêmement riche.

En termes de faune sauvage, les premiers explorateurs mentionnèrent les dindons sauvages, des oies et des canards, des cerfs de différentes espèces, des ours, des pécaris, des loups, des coyotes, des lynx, des pumas, des antilopes, des mouflons et encore bien d'autres espèces. Et, bien sûr, comme nous l'avons déjà évoqué, littéralement des millions de cailles. La bonne nouvelle, c'est qu'à l'exception des grizzlis et des loups toutes les autres espèces sont toujours présentes au sein de la réserve apache de San Carlos, et des trophées records sont encore prélevés ici à chaque saison de chasse. Même les mouflons, qui avaient disparu dans les années 1900, ont été réintroduits récemment.

Si des siècles de surpâturage ont prélevé une dîme dévastatrice sur les paysages et la faune d'Arizona, les activités forestières, minières et agricoles ont aussi leur part de responsabilité. D'incessants pompages, dérivations et retenues ont modifié à la fois l'écosystème riverain et la riche prairie d'origine adaptée aux terres arides. Au final, les écologistes considèrent que l'Arizona est de loin la région dont l'état naturel a été le plus radicalement altéré. Et l'homme n'est pas le seul en cause, il est parfaitement établi que le climat de la région est devenu significativement plus sec au cours du siècle passé.

Curieusement, et c'est peut-être symptomatique d'un système qui les a défavorisés, très peu d'Apaches continuent de vivre ici. La plupart vivent en ville et, si ce n'était l'omniprésence du bétail et quelques maisons ou ranches abandonnés, on note finalement très peu de signes de présence humaine qui gâchent ces immenses paysages. À l'aube et aussi surtout durant ces couchers de soleil du Sud-Ouest, dont la splendeur a été justement célébrée, le désert a toujours cette beauté minérale, cristalline et austère. Les lointaines montagnes, les buttes et les formations rocheuses qui entourent le vaste plateau, semblent particulièrement grandioses et prennent des couleurs d'arc-en-ciel à couper le souffle. Dans les collines et les contreforts des montagnes qui s'élèvent directement du désert, des rivières et des sources continuent de jaillir à travers des canyons aux parois vertigineuses et de couler au milieu de luxuriantes vallées, bordées de peupliers, de sycomores, de saules et de chênes.

Le lendemain, après une chasse particulièrement exténuante, nous nageâmes dans une source chaude le long de la rivière San Carlos. C'était un endroit verdoyant et idyllique qui rappelait quelque peu la splendeur passée de cette terre… Malheureusement la présence de bouteilles de bière gisant au fond l'eau nous rappelait la dure réalité de la vie actuelle dans les réserves.

Et il restait des cailles, sans doute pas aussi nombreuses ni aussi fécondes qu'à l'époque des pionniers, ni même aussi nombreuses que dans les récits de Dowtin et de Hopkins, mais en quantités suffisantes pour nous permettre de chasser très agréablement. Nous dûmes gagner durement nos oiseaux, personne ne traîna au camp durant cet après-midi-là car, en fin de matinée, nous étions loin d'avoir atteint nos limites autorisées respectives. Ce fut une chasse dure, physique, aussi bien sur le désert brûlé, plat et nu, à la poursuite des cailles à écailles, que sur les pentes rocheuses dévastées par le bétail, à la recherche des infatigables gambels aux pieds légers. C'était particulièrement dur pour les chiens, les oiseaux ne tenaient pas leurs arrêts et la roche *malpai* attaquait leurs coussinets comme une pierre ponce. Le mesquite leur écorchait les narines et les épines de cactus ou de figuiers de Barbarie hérissaient leur museau, les déguisant en porcs-épics. Des morceaux de cactus cholla tombés au sol se prenaient parfois dans leurs pattes, leur causant une telle douleur qu'ils s'arrêtaient net dans leur course en attendant que quelqu'un vienne les délivrer.

Nous fîmes aujourd'hui (24 octobre) un excellent repas de cailles bleues (cailles à écailles) et de sarcelles et, à la nuit, Stanley revint avec une oie.

LIEUTENANT WILLIAM HEMSLEY EMORY (1848)

Le dernier matin nous fîmes une chasse de désert à la recherche des cailles à écailles. En chemin nous passâmes près d'une citerne à bétail où se tenaient quatre chevaux affamés, hâves, le dos creusé, le ventre gonflé, misérables à vous briser le cœur. Puis en chassant, nous arrivâmes près d'un cinquième cheval encore plus faible que les autres, incapable de maintenir la tête relevée. « Si j'avais un revolver, je finirais ce cheval, dit Dowtin, d'un air dégoûté. Ce serait la seule manière de lui rendre service... » Nous passâmes une bonne matinée, tout le monde revenant avec des oiseaux. Hopkins et Dowtin devaient rentrer à Flagstaff le soir même et nous nous dîmes au revoir devant les voitures. Je sais qu'ils étaient tristes qu'on n'ait pas vu plus d'oiseaux sur leurs terrains favoris, mais ça n'avait d'importance pour aucun de nous. Ce genre de situation était arrivé à chacun de nous auparavant et c'avaient été d'excellents moments de chasse, de toute manière. Nous échangeâmes nos adresses, nous promettant de chasser à nouveau ensemble une autre fois.

Le reste de notre groupe passa une dernière nuit au campement dans la rèse. Et alors que nous mettions nos cailles à griller sur la braise, nous vîmes les phares d'une voiture quitter la route et se diriger vers nous. La voiture finit par s'arrêter, son moteur tournant au ralenti. Elle resta comme ça au-dessus de nous un bon moment, suffisamment longtemps pour qu'on en éprouve un sentiment de malaise. Je suis désolé d'avoir à le dire, mais de nombreuses réserves indiennes d'Amérique font penser au tiers-monde. Particulièrement celles qui n'ont pas encore été artificiellement intégrées à notre système économique par le biais de la légalisation des jeux d'argent et l'ouverture de casinos. Les réserves apaches d'Arizona, de même que celles des Cheyennes et des Sioux plus au nord, sont des territoires souverains et en même temps de véritables mondes à part. Et il y a bien peu de raisons de les visiter si ce n'est pour la chasse ou la pêche. Les rares non-Indiens qui y pénètrent sont en général des touristes en route vers un autre endroit et qui ne quittent guère leurs voitures. Ils foncent sur la route en ayant bien soin de faire le plein avant la réserve et prient pour ne pas tomber en panne. Ils ne se sentent soulagés qu'une fois de l'autre côté, dans « leur pays ».

Au bout d'un moment, Doug Baer annonça qu'il allait prendre son fusil et ajouta : « Juste au cas où. S'il y a autant de bouteilles vides qui traînent par ici, c'est que certains viennent boire, et je n'aimerais pas tomber sur un Apache bourré. »

Doug Baer était un vétéran du Vietnam et avait passé pas mal de temps dans les réserves indiennes de l'Ouest. Certains d'entre nous se rapprochèrent ostensiblement de leur fusil. (J'ai conscience que pour certains de mes lecteurs cela semble exagérément mélodramatique et paranoïaque.) Finalement, la voiture fantôme redémarra doucement et se dirigea vers notre camp. Quand elle s'arrêta, nous vîmes que c'était un véhicule officiel de la réserve. Un Apache en uniforme sortit du côté conducteur et nous braqua une lampe torche dans les yeux au point de forcer chacun de nous à lever le bras et tourner le visage pour se protéger.

« Où est votre cinquième copain ? » demanda l'Apache.

Dave Christian, qui était le seul avec Williams à ne pas s'être armé, sortit de l'ombre et dit :

« Je suis là, je suis allé pisser.

– Qui êtes-vous ? demanda l'un de nous à l'Apache.

– Mike Randall, dit-il. Je suis le garde-chasse. Faut que je vérifie vos permis. »

Quelqu'un se mit à rire, soulagé.

« Vous pouvez éteindre cette torche, Mike, nous sommes ici pour chasser les cailles et nous sommes tous parfaitement en règle. »

Nous montrâmes nos permis et invitâmes Mike Randall à prendre place avec nous autour du feu.

« Je vous ai regardés d'en haut avec mes jumelles de nuit. Je ne m'approche jamais d'un campement avant de savoir exactement combien il y a de personnes et ce qu'elles fabriquent... » expliqua-t-il. Puis il émit une sorte de gloussement. « Je vous ai tous vus aller chercher vos armes. » Mais il ne sembla pas retenir ça contre nous et nous en vouloir. Qui sait mieux qu'un Indien à quel point il est risqué d'être pris par surprise dans son propre campement. Nous lui offrîmes une bière, mais il préféra un café. Il nous expliqua qu'il avait arrêté de boire quelques années plus tôt et qu'il était du genre teigneux quand il avait bu. « À cette époque-là, j'aurais descendu tout votre stock de bière et, une fois terminé, j'aurais exigé que vous m'en rapportiez d'autres, et si vous ne l'aviez pas fait... » Il fit une pause, sourit et ajouta doucement : « Ça m'aurait rendu fou. » Randall expliqua qu'il avait été policier dans la réserve et qu'il trouvait le métier de garde-chasse un peu calme. « J'aime l'action, j'aime la bagarre... » Je me demandai s'il était déçu que les hommes blancs soient si coopératifs.

« Avez-vous trouvé des oiseaux ? voulut-il savoir.

– Quelques-uns, mais pas trop.

– Dommage que vous ne m'ayez pas demandé avant, je sais où il y en a des quantités.

– Voudriez-vous rester partager notre repas ? offris-je. Nous en avons quelques-uns en trop pour le dîner. »

Randall fit une grimace de dégoût.

« Les cailles sont une nourriture d'homme blanc. J'aime le cerf », dit-il, dédaigneux.

Le garde-chasse but son café, puis dit qu'il était temps de rentrer chez lui. « La prochaine fois, appelez-moi, fit-il en me tendant un morceau de papier. Voilà mon adresse et mon téléphone, vous pourrez vous mettre près de mon mobile home et je vous montrerai toutes les cailles que vous voudrez. »

Nous regardâmes Randall repartir doucement sur la piste défoncée, le faisceau de ses phares balayant les arbres d'une manière anarchique.

« C'est une chance que vous ayez eu vos armes prêtes, dit Williams, à demi moqueur. On ne sait jamais, au cas où une fusillade se serait déclenchée avec Randall-œil-de-nuit, le garde-chasse apache, renégat.

– C'est vrai, dit Baer. Rappelez-vous ce qu'il a dit : dans le temps il serait venu, il aurait bu toutes nos bières et en cas de manque il serait devenu fou. Croyez-moi, à cette époque-là, il aurait mieux valu être armé.

– Je me serais contenté d'aller lui chercher quelques bouteilles de bière, répondit Williams.

– Eh oui ! Vous savez comment les Apaches torturaient leurs ennemis ? ajoutai-je. Ils les attachaient sur des fourmilières dans le désert et leur frottaient les parties génitales, la bouche et les yeux avec du miel. Puis ils s'asseyaient autour pour s'amuser à regarder le dîner des fourmis rouges. Ou alors, s'il y avait des arbres, ils vous attachaient à une branche par les chevilles, vous hissaient jusqu'à ce que votre tête soit un peu au-dessus du sol et ils allumaient un feu. Juste un petit feu qui ne vous tuait pas tout de suite mais qui faisait bouillir la cervelle jusqu'à ce que le crâne explose...

– Bon ! ces cailles, est-ce qu'elles sont cuites ? » demanda quelqu'un.

Nourriture d'homme blanc ou pas, notre dîner de cailles fraîches, marinées, grillées sur des braises de mesquite, fut superbe, à la hauteur de la beauté sauvage du désert. Nous devions tous repartir chez nous le lendemain, de l'autre côté des limites de la réserve, dans notre propre pays. En hiver, la nuit, il fait assez froid en territoire apache et nous nous rapprochâmes des braises luisantes du feu.

LE PRINTEMPS

18

Dîner

That's right you're not from Texas,
But Texas wants you anyway...
(C'est vrai, vous n'êtes pas du Texas,
Mais le Texas veut quand même de vous.)
LYLE LOVETT
(Chanteur, marié à Julia Roberts de 1993 à 1995)

Je fis le trajet d'Arizona en Floride (3000 kilomètres) en deux longues journées. Bon Dieu! on a toujours l'impression qu'on ne sortira jamais du Texas. On reste si longtemps dans cet État qu'on a l'impression d'en devenir résident, mais j'étais déterminé à rejoindre la Floride pour arriver à l'heure du dîner au terme du second jour de route.

Ce soir-là au dîner, à la ferme de mon ami Guy, près de Tallahassee, devaient être servies trois espèces différentes de cailles américaines. Trois gambels et trois cailles à écailles venant du désert, plus trois cailles de Virginie, tirées sur la propriété. Comme aime à le faire remarquer notre ami chasseur Jim Harrison lors de ces événements culinaires: «Qui d'autre en Amérique pourrait faire un dîner pareil?»

C'est moi qui avais apporté les cailles du désert tuées au cours de mon voyage dans le Sud-Ouest. Elles étaient «en plumes», de même que les cailles de Guy. Avant de les préparer, nous les avions mises côte à côte sur la table pour les admirer, mais aussi les examiner, comparer leurs plumages, le contenu de leurs jabots et, d'une manière générale, leur taille, leur poids, leur âge, les dimorphismes sexuels, toutes ces petites observations profanes qui apportent une dimension supplémentaire à la chasse. J'avais aussi apporté un fagot de mesquite ramassé dans le désert que nous avions mis sur le feu de bois de chêne qui brûlait déjà dans la cheminée. Quand tout cela se fut mêlé en un beau lit de braises, nous mîmes les cailles en broche au-dessus du feu et nous les regardâmes tourner, perdre un peu de graisse qui fondait et progressivement devenir dorées à souhait. Sur la table, chacune avait un parfum distinctif de sa région d'origine, celles du désert avaient un goût plus prononcé, plus sauvage que les cailles des plantations de Floride.

Le réveil en Floride en ce premier matin sembla si étrange qu'on aurait dit un rêve. Un brouillard dense noyait les immenses chênes verts aux branches desquelles pendait comme une guirlande oubliée cette mystérieuse « mousse espagnole ». La brume une fois dissipée par le soleil, nous devions chasser dans un de ces bois de pins si typiques du Sud. J'étais dans cet état particulier où l'on se trouve quand on est sur la route, j'avais encore dans les yeux l'aridité du désert que la luxuriance de ce nouveau pays n'avait pas encore remplacée.

Mais je ne faisais que passer en Floride et il me fut encore plus étrange une semaine plus tard de me retrouver à l'aube dans un marais à bécassines de la rive sud du lac Okeechobee. C'était la toute fin de saison et je m'aperçus que j'avais fini et débuté mon année de chasse dans des marais à bécassines. Année de chasse qui bien entendu n'avait rien à voir avec la chronologie du calendrier. Cela me semblait loin maintenant, mais mon année avait débuté, le 1er septembre, à grenouiller avec Sweetzer dans des marais formés par les barrages de castors le long d'une rivière de montagne près de chez moi dans le Colorado. Un paysage radicalement différent de celui où j'étais maintenant dans les Everglades. On était ici dans un vaste marécage plat, exotique et tropical avec des palmiers nains, des nénuphars et des alligators. Un pays de mystérieux vestiges indiens perdus dans des forêts sauvages envahies de vigne grimpante. Un pays où l'on trouve aussi des cochons et des citronniers sauvages. Un jour j'avais cueilli un fruit sur un de ces arbres et plus tard, en rentrant au village, je m'étais arrêté à l'épicerie du coin. J'avais demandé au vieux gars du coin qui tenait l'épicerie s'il connaissait l'origine de ces citronniers. « Des arbres de merde », avait-il répondu. Et quand il vit mon expression un peu confuse, il ajouta : « Il y a deux cents ans les Indiens séminoles vivaient dans ces marais, ils mangeaient des citrons et ils chiaient dans les bois. Les citronniers proviennent des graines contenues dans leur merde. C'est pour ça qu'on les appelle des arbres de merde. »

Je devais chasser le canard ce matin-là, mais, en faisant un tour en buggy des marais la veille, j'avais repéré une douzaine d'alligators qui se chauffaient au soleil sur le bord de la rivière toute proche de la mare où je devais chasser. En tout cas pas assez loin de moi et de Sweetz à mon goût. Quelques-uns, assez gros et hargneux, mesuraient bien trois mètres et avaient l'air de créatures préhistoriques et vicieuses. Ils avaient une taille suffisante pour considérer un labrador jaune nageant pour rapporter un canard comme un morceau de choix délicieux et dodu qui met en appétit. Un peu comme une grosse saucisse danoise. J'avais entendu d'innombrables histoires horribles à ce sujet. En particulier la façon qu'ont les alligators de surgir des fonds boueux et d'entraîner les chiens sous la surface de l'eau, exactement comme un black-bass s'empare d'un leurre au bord d'un lac. Puis comment ils tirent le chien dans les fonds glauques pour le planquer quelque part en attendant que son corps pourrisse assez pour qu'ils le trouvent à leur goût. Non merci. Très clairement, il n'y a pas un canard sur terre qui vaille qu'on prenne ce risque terrifiant. Donc Sweetz et moi, nous avions décliné l'invitation de chasse aux canards et, au lieu de cela, nous nous étions retrouvés à l'aube dans ce marais à bécassines. Un très bel endroit. Le marais s'éveillait au milieu des bruits de la jungle. On entendait les cris d'une quantité d'oiseaux de rivages et les battements d'ailes d'habitants du marais passant au-dessus de nous alors que le jour naissant permettait à peine de les apercevoir.

Ainsi, entre le premier oiseau tiré, rapporté dans le Colorado, et le dernier en Floride, les bécassines auront été le « serre-livres » de notre saison de chasse. Il me semblait impossible et incroyable que la même espèce puisse habiter des écosystèmes aussi radicalement différents. C'était pourtant bien le même oiseau avec ses zigzags acrobatiques et le sifflement lancinant de ses ailes dans l'air quand il décolle du marais et pique vers le ciel. Un son qui procure un incroyable sentiment de solitude quand il bascule (ou non) à votre coup de fusil.

Au dîner de ce soir-là, au ranch à côté duquel nous campions, nous fîmes rôtir lentement au four du cochon sauvage parfumé d'une pâte d'herbes, d'ail et d'huile d'olive. Nous fîmes aussi griller, juste « rosées », quelques bécassines fraîchement tuées ainsi que des médaillons de filet de cerf. Il y eut aussi de la queue d'alligator frite avec des oignons, qu'on mangea arrosée du jus de ces citrons aigrelets, plantés comme chacun sait par les Indiens séminoles.

Ce qui entraîna encore la fameuse question : « Qui d'autre en Amérique pourrait faire un dîner pareil ? »

19

Planté comme une souche

Malgré tout ce que j'ai lu au sujet du dindon sauvage, qui serait « l'oiseau gibier suprême en Amérique du Nord », je n'ai jamais réellement aimé le chasser. Ma passion s'est toujours portée spécifiquement sur les oiseaux qu'on ne peut chasser qu'avec des chiens, et la chasse au dindon m'a toujours paru un peu trop statique pour me convenir. Et enfin j'éprouve des sentiments mitigés envers toutes les chasses de printemps quelles qu'elles soient. À mon sens le printemps doit être uniquement la saison du renouveau, des pariades amoureuses, de l'accouplement et de la reproduction. C'est sûrement de la sensiblerie, mais la chasse et l'essence du printemps me semblent contradictoires. Je pense qu'au printemps nos petits amis doivent avoir le droit de déambuler dans la nature, avec leurs hormones qui les titillent, et faire leurs trucs pour plaire aux dames, sans se préoccuper de savoir si quelqu'un va leur faire sauter la cervelle.

Sur un plan pratique, il faut admettre cependant que le printemps est la seule saison où le diablement farouche dindon sauvage mâle peut être attiré à portée de fusil au moyen d'appeaux. Et si un chasseur a l'aplomb d'aller dans les bois pour tromper un gros mâle au plumage tout gonflé en imitant le cri d'une femelle en chaleur, je dis tant mieux et bravo ! Il est bon qu'un homme viril sache faire ressortir son côté féminin.

Pourtant, malgré toutes mes réserves tatillonnes au sujet de ce sport, quand mon ami avocat Ken Beall m'invita à chasser le dindon Osceola[1] dans le centre-sud de la Floride, il ne me vint pas à l'idée de refuser. Beall est un chasseur de dindons acharné, mais aussi un homme incroyablement énergique qui avance à grands pas dans la vie. Je me dis que s'il pouvait rester tranquille à l'affût assez longtemps pour chasser le dindon, je devrais aussi en être capable.

Deux semaines avant la date fixée, il m'invita chez lui pour voir des vidéos sur cette chasse et il me fournit la liste des équipements indispensables. Puis il fit quelques démonstrations de techniques d'appel avec les appeaux. Je dois admettre que si j'avais été un dindon célibataire, ces appels m'auraient fait fondre le cœur.

« Est-il arrivé qu'un dindon te grimpe dessus, toi qui imites si bien la dinde en chaleur ? » lui demandai-je.

Beall réfléchit à la question avec le détachement inhérent à sa profession d'avocat et répondit que ça ne lui était personnellement jamais arrivé. « Mais j'ai entendu parler de chasseurs qui avaient atteint ce niveau d'habileté », ajouta-t-il.

Jour de chasse, 5 heures du matin. Beall donna un petit coup sec à ma porte. Je me glissai dans ma tenue de camouflage flambant neuve et, ainsi vêtu, virtuellement invisible, je sortis du pavillon. Sweetz était affolée, ne pouvant pas croire qu'elle ne serait pas admise à nous suivre. « Qu'est-ce qui ne va pas, il est habillé en tenue camouflée, il porte un fusil et il me laisserait à la maison ? » C'était un moment sans précédent au cours de sa vie de labrador.

Dans les premières lueurs faibles de l'aube, je me retrouvai assis au fond des bois, le dos appuyé à un tronc, en bordure d'une petite clairière au milieu de la plus belle forêt de chênes imaginable. Je commençais à aimer la chasse au dindon. Les chênes verts étaient immenses au-dessus de nos têtes, leurs branches noueuses et tordues surplombant de luxuriantes fougères vertes et des mousses de toutes sortes. Des centaines d'oiseaux entonnaient leur chant matinal. Je pus observer une minuscule grenouille arboricole, à peine grosse comme l'ongle d'un pouce, descendre d'une branche

1. Il s'agit du dindon sauvage, endémique à la Floride, appelé Osceola, du nom d'un célèbre chef indien séminole.

de vigne sauvage à quelques centimètres de mon visage. La grenouille aussi était en chasse et si parfaitement camouflée qu'on aurait dit une petite protubérance sur la branche de vigne. Je ressentis une réelle fraternité avec elle et j'espérais être aussi bien dissimulé.

Quand le jour fut levé, j'essayai mon « bruit de combat » de chez Knight and Hale. Un machin déclenché par un bouton dans chaque main, supposé imiter le son de deux mâles qui se défient pour défendre un territoire. À cause de toute leur ardente testostérone, les mâles ont autant besoin de se battre que de se reproduire, et ces appels doivent les faire accourir pour en découdre avec leurs rivaux. Je n'avais pas eu le temps d'apprendre le maniement des appeaux à bouche, qui sont l'art véritable de la chasse au dindon. Et toujours un peu réticent à l'idée de tromper un dindon au sang chaud par des promesses de romance, je préférai me positionner en adversaire plutôt qu'en objet sexuel. Avec ma main gauche qui défiait ma main droite, comme deux mâles furieux prêts au combat, je me faisais curieusement l'effet d'un marionnettiste. J'attirai immédiatement l'attention d'un corbeau qui, intrigué, se percha dans les branches au-dessus de moi en essayant de voir ce qui se passait et se mit à croasser comme un diable. Très vite un écureuil qui vivait dans mon chêne sortit pour se plaindre de tout ce bruit. Il chuinta, grogna et cracha, et d'autres écureuils dans la forêt reprirent ces cris d'alerte comme une colonie de singes bougons.

En tant qu'humains, nous voyons le plus souvent les animaux sauvages quand ils fuient notre approche maladroite, et je réalisai que les chasseurs de dindons peuvent vraiment observer la nature de l'intérieur. Mais à part appuyer de temps à autre sur mes deux boutons, je restai assis sans rien faire sous ce chêne au moins pendant cinq heures. Je ne dirais pas que je n'eus point de fourmis dans les fesses, mais plus le temps passait, plus je me sentais en harmonie avec le milieu ambiant. J'avais l'impression d'être plus engagé, plus intégré, comme absorbé. Le temps semblait s'écouler dans une autre dimension.

À un moment, un gros sanglier déboucha du sous-bois et se retrouva dans la clairière, assez proche pour que je puisse sentir son odeur mouillée, puissante et âcre. Il était brun strié de noir et portait de redoutables défenses recourbées. Il émettait de petits grognements, comme un vieillard ronchon qui parle tout seul. Je ne crois pas qu'il m'ait vu, mais je suis sûr qu'il m'avait senti, et j'eus une montée d'adrénaline en me rappelant certaines histoires que Beall avait racontées. Un de ses amis s'était fait charger, son artère fémorale avait été atteinte et l'hémorragie avait presque causé sa mort. Et suite à la charge d'un cochon sauvage, un autre ami avait manqué de peu son poste d'eunuque dans un harem. En essayant de ne pas me faire voir, je fis l'inventaire des arbres sur lesquels je pourrais grimper au besoin. Puis, toujours grommelant, grognant et reniflant, le sanglier reprit sa route.

Un peu plus tard – ou peut-être des heures plus tard – je travaillais encore mes appels quand un épervier de Cooper vint observer du haut de mon chêne. Il est possible qu'il espérait tirer un bénéfice des combats si l'un des dindons ne s'en relevait pas. Quand je cessai d'appeler, cela l'intrigua et il voleta vers une des branches basses pour en avoir le cœur net. Il était tout près de moi. Il bougea la tête dans tous les sens, scrutant le sol pour essayer de savoir où se cachaient ces maudits dindons. Je vis qu'il était perplexe. Je restai immobile. Comme la grenouille, j'espérais que l'on me confonde avec l'arbre. L'épervier regarda droit vers moi et me regarda même dans les yeux. Malgré sa fameuse vue de rapace, il ne me vit point. J'étais devenu une souche.

20

Le vieil homme et sa mer

Selon une vieille antienne, on traverse la vie avec un certain nombre d'intérêts pour ce qui nous entoure. Mais ceux-ci diminuent avec le temps, jusqu'à ce qu'on atteigne un état dans lequel tout ce qui nous importe est de nous occuper de notre corps en décrépitude. Puis on meurt. Pour enrayer un peu ce scénario inexorable – je ne parle évidemment pas de la mort, contre laquelle je ne peux rien –, j'imagine qu'il est bon d'engranger au maximum les motifs d'intérêt, un peu comme l'on se soucie de son épargne retraite. C'est dans cet esprit que j'avais démarré deux nouvelles activités au printemps dernier : la chasse au dindon et la pêche en mer depuis le rivage.

En fait un ami venait de m'offrir un équipement complet et flambant neuf pour la pêche en *surf-casting*[1] et je me sentais moralement obligé de m'y mettre. Et pourtant, la dernière chose dont j'avais besoin au monde était de m'encombrer de nouveaux équipements, surtout quand il s'agissait d'un machin aussi grand qu'une canne à lancer. Même pliée en plusieurs tiges dans sa boîte, elle prenait la place d'un nouveau passager. Sans parler de tous les autres accessoires indispensables qu'il fallait trimballer.

Je me rendis directement à la boutique d'articles de pêche la plus proche et me procurai les plus essentiels. Des bas de ligne et des hameçons, des émerillons, des plombs et des appâts. Je demandai aussi quelques conseils au vieux gars qui tenait cette

1. Pêche au lancer, avec appâts, depuis la plage.

boutique depuis cinquante-six ans. C'était un endroit charmant décoré de vieux leurres et d'autres accessoires anciens poussiéreux accrochés aux murs, que je reconnaissais pour les avoir vus dans mon enfance. Malheureusement, tenir cette boutique n'avait pas laissé beaucoup de loisirs à son propriétaire, qui admit n'être pas retourné à la pêche lui-même depuis 1957 et déclara que, par ailleurs, la plupart de ses vieux clients avaient aussi abandonné ce sport. En fait, beaucoup d'entre eux devaient maintenant pêcher au paradis. Mais le vieil homme connaissait encore beaucoup de trucs utiles et en vérité ce sport n'avait guère changé, si ce n'est que sur la côte est de Floride, comme partout sans doute, la pêche était loin d'être ce qu'elle avait été. En cause, la pollution, la surpêche et le développement. La bonne nouvelle était qu'à présent de nombreuses organisations s'attelaient, parfois avec succès, à enrayer cette insidieuse décadence.

Il restait du poisson à prendre et très vite je commençai à rôder sur les plages, me levant parfois à l'aube, pour quelques heures de pêche en bas de chez moi, avant de débuter ma journée de travail. Parfois, je roulais une heure ou plus en voiture afin de visiter des eaux plus pures, où je faisais aussi la connaissance de pêcheurs plus expérimentés. Bien que ce soit un groupe de gens d'apparence solitaire et qu'ils défendent farouchement une espèce de périmètre inviolable autour d'eux, j'allais m'apercevoir que certains d'entre eux n'étaient que de simples retraités qui, sous des airs revêches, étaient plus que ravis d'avoir un petit protégé à qui transmettre la finesse de leur art.

Et bientôt, j'attrapai du poisson. Un des charmes du surf-casting est de ne jamais vraiment savoir ce qu'on va retirer de l'océan. Selon la saison, des coryphènes, des carangues, des maquereaux espagnols, des dorades, des barracudas, des brochets de mer, des tarpons, des dentis, des vivaneaux et des maigres. Bon, peut-être que je n'ai pas encore attrapé toutes ces espèces, mais j'en ai pris quelques-unes et je travaille sérieusement les autres. J'en ai relâché pas mal, mais j'ai aussi fait de bons dîners de poisson frais.

À cette pêche, la gamme d'expériences sensorielles allait des délicates touches de petits poissons bleus qui tiraillaient mes appâts jusqu'à la sensation brutale de la canne pratiquement arrachée des mains par les puissants barracudas qui tirent comme des taureaux furieux. Et j'ai trouvé un nouveau mentor, un vieux sage dénommé Ben, un retraité qui a travaillé dans le textile à New York, qui m'enseigne tout ce qu'il ait sur ce sport.

Ben est adepte de cette pêche depuis pas mal de temps et il possède un équipement incroyable. Le premier jour où je l'ai rencontré sur sa plage, je n'avais que ma nouvelle canne et un petit seau en plastique rouge contenant mes appâts. J'avais trouvé le seau dans mon garage et je dois dire que, en me rendant à la plage avec ça, j'avais l'impression d'être un gamin de 12 ans allant faire des pâtés. J'eus surtout cette impression en rencontrant Ben et son superbe équipement. Ben, lui, avait un de ces gros seaux blancs de vingt litres, qui sont absolument de rigueur parmi les pêcheurs sérieux. Sur les bords du seau pendaient accrochés divers bas de lignes, hameçons et plombs, montés de curieuse manière, une manière personnelle dont il répugna à me dévoiler le secret. Il avait aussi une chaise basse pliante en toile et sa canne était fichée dans le sable, à côté, au moyen d'un support en PVC. Il avait un parasol et une glacière contenant ses appâts, des sandwiches et des boissons fraîches. Il avait disposé une belle planche de bois flotté, toute brillante d'écailles collées, qui lui servait à découper ses appâts au moyen d'un magnifique couteau à fileter, extrêmement tranchant et patiné par l'usage. Il avait un sac de toile bourré de magazines et de livres de poche, contenant aussi le *New York Times* du jour. Il adorait la série des Travis McGee, ce qui nous fournit tout de suite un point commun car j'étais un vieux fan des polars de feu John McDonald. Vous pouvez donc imaginer le regard que porta Ben ce jour-là à l'hurluberlu avec son petit seau rouge pour faire des pâtés de sable…

Pour ne pas faire trop nouveau pêcheur, je commençai peu à peu à m'équiper. En premier, je virai le petit seau rouge et m'en procurai un de vingt litres et, juste après, bien que je préfère marcher sur la plage et pêcher debout, j'eus aussi mon fauteuil pliant. Ben considérait que marcher était un énorme gaspillage d'énergie, mais ça faisait bien plus plaisir à Sweetzer qui m'accompagnait dans ces excursions.

Pour moi, le meilleur moment de cette pêche, ce sont les deux heures qui suivent le lever du jour, ainsi que la dernière heure qui précède l'obscurité. Les plages sont généralement désertes à ce moment-là et la lumière de Floride est magique. Je ne suis pas certain que ça donne la meilleure pêche, mais j'aime quand un vent d'ouest se lève et produit sur la surface de l'océan un calme plat absolu. Parfois, à ces heures extrêmes, on peut observer d'immenses bancs de petits poissons qui font bouillonner la surface à faible distance du rivage. Leur présence est visible aussi loin que le regard porte, à gauche ou à droite. Les oiseaux de mer les manœuvrent en vol depuis le ciel, tandis que des gros poissons les repoussent vers la surface en attaquant par-dessous, démontrant ainsi un parfait exemple de chaîne alimentaire.

À l'inverse de Ben, qui après tout est veuf et à la retraite et qui n'a pas beaucoup d'autres occupations, je restais rarement la journée entière. Il affirme que le milieu du jour a un charme spécial, dont le moindre n'est pas la présence de femmes en bikini qui, dans son esprit, compense largement le léger creux en termes de pêche pure. «Je suis peut-être vieux, mon garçon, me dit-il, mais je ne suis pas mort.» Un jour où j'étais resté plus longtemps que d'habitude et que nous lisions les mystères de Travis McGee côte à côte, Ben s'écria soudainement: «Tiens-toi prêt, mon garçon!»

Je crus que le vieux pêcheur avait repéré un poisson extraordinaire prêt à mordre à l'une de nos lignes, mais en fait il m'alertait de l'arrivée d'une jeune femme qui faisait son jogging sur la plage, vêtue d'un string minuscule. «Maintenant tu vas me dire la vérité, continua-t-il avec une certaine satisfaction alors qu'elle approchait, où est-ce qu'il vaut mieux être au milieu du mois de mars? Sur la Cinquième Avenue où elles sont toutes emmitouflées dans des fourrures, ou alors ici?»

Si le temps le permet, Ben est à la plage pratiquement tous les jours (et d'ailleurs même si le temps ne le permet pas). Il vient à pied de son appartement qui n'est qu'à deux rues de l'océan. Il transporte son fauteuil, ses cannes, ses appâts et un gros sac de plage en toile, toujours avec un énorme cigare dans sa bouche. Ben plante son installation sur la plage qui forme ainsi une ligne verticale variant en hauteur au gré de la marée. Les autres pêcheurs appellent cet endroit mobile «la place de Ben». Ce sont tous des vieillards grincheux aux jambes arquées, tannés par le soleil, accompagnés de temps en temps par une vieille grincheuse aux jambes arquées, tannée par le soleil. Une fois, avant de le connaître, j'avais tenté par inadvertance de planter mes lignes à cet endroit, avant qu'il n'arrive à la plage. À voir la réaction des autres pêcheurs, qui me plongèrent dessus de tous les côtés comme une volée de mouettes excitées, on aurait dit que je tentais de squatter l'appartement du vieil homme.

La plage de Ben est un peu loin pour moi, et tout l'hiver je tentai de le convaincre de pêcher sur une autre plage avec moi, en remontant ou en descendant la côte. Mais Ben ne veut pas en démordre au sujet de « sa » plage. « Mon garçon, me demande-t-il toujours quand on aborde le sujet, l'océan est-il aussi beau sur ces autres plages ? » Et si je me permets d'affirmer qu'il est à peu près pareil, il ajoute : « La pêche est-elle meilleure là-bas qu'ici ?

– Parfois oui, parfois non, ça dépend de l'humeur des poissons.

– Est-ce qu'on y trouve les mêmes poissons ?

– Ouais ! À peu près les mêmes.

– Mon garçon, je pêche sur cette plage depuis plus de dix ans, presque chaque jour de ma vie de retraité. J'aime cet endroit. Mes amis sont là. Alors dis-moi pourquoi je devrais prendre la voiture et rouler jusqu'à je ne sais où et revenir ensuite, alors que je peux marcher jusqu'à mon endroit préféré et prendre du poisson.

Bien sûr, je comprenais son point de vue, mais j'essayais tout de même de lui expliquer qu'il devrait essayer un autre endroit, juste pour le changement, pour apporter de la variété. Juste pour essayer un nouveau coin, même s'il ressemblait plus ou moins au sien. Et qui sait ? Selon l'humeur des poissons, la pêche pourrait être meilleure à cet endroit, justement ce jour-là. Une fois, je tentai même l'idée d'une expédition sur une plage de nudistes, mais il se montra effroyablement philosophe à ce sujet aussi. « Mon garçon, dit-il, je pense qu'il y a des tas de bonnes raisons de se mettre tout nu, même pour un vieux machin comme moi qui, sans vêtements, ressemble à un bout d'écorce d'orange oublié au soleil. Mais fais-moi confiance là-dessus, ajouta-t-il en hochant la tête comme un vieux sage, la pêche et le nudisme ne font pas bon ménage… »

Un truc qu'on finit par comprendre quand on passe du temps avec des vieilles personnes, c'est qu'elles ont horreur du changement. La plupart d'entre elles souhaitent que les choses restent plus ou moins ce qu'elles sont. Je m'en rendis vraiment compte le jour où j'avais apporté une canne à mouche sur la plage. À vrai dire, j'en avais un peu assez du surf-casting normal, et particulièrement de la manière « tout confort » que Ben pratiquait depuis son fauteuil pliant. Quand il me vit monter ma canne à mouche, on eût dit que je venais de déballer un plein sac de dynamite pour pêcher devant chez lui à l'explosif. « Par tous les diables, qu'espères-tu donc faire avec ce maudit truc ? » voulut-il savoir en pointant rageusement son cigare sur ma canne. Je répondis que je voulais essayer une nouvelle mouche, montée par mon ami Jimbo. Que d'après Jimbo, chez lui, on attrape des pompanos à la pelle avec ça. Je tendis une des mouches à Ben.

« Eh ben, ça ressemble juste à une puce des sables, dit-il.

– Oui, c'est ce que c'est supposé imiter.

– Eh ben, gros malin, pourquoi tu ne vas pas simplement au bord de l'eau en attraper quelques-unes ? reprit Ben dans son réflexe pavlovien de vieille personne face à la menace d'un changement.

– Simplement parce qu'elles ne resteraient pas une minute sur l'hameçon. Elles sont trop fragiles, expliquai-je.

– Et donc c'est pour ça que *Monsieur Milieucouleuneriviѐre* va utiliser une canne à mouche sur cette plage, dit-il béatement.

– Ouais ! Et tu oublies une autre chose, Ben.

– Quoi donc, mon garçon ?

– Tu oublies à quel point il est devenu difficile de trouver des puces de mer vivantes par ici. »

C'était absolument vrai et Ben le savait. Jusqu'à il n'y a pas si longtemps, il suffisait de se balader au bord de l'eau pour en ramasser un plein seau en un rien de temps. Mais depuis peu, et comme beaucoup d'autres choses sur notre pauvre vieille terre aux capacités limitées, les puces de mer semblaient se faire de plus en plus rares. Au point que la plupart des pêcheurs, Ben y compris, avaient cessé de les utiliser comme appâts.

J'installai deux des mouches de Jimbo sur ma ligne en utilisant l'une d'elles comme flotteur. J'avais monté une pointe plongeante et un bas de ligne court. Puis je fis quelques lancers au-dessus de l'écume tandis que Ben m'observait de son fauteuil d'un air sceptique. Un truc à retenir au sujet de la pêche à la mouche depuis une plage, c'est qu'il faut vraiment faire attention à la ligne quand elle se déploie dans votre dos… sous peine d'accrocher une sirène, comme Ben appelle parfois les jeunes femmes en bikini. Finalement j'expédiai ma ligne sur l'océan, je comptai jusqu'à dix, pour laisser les mouches s'enfoncer sous l'eau, et je commençai à ramener avec des petits à-coups pour faire sautiller mes puces sur le fond sableux. Et *vlan*! un pompano accrocha un des leurres presque immédiatement, puis *vlan*! tout de suite après, un autre. J'avais donc deux poissons accrochés. Les pompanos, qui sont cousins des carangues, ne sont pas de très gros poissons, mais, par rapport à leur longueur, leurs corps offrent une surface assez large pour produire une très forte résistance lorsqu'ils s'appuient sur le courant. Avec ma fine canne à mouche, j'avais l'impression de remorquer deux énormes cocottes en fonte dans un fort courant. Je regardai en arrière et vis Ben et sa canne immobile dans son support. Bras croisés sur la poitrine, cigare planté dans les dents, il faisait un peu la gueule. Il était visiblement ennuyé qu'un gamin vienne prendre du poisson dans sa mer avec des moyens prohibés.

Mais comme si tout à coup il s'était souvenu de ses propres jeunes années, et avant que tout cela ne dégénère, je le vis sourire sous sa grimace et rajeunir d'une ou deux décades. Il sortit son cigare de sa bouche et se mit à faire de grands moulinets dans les airs en criant : « Vas-y, mon gars, tu vas les avoir ! Tu vas les avoir ! »

21

L'école des guides

Il se déplace à pied au bord de l'océan, dans l'eau peu profonde, aussi facilement que d'autres le feraient sur la terre ferme. Ses pieds sortent de l'eau puis replongent dans l'eau, gros orteil en avant, sans provoquer la moindre vaguelette. Il émane de lui une grâce parfaite qui rappelle une danse plutôt qu'un sport. Il aime expliquer que « plus on entre dans l'eau calmement, mieux cela vaut ». Il parle d'une voix douce et musicale, trahissant seulement une légère pointe d'accent britannique, comme une réminiscence de la sombre époque coloniale. « Vous faites un bruit et ils s'en vont. » Allan « Jay Jay » Dames Jr. chasse le bonefish à l'approche dans les *flats*[1] de Great Exuma, aux Bahamas. « Vous voyez ces petits trous verts dans le sable ? dit Dames en les montrant du doigt. Ce sont des traces de bonefish vieilles de moins de cinq minutes. Ce sont les trous qu'ils font en cherchant les crabes. Les trous bleus sont plus vieux et les trous plus gros sont ceux des raies mantas. »

Il est vrai que c'est de la chasse autant que de la pêche. Il suffit de fermer un peu les yeux et de laisser son imagination vagabonder pour retrouver dans les mouvements élégants et précis de Dames les gestes des chasseurs primitifs. On voit en lui le porteur de sagaie du Serengeti ou le chasseur à l'arc des anciennes Grandes Plaines d'Amérique. On admire l'adaptation physique parfaite d'un homme à son environnement. Mais bien sûr nous sommes

1. *Flat* : étendue d'eau peu profonde qui borde certaines côtes.

en plein XXIe siècle et J. J. Dames, ancien mécanicien, représentant la troisième génération d'une famille de guides, attaque les bonefish avec une canne à mouche en graphite de haute technologie de chez Loomis, preuve d'un mariage apparemment heureux de cultures différentes.

Pour nous, pauvres garçons blancs n'ayant rien connu d'autre que les rivières à truites d'Amérique du Nord et qui pataugions bruyamment à sa suite, engoncés dans nos combinaisons Orvis, la vision de Dames en train de pêcher était une grande leçon d'humilité. Il n'utilise lui-même des cannes à mouche que depuis un an et demi, mais il propulse sa ligne sans aucun effort, avec un vrai talent de professionnel. « De tous les guides, c'est moi qui lance le plus mal... dit-il avec modestie.

– Bien sûr, Jay Jay. »

Il rigole doucement, conscient de ce qu'il vient de dire.

« Hé, hé ! ajoute-t-il. Sérieusement, vous devriez voir comment les autres s'y prennent. »

En fait, les guides de la résidence Peace & Plenty Bonefish de l'île de Great Exuma ont tous été formés par Steve Rajeff, champion du monde de pêche à la mouche, qui organise ici à chaque saison plusieurs séances d'entraînement. D'après Bob Hyde, le propriétaire de la résidence, tous les gars du coin qu'il a formés lancent au minimum trente-cinq mètres de ligne. Et tous les jeunes qui sont passés entre ses mains durant les trois ans de la courte histoire de l'école des guides sont devenus des as de la pêche. « Ils ont un sens naturel du timing », explique Hyde. Et il ajoute : « Pour des gens politiquement corrects, ça pourrait sembler une remarque raciste – comme dire que les Noirs ont le sens du rythme –, mais hélas c'est vrai. Et physiquement ils n'ont aucune inhibition. » Sans oublier que pour beaucoup c'est devenu une passion, et il n'est pas rare de les voir s'entraîner ensemble sur la plage après une longue journée de travail. Peut-être que ça les repose aussi, après avoir vu leurs riches clients américains lancer comme des cochons et fouetter l'eau toute la journée.

À présent, Dames a repéré des bonefish se déplaçant bien au-delà du champ de vision de ses visiteurs. Avec deux misérables faux lancers, il a déjà sorti vingt-cinq mètres de ligne. Il pose le leurre sur l'eau, baisse un peu le bout de sa canne et commence à ramener en donnant des à-coups pour animer sa mouche. Il tire, il tire, et, brutalement, c'est la ligne elle-même qui se met à tirer. Il relève la pointe de sa canne pour assurer l'hameçon dans la gueule du poisson qui tire à toute puissance. Le moulinet hurle.

Bob Hyde guidait sur les eaux de la région des Keys en Floride. Il y a quatre ans, quand il décida de s'installer aux Bahamas sur l'île de Great Exuma, il avait plus ou moins l'idée de prendre sa retraite. Il avait passé dix-sept ans dans les Keys et il avait assisté à l'essor de cette pêche, mais aussi à l'accroissement exponentiel du nombre de guides et surtout à la pression exercée sur la profession. Ce qui au début n'était qu'une amusante et amicale rivalité entre guides pour l'accès aux meilleurs secteurs s'était transformé en une violente lutte territoriale. « Des bagarres à coups de poing éclataient souvent sur les quais », se souvient Hyde avec un rire incrédule. Depuis plusieurs années, Hyde connaissait la pêche sur les îles Exuma où il passait l'été. Quand ses enfants eurent grandi et quitté la maison, il se rendit compte que plus rien ne le retenait en Floride et qu'il pouvait sans regret quitter la région des Keys.

Mais Hyde, énergique quinquagénaire dont le regard bleu perçant reflète une vive intelligence, n'était pas du genre à s'installer sur un pliant de plage à siroter du lait de coco. Depuis quatre ans, sa vie à Great Exuma ainsi que celle de sa femme Karen avaient ressemblé à tout sauf à une retraite.

En ce moment même, J. J. Dames repère des bonefish pour nous. Nous sommes à Rolle Town Flat, un endroit d'une beauté à briser le cœur. Bordée par une longue plage en arc de cercle, la mer offre jusqu'à l'horizon de toutes les nuances du bleu et du vert émeraude. Pour un homme de l'Ouest, les récifs de corail à l'horizon rappellent les petites bosses que font les silhouettes de bisons quand on les voit de loin sur la prairie. À marée basse, les pêcheurs n'ont de l'eau que jusqu'à la cheville, et bien que de nombreux rédacteurs en chef m'aient interdit à jamais d'utiliser le cliché de l'eau « claire comme du gin », je serais peut-être autorisé à dire que, sur ces étendues, l'eau est claire comme une vodka fraîche caressée par le vent. Des raies mantas s'y déplacent comme des fantômes ou comme des soucoupes volantes aquatiques, au-dessus des fonds sableux, tandis que les bonefish patrouillent en formation parfaite comme de petits sous-marins d'argent.

J'avais voulu voir notre guide prendre le premier bonefish afin de le voir pratiquer dans les règles et d'assister à une exécution parfaite. Sans doute parce que j'utilise assez peu les services des guides, je ne les considère pas comme des employés chargés de m'aider à capturer des poissons, mais comme des interprètes qui m'ouvrent à chaque fois de nouveaux territoires. Et aussi comme les détenteurs d'un savoir durement et patiemment acquis, dont je sais que j'arriverai peut-être à capter quelques miettes si je fais suffisamment attention. Comme tous les guides de la résidence Peace & Plenty Bonefish, J. J. Dames a grandi sur l'eau et il a commencé à prendre des bonefish à la traîne avec une ligne tenue à la main dès l'âge de 8 ans. Donc, quand il explique quelque chose à propos des habitudes de ce poisson, il vaut mieux écouter.

Il s'arrête et se penche vers l'eau et baisse lentement la main pour saisir quelque chose dans le sable. Il ressort le bras de l'eau puis ouvre la paume de sa main et nous montre un petit « crabe cigare », la nourriture principale des bonefish. « Les crabes recherchent les eaux peu profondes pour le soleil et les bonefish suivent les crabes », explique-t-il.

Depuis le début des années 1960, il existait un service de guides informel sur Great Exuma, et Bob Hyde y avait pêché avec tous les anciens guides ainsi que leurs successeurs. En s'appuyant sur eux, il avait tranquillement lancé son activité avec deux ou trois bateaux. Il organisait des sorties en mer depuis le Peace & Plenty Beach Hotel qui appartenait à l'époque à son vieil ami et associé Charlie Pflueger, hôtelier américain de son état. Quelques années à peine se sont écoulées et aujourd'hui Hyde emploie plus d'une douzaine de guides. Le Peace & Plenty Beach Hotel est le premier employeur de Great Exuma et de loin celui qui offre aux hommes les meilleurs salaires de l'île. Il semblerait que Hyde et l'essor de cette pêche touristique soient arrivés au bon moment, juste après que le gouvernement eut mis fin au trafic de drogue qui était historiquement le plus gros employeur et l'activité la plus lucrative de l'île.

« Voilà, ils sont là, dit Dames, vous les voyez, à une trentaine de mètres, qui se dirigent par là ? »

Nous sommes serrés l'un contre l'autre, épaule contre épaule, mais je ne vois pas de poisson à l'endroit qu'il indique. Et finalement, je les vois qui nagent en formation et viennent droit sur nous. L'adrénaline commence à monter. Je sais que si je rate mon lancer, ils vont s'éparpiller comme une volée de cailles dérangée par un chien.

« Commencez à lancer », me dit Dames.

Il me sent nerveux, il sent que mon corps vibre comme un diapason.

« Relax, tout va bien, allez-y maintenant... », murmure-t-il.

Au début, Hyde envoyait les jeunes se former à la Fly Fishing School, l'école des pêcheurs à la mouche des Keys de Floride, une école appartenant à son ami Sandy Moret d'Islamorado. Les jeunes partaient avec l'aide financière de bourses accordées par la Fondation Benjamin (un autre partenaire de Hyde). En même temps, Hyde lançait sa propre école de guides sur l'île. Une formation de douze semaines qui incluait tout, depuis l'enseignement des nœuds jusqu'à la réparation des moteurs hors-bord et bien sûr le lancer et la manière de se comporter avec des clients. À l'instar de Jay Jay, la plupart des élèves n'avaient pas grand-chose à apprendre sur les bonefish, mais ils ne savaient presque rien de la pêche à la mouche en tant que sport, et encore moins des motivations culturelles qui poussent certains pêcheurs sportifs américains à payer cinq ou six mille dollars pour venir ici capturer ces poissons avec une canne à mouche.

Depuis, l'école des guides de Hyde fait partie du cursus du lycée local. Elle s'est même transformée rapidement en établissement technique en partenariat avec le ministère de l'Éducation nationale des Bahamas. L'école, qui est toujours largement financée par la Fondation Benjamin, a récemment déménagé dans un vaste building de Georgetown et propose aussi des formations d'électricien, de plombier, d'informaticien. D'autres encore sont en projet. Sous l'égide de l'école est même publié un journal rédigé par les étudiants dont les bénéfices ont permis la création d'une bibliothèque itinérante. Beau travail tout de même pour un homme qui prétendait prendre sa retraite il y a quatre ans.

De retour à la résidence, à la fin de la journée, J. J. m'asticote gentiment au sujet de mes talents de pêcheur ou supposés tels. Le Bahamien possède un charmant sens de l'humour totalement dénué de cynisme et, tout en me donnant un bon coup de coude dans les côtes, J. J. raconte comment mes nerfs ont un peu lâché au cœur de l'action. « Mon gars, vous étiez si nerveux que vous aviez tout le corps qui tremblait comme une feuille, hé, hé, hé, hé, hé... » Il fait une mimique pour imiter mes tremblements et on dirait Elvis en train de chanter *Hound Dog*. « Hé, hé, hé... vous comprenez pourquoi j'adore ce métier. »

Malgré toutes ses réalisations sur les îles Exuma, Bob Hyde déteste qu'on le décrive comme une espèce de Robin des Bois venu apprendre aux pauvres indigènes comment faire les choses. Il n'est en fait qu'un businessman avisé et un entrepreneur ayant bien compris l'intérêt social et politique de graisser les rouages bureaucratiques et aussi de donner plus qu'il n'a reçu.

« La question la plus fréquente que me posent les Américains en descendant de l'avion, me dit Bob, est: "Combien coûte le terrain par ici?" et "Quel business je pourrais ouvrir?" Ils ne comprennent rien à la culture locale et n'ont aucune intention de s'y intéresser en aucune manière. »

Le profond respect et l'amour que Bob Hyde porte aux Bahamiens sont visibles dans ses relations avec les guides, qu'il traite bien plus comme des amis et partenaires que comme des employés. Son affaire représente ce que l'écotourisme peut offrir de mieux. Une relation de symbiose profitable à toutes les parties et bénéfique à l'environnement. « Ils m'ont bien plus "sauvé" que je ne les ai sauvés moi, dit Hyde de ses hôtes bahamiens, sans aucune trace de paternalisme. Ce furent les cinq années les plus agréables de ma vie. Il n'y a rien de philanthropique à cela. Nous gagnons un peu d'argent, nous versons les salaires, et le surplus, s'il y en a, retourne à la fondation. Et nous arrivons à vivre dans un endroit que nous adorons. Ça me fait rigoler, maintenant, quand je retourne sur le continent et que je vois leur mode de vie là-bas. Je passe mon temps à me dire que nous sommes devenus les Jetson[1] ! »

Une autre journée merveilleuse sous les tropiques, claire, avec une jolie brise sur l'eau. Avant de sortir pêcher avec Garth Rolle, 18 ans, le plus jeune membre de l'équipe du Peace & Plenty, Steve Collector et moi-même allons rendre visite au doyen, Will Rolle, 74 ans, dans sa minuscule colonie de Rolle Town.

1. Littéralement: « la génération jet ». *Les Jetson* est une série télévisée d'animation américaine, produite par William Hanna et Joseph Barbera, qui brocarde la vie moderne à l'instar de la famille Pierrafeu, *The Flintstones*, qui mettait en scène nos lointains ancêtres de l'âge de pierre.

Rolle Town est un endroit idyllique situé sur une colline dominant d'un côté le lagon et de l'autre l'océan. Les maisons bahamiennes aux vives peintures sont bâties au milieu d'une végétation tropicale luxuriante. Tout cela est construit bien au-delà des sentiers battus par les touristes. Les pêcheurs s'aventurent rarement jusqu'ici et ne connaissent de Rolle Town que le peu qu'ils peuvent apercevoir depuis le banc de Rolle Town situé en face. C'est à Rolle Town qu'ont grandi et que vivent la plupart des guides. Will Rolle avait été l'un des premiers à servir de guide aux pêcheurs de bonefish sur les flats de l'île. Il avait adopté cette profession au début des années 1960, il guidait le légendaire pêcheur américain Joe Brooks quand celui-ci venait à Exuma. Rolle a connu Bob Hyde il y a de nombreuses années et depuis il pêche avec lui. Bob m'avait raconté en rigolant que quelques années plus tôt Will l'avait viré de son bateau car il n'avait qu'une canne à mouche. Aujourd'hui, Will est lui-même un des meilleurs lanceurs à la mouche de l'île et le patriarche d'une espèce de dynastie de la pêche au bonefish. En plus de Garth, qui est l'un de ses trente petits-enfants, Michael, son fils de 24 ans, est aussi membre de l'équipe du Peace & Plenty.

« Ça me fait plaisir de voir les jeunes qui montent... me dit Will Roll alors que nous flânons dans Rolle Town, parce que moi je baisse ! Le métier de guide est un bon job pour eux. Ça les empêche de faire des bêtises. À l'époque où la drogue circulait sur l'île, les jeunes ne faisaient plus attention à personne. » Rolle fit une pause et regarda vers la mer en souriant une petite grimace de ses gencives édentées. « Heureusement que nous autres les vieux nous sommes occupés de tout ça pour eux. »

Je posai à Rolle une question perfide : avait-il lui-même suivi l'école des guides ou les cours de Steve Rajeff ? « Bien sûr que non, répondit-il sans aucune ironie, je m'en suis bien gardé. Ça se passe toujours le mercredi soir et c'est le soir des répétitions à la chorale de l'église. Et le chef des chœurs, c'est moi. Je ne pourrai manquer ça pour rien au monde. »

Will Rolle me sourit et regarda à nouveau en direction de la côte. « Ce coin, je ne le connais pas trop mal. »

« "Pas trop mal" ? Tu veux rigoler, me dit Hyde plus tard quand je lui racontai la scène, Will est l'école des guides à lui tout seul. »

Garth est un jeune homme calme et poli, un peu moins sociable que J. J. Dames, mais non moins talentueux en matière de pêche. Pour notre dernière journée nous pêchons au large de White Bay.

Hyde a instauré un système de rotation assez sophistiqué dans le double but d'éviter la surpêche de certains secteurs et d'équilibrer les chances de chacun des guides de tomber sur les meilleurs endroits. Dans le cadre de sa formation, chaque guide passe une période d'au moins deux semaines à observer soigneusement, quelles que soient l'heure et la hauteur de la marée, chacun des cent kilomètres de *flats* qui entourent Great Exuma. Puis chacun se voit assigner un espace précis où pêcher, de manière à éliminer la compétition pour être le premier à atteindre les meilleurs endroits. Une leçon que Hyde avait retenue de son passage en Floride où chaque matin le départ pour la pêche ressemblait à une absurde course motonautique. Est-il besoin de préciser qu'il n'y a pas non plus de bagarres à coups de poing sur les quais au retour de la pêche ? Plus tard le jeune Garth Rolle avait même procédé à une minutieuse exploration aérienne à bord d'un hydravion, dans le cadre d'un programme expérimental qu'avait tenté le Peace & Plenty. Alors que nous nous dirigions vers White Bay, à bord d'un Boston Whaler, il nous raconta certains moments merveilleux qu'il avait vécus : d'énormes marlins dans des eaux profondes d'à peine un mètre cinquante, des étendues encore inconnues avec des dizaines de milliers de bonefish n'ayant encore jamais vu un pêcheur. Des récits de pionniers.

Nous avions pris un peu de retard et la marée baissait assez vite. Quand nous arrivâmes à White Bay, l'eau n'arrivait plus qu'à la cheville. Des centaines, peut-être des milliers de bonefish croisaient en bancs à travers l'eau peu profonde, la queue sortant de l'eau comme autant de petits mâts noirs dressés vers le ciel. Nous regardâmes Garth, canne en main, tenter une approche. S'aplatissant dans l'eau, torse, genoux et dos pliés comme on ne peut le faire qu'à 18 ans, il semblait disparaître et se fondre dans l'élément aquatique. Les poissons nageaient et cherchaient leur nourriture tout près de lui en totale confiance. « Si on met la tête à la surface de l'eau, il est facile de voir leur queue », expliqua-t-il. Voilà une autre chose que j'ai apprise : comment regarder, comment bouger, comment se tenir. Enfin, nous pûmes admirer comment, à partir de cette posture de contorsionniste, le garçon fit un lancer parfait, puis, tirant un peu sa ligne pour animer son leurre, il ferra un poisson tandis que le reste du banc s'éparpillait, traçant des sillages dans toutes les directions, tels des rayons de bicyclette autour du moyeu.

22

Possédé par la pêche

Je ne sais pas qui l'avait affublé en premier du surnom de Fishboy[1], mais c'est ainsi que tout le monde l'appelait, et je n'ai jamais su son vrai nom. Ce n'était même pas un adolescent, c'était un adulte proche de la trentaine quand je l'ai rencontré, mais à l'évidence il avait reçu son surnom quand il était enfant pour la simple raison qu'il pêchait tellement qu'il en était pratiquement devenu poisson lui-même. En fait il avait même vaguement des allures de poisson : yeux globuleux largement écartés et lèvres un peu ourlées. Ma théorie – parfaitement indémontrable – est que quand quelqu'un passe tout son temps à poursuivre une espèce de gibier ou de poisson, il finit par lui ressembler. Le chasseur d'ours ressemble à un ours, le chasseur de puma ressemble à un fauve et le pêcheur de truites à une truite. Selon ma théorie, la transformation s'opère à force de penser continuellement comme ses proies dans le but de contrer leurs défenses. Je ne serais pas vraiment surpris si un jour Fishboy se glissait dans l'eau pour rejoindre les black-bass.

Le black-bass, c'était sa spécialité, mais Fishboy était un des meilleurs pêcheurs que j'aie jamais connus. Et j'en ai connu pas mal. Il pouvait tout pêcher, car il possédait ce talent inné de deviner comment les choses fonctionnent dans la nature. C'était une sorte de génie, comme peut l'être un prodige musical. Mais la

1. Littéralement « enfant-poisson ».

capacité de penser comme les êtres sauvages ne vient pas toujours sans un prix à payer.

J'avais rencontré Fishboy un matin dans le magasin d'articles de pêche d'une petite ville du sud de la Géorgie. On était mi-avril et les nouvelles feuilles bourgeonnaient sur les chênes verts avec une brillance d'une intensité extrême. Les cornouillers étaient en fleur, la terre reprenait vie avec une luxuriance et une fécondité qu'on ne trouve qu'au printemps dans le sud des États-Unis. Je ne faisais que passer, mais à mon habitude je me renseignais sur les possibilités de pêche ou de chasse dans le coin et, en l'occurrence, je cherchais des informations sur la pêche au black-bass. J'en discutais avec le propriétaire de la boutique quand Fishboy surgit à côté de moi.

«Je pourrais probablement vous emmener pêcher, murmura-t-il à mon oreille. Dans la rivière... à la brème et au black-bass. Vous comprenez ce que je vous dis?

– Vous êtes guide? lui demandai-je.

– Il n'a pas de licence de guide, si c'est ce que vous voulez dire, répondit le propriétaire de la boutique. Mais bon Dieu, c'est sûrement le meilleur pêcheur du coin, et peut-être même de l'État. Pourquoi pensez-vous qu'on l'appelle Fishboy?

– Vous voulez dire que vous m'emmèneriez à la pêche, comme ça, pour le plaisir?

– Oui, mais je vous ferai peut-être payer l'essence.» Il haussa les épaules. «Vous comprenez ce que je veux dire?

– Oui, je crois.»

D'abord il fallut retourner chez Fishboy, chercher son bateau. Fishboy vivait dans une maison qu'il avait construite lui-même, au milieu des bois. Il était un peu charpentier et très bricoleur. C'était une maison solide, bien entretenue, en aucun cas l'espèce de cahute d'ermite à laquelle je me serais attendu, bien que Fishboy fût tout de même une sorte d'ermite. Mais le plus extraordinaire était l'intérieur, chaque centimètre carré de mur disparaissait sous des animaux ou des poissons empaillés. Tous les murs sans aucune exception, un mausolée à la gloire de la chasse et de la pêche, un véritable muséum d'histoire naturelle. Ça m'avait coupé le souffle. Le salon et la cuisine étaient entièrement consacrés au black-bass. «Il y en a 368, m'avait dit fièrement Fishboy alors que je les passais en revue, dont 88 au-dessus de dix livres», ajouta-t-il. «Ouah!» fut la seule réponse que je pus faire.

Fishboy admit qu'il avait largement conçu cette maison dans le but d'installer sa collection. Tout cela dégageait une impression à la fois touchante et un peu triste, sans parler du côté profondément excentrique.

Plusieurs autres pièces étaient consacrées aux ongulés, beaucoup de têtes empaillées ainsi que des murs entiers de bois seuls montés «en massacre». Des cerfs à queue blanche, des cerfs mulets, des antilopes et des wapitis. «J'ai été dans l'Ouest l'an dernier, me dit Fishboy. Je n'avais jamais chassé le wapiti à l'arc, mais j'avais tout lu là-dessus. Je n'ai eu qu'à prendre mon arc et trouver un cerf.»

Il m'expliqua où il avait été. Curieusement, c'était assez proche de là où je vis dans le Colorado. Je connaissais bien l'endroit. Je connaissais aussi pas mal de chasseurs à l'arc qui fréquentent cet endroit depuis très longtemps sans jamais avoir pu y tuer un wapiti. Certains même n'ayant jamais eu l'occasion d'y décocher une flèche.

«Comment avez-vous fait? lui demandai-je.

– J'ai pris un six pointes le premier matin, dit-il. Donc il a fallu que je passe le reste de ma semaine à pêcher la truite.

– Et comment avez-vous pêché la truite?» demandai-je encore.

Il montra au mur une énorme truite fario naturalisée.

«Un peu moins de six livres, sur le "parcours mouche". La première fois que je pêchais à la mouche.»

Je m'abstins de lui dire que j'avais pêché à la mouche toute ma vie un peu partout et sur ce même parcours depuis sans doute plus de quinze ans et que je n'avais jamais vu de poisson de cette taille.

Il y avait également la pièce des gibiers à plumes, des cailles, des faisans, des dindons et plusieurs sortes de gélinottes, de canards et d'oies.

«Faire empailler tout cela a dû vous coûter une fortune?

– J'ai presque tout fait moi-même, répondit-il. J'ai pris des cours de taxidermie par correspondance.

– Ils sont vraiment bien faits, dis-je. Ça a dû vous prendre des milliers d'heures.

– Je progresse et à chaque fois je vais de plus en plus vite. Vous voyez ce que je veux dire?

– Parfaitement. Je parierais que ça ne vous laisse pas trop de temps pour une vie “normale” ?

– En fait, j'ai rencontré une fille la semaine dernière, répondit Fishboy un peu sur la défensive. Je l'ai emmenée au cinéma puis je l'ai ramenée pour lui montrer ma maison. Elle n'a pas vraiment eu le coup de cœur. Elle m'a dit que ça lui fichait un peu les chocottes... Vous comprenez ce que je veux dire ?

– Bien sûr. Je comprends que ça puisse faire rater un premier rencart, dis-je. Fishboy, ajoutai-je, c'est pas mes oignons mais comment gagnez-vous votre vie, si vous êtes continuellement à la chasse ou à la pêche ?

– En fait, je ne gagne pas trop ma vie, admit-il. Je travaillais dans le bâtiment, mais j'aime bien fixer moi-même mon emploi du temps, alors maintenant je fais des petits boulots en indépendant. Je travaille assez longtemps pour me faire un peu d'argent pour continuer la chasse et la pêche. J'aime ça, je ne pense qu'à ça. C'est tout ce que j'ai jamais voulu faire depuis mon enfance. Je suis possédé par ça. Vous voyez ce que je veux dire ?

– Oui, je crois. »

Plus tard dans la matinée, nous étions en bateau sur une rivière du Sud qui restera sans nom. Elle coulait au milieu d'une forêt, au cœur d'une région de collines qui bizarrement rappelait plutôt les paysages de l'Ouest. La rivière traversait des dunes de sable argileux rouge, où poussaient des pins à longues feuilles, des pins taeda et des chênes. À d'autres endroits, les berges étaient plantées d'épicéas, de cèdres blancs, de cyprès, qui alternaient avec des érables rouges, d'autres pins et des frênes. Il y avait aussi des magnolias aux fleurs blanches odorantes et aux grasses feuilles vertes, aussi brillantes que si elles avaient été vernies. Les azalées sauvages étaient en bourgeons, les arbres de Judée et les jasmins jaunes étaient en fleurs.

L'eau était sombre, plus noire qu'aucune rivière de l'Ouest, mais pure et douce, et les bancs de sable ainsi que le sable des petites plages creusées dans les courbes de la rivière étaient blancs comme du sucre. Nous descendîmes en silence un moment à travers une dense forêt de cyprès marécageuse et nous lançâmes nos leurres à black-bass sous la végétation des bords de rives. Des tortues se reposaient sur de grosses branches tombées des berges et, à notre approche, se laissaient doucement glisser dans l'eau presque sans bruit. Puis nous débouchâmes soudainement dans une vaste prairie humide où les fleurs sauvages printanières scintillaient sous le soleil. Deux fois nous vîmes les yeux en périscope d'alligators immergés guettant notre approche.

Les black-bass étaient loin d'être des monstres, mais il y en avait beaucoup et ils chargeaient nos leurres de surface en faisant de bruyants remous qui troublaient la quiétude ambiante comme de petites explosions sous-marines. C'était de beaux poissons, très sains, beaux comme la rivière environnante, les taches noires de leurs dos ponctuaient des robes dont le vert variait du sombre à l'olive pâle, ils avaient le ventre blanc et les ouïes rouge sang.

À l'heure du déjeuner nous fîmes une halte dans une petite clairière sur la berge et nous préparâmes quelques poissons, puis nous fîmes frire les filets dans une grosse poêle en fonte noire. Roulés dans la farine de maïs, frits avec du bacon et accompagnés de pain de maïs, ces poissons étaient incroyablement délicieux.

Pendant le repas, Fishboy me renseigna sur la flore et la faune du coin. Il en savait autant et sans doute plus que n'importe quel biologiste. Il connaissait la région comme son propre salon et, en quelque sorte, c'était vraiment un peu son salon car il vivait là le plus clair de son temps.

«Je n'achète jamais de viande ni de poulet, me dit-il. J'aime vraiment pas leur goût. Pourquoi acheter des animaux domestiques quand on peut manger des animaux sauvages ? Vous voyez ce que je veux dire ? Et j'économise pas mal d'argent comme ça aussi. Je n'achète que les produits de base, farine, beurre, lard et sel. Je mange ce que je tue et je ne tue que ce que je mange. J'échange du poisson et du gibier avec une femme de couleur contre des produits de saison. De cette manière j'ai tous les légumes dont j'ai besoin et je fais aussi quelques conserves. Je pêche autant de black-bass et de brèmes que je peux manger. Je tire des canards branchus qui viennent en automne sur la rivière. Je vous y emmènerai si vous voulez. Parfois je prends la voiture et je vais au sud, dans les marais à bécassines. J'adore ces sacrées bestioles et leur vol en zigzag. J'aime aussi en manger. On a aussi beaucoup de dindons, de cailles, de cerfs, de cochons sauvages. Oh là là ! J'adore ces cochons, surtout quand ils se sont nourris de glands. Et aussi, ainsi que je vous l'ai dit, j'essaie de faire un voyage dans l'Ouest chaque automne. J'y vais d'une traite en voiture, une trentaine d'heures, non-stop au volant. Je reviens avec le pick-up plein. Wapiti et cerf mulet. J'ai tué un ours une fois, non loin d'ici. Maintenant on peut plus les chasser, vous voyez ce que je veux dire ? Mais sincèrement, la viande d'ours ne m'a pas trop plu et je n'en ai jamais tué d'autre après ça. Il y a trop de bonnes choses à manger dans les bois pour s'embêter avec de la viande d'ours, vous voyez ce que je veux dire ? »

Il me sembla que Fishboy vivait la vie dont beaucoup de petits garçons auraient rêvé, du moins une vie dont moi j'avais souvent rêvé quand j'étais enfant. C'était un mélange de Daniel Boone, Davy Crockett et Huckleberry Finn, explorant des territoires, vivant de ce que fournit la terre dans une intimité complète avec le monde sauvage et les créatures qui l'habitent. Je me demandais si les enfants continuaient d'avoir ce genre de rêve ou si tout cela s'était évanoui au profit des jeux vidéo, du monde virtuel, de la télévision et du cinéma, des rock stars et des sportifs millionnaires.

Hélas, la nostalgie des rêves d'enfance est un jeu dangereux et peu productif. Et comme j'observais sur la rivière cet homme assez étrange et doué, je me fis la réflexion que, souvent, plus les hommes sont proches de la nature, plus ils sont désarmés pour la vie en société. Bien sûr, certains passent aisément d'un monde à l'autre, mais, tout de même, ils sont nombreux, à l'instar de Fishboy, à être franchement mal à l'aise dans le monde réel. Peut-être que, comme Dean Wavrunek, l'homme des bois que j'avais rencontré dans le Minnesota, Fishboy était simplement né un peu trop tard, à une époque où les talents de chasseur-cueilleur, si prisés dans le passé, ne servaient presque plus à rien. Il fut un temps où une femme l'aurait considéré comme une aubaine, alors que de nos jours elle ne verrait en lui qu'un pauvre original. Mariée à lui, elle n'aurait jamais eu faim, ni froid, et bien sûr elle aurait souhaité transmettre à sa progéniture de si utiles talents et qualités.

Après le déjeuner, nous continuâmes à descendre le cours de la rivière, pêchant toujours le long des rives, mais sans frénésie. Les oiseaux nous adressaient leurs chants printaniers depuis le fond des bois et les insectes faisaient entendre cette cacophonie qui rappelle les bruits de la jungle. Et pourtant, tout paraissait calme et silencieux, rien que le bruit de l'eau et du bateau glissant doucement sur la rivière. Nous avancions doucement, ne nous souciant de rien au monde et ne laissant aucune trace de notre passage.

« Vous sentez-vous seul parfois ici ? » demandai-je à Fishboy.

Fishboy réfléchit un moment à la question et il le fit avec une telle concentration que je me demandai s'il y avait déjà pensé.

« Non, je ne dirais pas que je me sente seul ici, répondit-il enfin. Pas quand je pêche ni quand je chasse, parce que je fais quelque chose que j'adore, vous voyez ce que je veux dire ? Je pense si fort à ce que je fais que je suis concentré à cent pour cent. »

Il fit une pause et eut l'air pensif à nouveau, un peu troublé.

« Mais parfois, quand je rentre chez moi, tard dans la nuit, quand toutes les lumières sont éteintes et que la maison est noire… oui, parfois je me sens un peu seul… vous voyez ce que je veux dire ? »

23

Histoire de se marrer

Un matin tôt, j'étais à la pêche avec mon ami Jimbo Meador de Point Clear dans l'Alabama. Nous avions passé la frontière pour pénétrer dans le « manche de poêle » de la Floride afin d'y pêcher le long des hauts fonds de Santa Rosa Sound, Big Lagoon et Pensacola. Nous pêchions le redfish et la truite mouchetée. Puis nous eûmes l'idée de nous rendre dans le golfe pour y pêcher le maquereau et le cobia.

Jimbo est un grand gars dégingandé qui parle avec l'accent traînant de l'Alabama. Il est né à Mobile Bay et il a fréquenté ces endroits toute sa vie. Ami d'enfance de l'écrivain Winston Groom, il a été l'un des modèles du personnage imaginaire de Forrest Gump. Nuance importante, à la différence de Forrest Gump, Jimbo n'est pas « simple d'esprit ».

Ce jour-là, Jimbo essayait une nouvelle mouche de sa création, à base de fourrure d'opossum. Un opossum que son chien Clyde, de la redoutable race locale léopard Catahoula, avait attrapé et tué dans leur jardin. « Tu sais, que c'est une chose étrange, me dit-il en considérant sa mouche. J'ai pris un peu de fourrure et puis je l'ai emballé dans deux sacs et je l'ai mis au fond du congélateur. J'avais l'intention de couper d'autres poils quand j'en aurais eu besoin pour de nouvelles mouches et de jeter la carcasse quand il n'y aurait plus eu de poils. Le lendemain je suis retourné au congélateur et tu ne me croiras pas, mais le maudit animal était remonté dans le haut du bac. Bien sûr, à ce moment-là il était congelé. Mais après le mauvais sort que mon chien lui avait fait subir, la pauvre bête n'était pas morte. Je ne sais pas comment, il avait réussi à percer les deux sacs et à remonter. » Jimbo avait secoué la tête avec tristesse. « Mauuudite bête, avait-il dit de sa voix traînante et basse si particulière, ça m'a fichu le bourdon. » Puis il avait eu un sourire et avait ajouté : « En tout cas, un bon opossum est un opossum mort. »

La veille, nous avions fait une courte excursion en bateau depuis chez lui. Nous étions partis dans la baie et sur le delta, cette riche zone humide où Jimbo avait passé sa jeunesse. À cette époque il pouvait faire l'école buissonnière des jours durant, voire des semaines, pour satisfaire sa passion de la chasse aux canards en solitaire et libre d'explorer pour en apprendre le maximum sur les oiseaux, les animaux, les poissons et les marées. J'enviais cette science qu'il avait emmagasinée en passant sa vie dans un endroit pareil. Cette somme de connaissances qui vous pénètre jusqu'aux os dans votre jeune âge et qu'il est si difficile, sinon tout simplement impossible, d'acquérir plus tard dans la vie.

À présent, Jimbo poussait le bateau à la perche autour d'une pointe rocheuse où il avait vu un banc de redfish. Je me tenais debout à la proue en essayant de les repérer. Un peu plus tôt, alors que nous glissions à l'aube sur la surface sans rides de l'eau gris acier du lagon, nous avions pu voir défiler, telles des apparitions irréelles, les dunes et les bancs de sable. Ces régions côtières avec leurs baies, leurs estuaires, leurs deltas, les criques, les lagons, les grands bancs, les pointes, ne sont finalement qu'un monde différent modelé par l'eau, de la même manière que les déserts sont modelés par son absence. Et finalement, la poursuite de ces redfish autour du rocher n'était pas très éloignée de la chasse d'une couvée de cailles dans un couvert familier.

« Ils sont là, dit Jimbo les montrant du doigt. Tu les vois ? À 2 heures, tiens-toi prêt ! »

Mais à ma grande fureur, je ne vis pas les poissons à temps et ratai mon lancer, fouettant l'eau en plein milieu du banc. Et au moment même où je les vis clairement, ils s'éparpillaient dans tous les sens comme une poignée de pétards du 4 Juillet[1]. Toujours poli, Jimbo ne prononça pas un mot.

1. Fête nationale des États-Unis qui commémore la déclaration d'indépendance (4 juillet 1776).

Puis il nous conduisit dans le golfe, en bordure de la ligne de marée, où l'eau passa instantanément du gris boueux à un bleu émeraude cristallin. Des bandes de sternes voletaient au-dessus du flot puis plongeaient comme des poignards dans des bancs de petits poissons, tandis que des pélicans, moins délicats, plongeaient plus bruyamment mais, semblait-t-il, aussi efficacement. En sortant de l'eau ils ramenaient la tête en arrière pour faire passer leur prise au fond de leurs gosiers, faisant penser à des clients de saloon buvant des verres cul sec. Un escadron d'Anges bleus F-18, en formation serrée, de la base navale de Pensacola, toute proche, survola notre bateau à très basse altitude, et un énorme hydravion avec un gros radar en forme de soucoupe volante fixé sous la carlingue tourna lourdement autour de nous un moment, recherchant je ne sais quoi dans l'océan.

Ce qui me pousse à me demander si, par hasard, aussi bien la nature que les contribuables ne seraient pas mieux servis si le gouvernement s'adressait plutôt à de simples hommes de terrain comme Jimbo, à ceux qui comprennent leur pays et qui, et ce n'est pas le moins important, l'aiment en « bons pères de famille », en fils et filles de la terre. J'ai rencontré ce genre de personnes partout en Amérique, dans chaque petite ville et dans chaque endroit qui a échappé au béton. Des gens qui ont écouté, observé, appris toute leur vie. Des gens qui savent chasser et pêcher pour survivre dans la nature. Qui savent d'instinct comment préserver la faune sauvage. Qui savent les noms, les habitudes et les habitats des oiseaux, des poissons et des mammifères. Et non seulement des espèces que l'on chasse, mais aussi d'autres, et surtout des prédateurs et leurs proies, qui sont les indicateurs de bonne santé de la nature.

Nous mouillâmes l'ancre à côté d'une vieille épave et Jimbo me fit lancer dans un banc de petits poissons qui formait une énorme masse brune aussi grosse qu'une Volkswagen et qui évoluait en se déformant comme un étrange organisme. Même moi, je ne pouvais pas rater ce lancer. Par instinct de conservation et sachant que les prédateurs marins se servent sur les bords du banc et les oiseaux sur le dessus, chaque petit poisson aspirait à se rapprocher du centre. Un banc de maquereaux entra en scène, attaquant la masse comme une bordée de missiles à têtes chercheuses, et la fit littéralement exploser. Les gros poissons mangeaient les petits, exactement comme nous-mêmes allions manger les gros.

Plus tard cet après-midi-là, nous repartîmes visiter un autre coin favori de Jimbo pour les truites de mer et les redfish. Comme nous dérivions le long de la côte, une énorme raie manta, aussi grosse que le bateau, passa juste en dessous comme un fantôme. Puis Jimbo montra le ciel et je vis quatre pélicans qui volaient en spirale au-dessus de nous, gagnant de l'altitude à chaque rotation, s'appuyant sur les vents thermiques jusqu'à n'être plus que des petits points dans le ciel. « À ton avis, Jimbo, pourquoi font-ils ça ? » lui demandai-je.

Jimbo réfléchit un instant, examinant les pélicans qui volaient toujours en cercles mais pratiquement hors de notre vue maintenant. « Eh bien, dit-il en hochant la tête pensivement, je pense qu'ils font ça histoire de se marrer. »

24

La dernière contrée sauvage

Personne ne savait d'où venait cet homme et personne ne le lui demandait. On ne posait pas de questions difficiles aux gens, pas dans les Dix-Mille-Îles, pas à cette époque-là. Les gens vous diront le contraire aujourd'hui, mais à l'époque ils n'étaient pas nombreux dans notre section, ceux qui n'étaient pas indésirables quelque part ailleurs. Vu la taille de la Floride, qui d'autre serait venu dans ces îles marécageuses détrempées par la pluie, où il n'y avait pas assez de terre ferme pour y construire ne serait-ce qu'un chiottard et tellement de moustiques pour vous pourrir la vie durant l'été que vous auriez cru vous être trompé de chemin et avoir abouti directement en enfer ?

PETER MATTHIESSEN

Monsieur Watson doit mourir[1]

Mettons que vous n'ayez encore jamais pris un tarpon à la mouche et que vous vous teniez à la proue d'un bateau dans une petite baie profondément isolée, perdue dans les sombres et mystérieux labyrinthes de mangroves, anses, criques et chenaux qui constituent les Dix-Mille-Îles. Vous êtes sur la côte sud-ouest des Everglades de Floride, il pleut à verse, il s'est mis à pleuvoir il y a une heure quand vous avez quitté les docks de Chokoloskee et vous êtes déjà trempé jusqu'aux os. Mais vous oubliez la pluie et tout sentiment d'inconfort car les tarpons

1. Peter Matthiessen, *Monsieur Watson doit mourir*, Éditions de l'Olivier, Paris, 1992.

rôdent en surface paresseusement partout autour de vous et leurs flancs brillants lancent des éclairs dans la lumière grise du petit matin. Ils produisent un violent bruit de succion qui semble vaguement familier. Vous puisez dans votre réservoir de souvenirs et d'émotions halieutiques et vous réalisez que ce bruit ressemble à celui que feraient d'énormes truites goulues à l'aube sur un lac paisible. Ce bruit particulier est assourdi et amplifié au centuple, comme s'il était joué sur la meilleure sono de la terre, avec les basses réglées à fond. Et alors vous comprenez que ce poisson que vous allez affronter avec cette gaule pitoyablement fragile qu'est votre canne à mouche fait à peu près la taille de votre épouse.

Vous lancez en avant du sillage et vous laissez votre mouche couler un moment, puis vous commencez à ramener très lentement, très calmement. Quand l'attaque intervient, on ne peut pas l'ignorer, il n'y a rien de délicat dans les vibrations convulsives qui vous prennent soudainement des épaules aux talons. Finalement, vous faites un ferrage pour assurer la prise de l'hameçon, puis vous relevez votre canne, et le poisson, qui ne sait pas encore qu'il est pris, continue de nager calmement. C'est un peu comme si vous aviez accroché l'arrière d'un tracteur. Vous assurez l'hameçon à nouveau deux fois plus fort et vous commencez à pomper de toutes vos forces, ce qui ne sert qu'à informer le tarpon qu'il s'est fait accrocher et le pousse cette fois-ci à nager pour de bon. À présent, au lieu de l'arrière d'un tracteur, vous pensez avoir pris le pare-chocs d'une Ferrari et votre ligne se dévide du moulinet en chauffant furieusement. Vous aimeriez sans doute freiner d'une manière ou d'une autre, mais comme s'il s'agissait d'un cheval emballé sans rênes, vous ne voyez pas comment vous pourriez vous y prendre. Et soudain, le tarpon décélère, ralentit de lui-même et s'arrête pour une de ces curieuses accalmies qui n'augurent rien de bon pour votre futur immédiat. Et voilà ! Le tarpon brise la surface et ses cent livres ou plus s'élèvent droit dans les airs comme un missile. Il se secoue, se contorsionne et quand il retombe c'est avec le bruit d'un piano qui s'écraserait dans l'eau. Et puis d'un coup, c'est fini, votre ligne est molle, votre cœur redescend dans votre poitrine à son emplacement d'origine, vos mains tremblent pendant que vous vous demandez si tout cela est bien arrivé, ou si ce n'était que le plus fantastique rêve de pêche que vous ayez jamais fait.

Pour ceux qui portent le deuil de la Floride du bon vieux temps, il est rassurant de noter qu'il n'y a aucune trace de Mickey ou de Dingo dans cette partie de l'État. Ça a toujours été un pays sauvage et des gars sont toujours venus là pour se planquer et disparaître dans cette étrange contrée aquatique infestée de moustiques. D'ailleurs, c'est à peine un pays, car la plupart des terres n'émergent que d'une trentaine de centimètres au-dessus du niveau de la mer.

Les premiers habitants de la région furent les Indiens calusas qui s'y établirent il y a près de deux mille ans. Sans leurs efforts, il n'y aurait pas suffisamment de terres non immergées sur l'île de Chokoloskee pour construire des habitations humaines. Ce sont eux qui ont amoncelé les tas de coquillages qui maintiennent l'île à peu près au-dessus du niveau de la mer, y compris pendant les ouragans. Ces amoncellements de coquilles s'étalent sur cinquante-cinq hectares et parfois près de huit mètres d'épaisseur, ce qui représente un joli travail d'écailler au fil des siècles.

Accusés d'avoir tué Ponce de León au début du XVIe siècle, vraisemblablement ici à Chokoloskee, les Calusas semblent avoir disparu de la région au milieu du XVIIIe siècle, probablement victimes de maladies européennes importées par les Espagnols.

Puis vinrent les Séminoles acculés à cette extrémité de la Floride, à la fin de trois longues guerres contre les États-Unis. Leur population d'origine comptait près de 5 000 individus, mais à ce moment-là il n'en restait plus qu'une centaine. Cette dernière poignée réussit à échapper à ses poursuivants de l'armée américaine en s'introduisant dans le labyrinthe impénétrable de mangroves, d'îles et de rivières soumises aux marées. Ils ne se rendirent jamais, ni ne signèrent jamais aucun traité de paix avec le gouvernement. C'est la seule tribu indienne de tout le territoire des États-Unis qui ait remporté cette espèce de victoire à la Pyrrhus. Certains de leurs descendants vivent toujours par ici. Après cela, ce furent surtout des hommes en rupture de ban, venant d'autres États et d'autres régions, qui s'infiltrèrent par ici pour se faire oublier. Des esclaves en fuite, des forçats évadés, des ermites et des excentriques. C'était une région idéale pour se planquer. Qui les aurait poursuivis jusqu'ici et qui pourrait les y retrouver ? C'est ainsi qu'un homme comme Ed Watson arriva à Chokoloskee vers 1882. On disait qu'il avait tué la hors-la-loi

Belle Star dans l'Ouest. Durant les années où Watson exploita sa ferme sur la rivière Chatham, un certain nombre de ses employés et connaissances disparurent mystérieusement, ou furent retrouvés morts, jusqu'à ce que lui-même soit abattu par un groupe d'autodéfense, le 24 octobre 1910. En quittant en bateau les docks de Chokoloskee, le matin, nous étions passés devant le vieil entrepôt sur pilotis où ils avaient tué M. Watson.

Il y avait aussi le vieil ermite, chasseur de plumes et pêcheur, Juan Gomez, d'origine portugaise, qui prétendait avoir rencontré Napoléon lorsqu'il était enfant et avoir navigué en haute mer avec le pirate Gasparilla. Considéré un moment comme le plus vieil homme des États-Unis, Juan Gomez mourut noyé, emmêlé dans le filin de son ancre au large de Panther Key, à l'âge de 122 ans.

Il y avait aussi un homme appelé Guy Bradley, qui fut l'un des premiers gardes de la Société Audubon. Au début du XXe siècle, les plumes d'aigrettes, de spatules rosées, de grands hérons bleus et d'autres échassiers natifs des Everglades étaient fort appréciées des élégantes new-yorkaises pour orner leurs chapeaux. À New York, les plumes d'aigrettes se vendaient jusqu'à trente-deux dollars l'once, c'est-à-dire un peu plus cher que l'or à la même époque. Au printemps, quand les oiseaux arboraient leur plumage nuptial et devaient couver les nids, ils étaient particulièrement vulnérables aux plombs des chasseurs, qui les massacrèrent par dizaines de milliers dans leurs colonies. Les rares plumes de valeur étaient arrachées, les carcasses abandonnées pourrissaient sur place et les jeunes mouraient de faim dans les nids ou devenaient la proie facile des busards.

En 1901, la population d'échassiers dans ce qu'avaient été les incroyables colonies d'oiseaux des Dix-Mille-Îles avait été si décimée que l'État de Floride proclama l'interdiction de la chasse aux plumes. Guy Bradley fut nommé garde pour lutter contre le braconnage sur ce territoire. Guy Bradley fut tué le 8 juillet 1905 alors qu'il tentait d'arrêter un ancien capitaine de l'armée confédérée nommé Walker Smith et son fils, dont le bateau était plein d'aigrettes et de cormorans braconnés. Smith avait tiré sur Bradley, qui devint le premier garde de la Société Audubon à être tué en service commandé. Un frisson du passé qui nous plonge au cœur de la véritable guerre menée de nos jours contre certains braconniers.

Ici, il n'y a pas de hauts sommets qui tutoient le ciel, pas de puissants glaciers ni de torrents qui entraînent la terre. Ici, la terre est tranquille dans sa beauté paisible. Ici, elle ne sert pas de source à l'eau, mais de réceptacle final. C'est à son abondance naturelle, que nous devons cette vie animale et végétale extraordinaire qui rend ces lieux si différents de ce que nous connaissons ailleurs.

Président Harry S. Truman

Discours lors de l'inauguration du parc national des Everglades

Vous avancez à la perche en bordure d'une anse près de l'embouchure de la Rivière de l'homme perdu et vous explorez avec votre mouche un herbier le long des mangroves. C'est la zone de transition où la rivière rencontre la mer, où l'eau douce se mêle à l'eau salée. La fécondité, la diversité de la vie est palpable dans l'odeur riche et âcre et dans les bruits sauvages qui émanent de la forêt de mangrove.

Sur la rivière, en chemin vous avez croisé des alligators qui nageaient le long de la côte et, à l'embouchure de la rivière, vous avez observé un lamantin replet qui broutait placidement dans l'eau peu profonde. Sur les hauts fonds de la baie, un requin pointe noire dépasse votre bateau.

À présent, la pluie est terminée, la marée redescend et les spatules rosées se regroupent dans la mangrove. Elles attendent patiemment que les vasières se découvrent pour l'heure du dîner, offrant une quantité de bonnes choses au menu. Lorsqu'ils portent leur plumage nuptial, ces oiseaux ont une allure quelque peu criarde, le plumage rose vif, les épaules et une partie du cou écarlates, la queue jaune safran, les jambes rouges, des taches noires aux oreilles, la tête nue de couleur verdâtre avec des yeux verts et le bec en spatule. Ils ont l'air à la fois très beaux et totalement niais. Du poisson fourrage, poussé par des poissons plus gros, grouille à la surface de l'eau grise peu profonde le long de la mangrove. Un banc de dauphins progresse à travers l'anse, décrivant des arcs dans l'eau calme pour attraper tranquillement des poissons brillants.

Depuis l'intérieur des mangroves inondées provient le bruit des brochets de mer[1] en train de se nourrir. Un bruit sourd qui résonne, comme celui que feraient des briques tombant dans l'eau. Quand la marée baisse, les brochets de mer sortent pour se nourrir au bord. Vous n'avez plus qu'à les attendre. Alors que nous glissons sur l'eau en silence, des poussins d'aigles pêcheurs nous observent depuis le bord de leur nid où ils ont grimpé en attendant que papa et maman reviennent avec le dîner. Avant leur première mue, ils sont en fait plus gros que les oiseaux adultes car ils n'ont pas encore brûlé en vol toute leur graisse juvénile.

Les cigognes des bois, les ibis, les aigrettes neigeuses et les grands hérons bleus arpentent les vasières et les bancs de sable

1. Nous avons choisi de traduire « snook » par brochets de mer. Les puristes nous excuseront.

pour se nourrir avec une précision parfaite. La chaîne alimentaire est une chose magnifique à observer et nous en faisons partie.

Vous envoyez votre leurre le long des herbes, juste au-dessus d'un remous provoqué par un brochet de mer, et vous ramenez ça comme un leurre à black-bass: *plouf*, on laisse reposer, *plouf*, on laisse reposer, *plouf*...

Nous n'avions jamais de temps pour la pêche ou la chasse, nous étions trop occupés à simplement survivre et lutter contre les moustiques. Dans les îles, nous étions au travail de l'aube au crépuscule, juste pour nous en sortir. Nous savions à peine ce qu'il y avait à chasser ou à pêcher, jusqu'à ce qu'on nous engage tous comme guides de pêche ou de chasse. C'était quelques années plus tard, après que le poisson et le gibier eurent disparu pour de bon.

PETER MATTHIESSEN

Monsieur Watson doit mourir

Même votre guide, un certain capitaine Robert Collins, est d'une certaine manière quelqu'un qui a échappé au monde «réel» et qui s'est réfugié par ici. Il a grandi à Miami, a été à l'école de Coral Gables et, maintenant, c'est à peine s'il lui arrive d'y retourner, même pour rendre visite à ses parents. «C'est devenu complètement dingue», dit-il. Collins vit à Naples et pêche dans le parc toute l'année, en toutes saisons, et il connaît l'endroit intimement. Il sait où les tarpons passent et où ils aiment pondre. Il connaît les endroits où circulent des bancs géants de redfish, les baies peu profondes où ils se rassemblent, et les bordures de mangrove ou les plages où se tiennent les brochets de mer. Vous avez fait le bon choix et un bon investissement, même les rats des Everglades peuvent se perdre dans le dédale des Dix-Mille-Îles et il serait fou d'imaginer qu'on puisse explorer et pêcher seul sans guide lors d'une première visite.

En pêchant lors de la marée du matin dans une baie au-dessus la Losmans River, vous avez fait sauter trois tarpons, mais vous n'en avez ramené aucun au bateau. Ce fait n'est pas rare à cause de la dureté du cartilage de leur mâchoire et finalement vous êtes aussi heureux comme ça. Avec une canne à mouche, il faut plus d'une heure à un pêcheur inexpérimenté pour ramener un gros poisson qui souvent luttera jusqu'à la mort. De toute manière, le meilleur moment, c'est la touche et le ferrage, les premiers sauts spectaculaires, et les premières longues tirées avec le moulinet qui hurle. Et comme le fit remarquer le capitaine Collins, si vous aviez ramené le premier, vu le temps que ça prend, la marée ne vous aurait pas laissé le temps d'accrocher les deux autres.

Puis vous seriez reparti essayer les brochets de mer et les redfish le long de la plage et puis dans la baie aux mangroves... Vous avez été rincé par la pluie et quand vous avez tenté d'accoster pour faire quelques pas sur la plage, vous avez été chassé par un nuage épais de moustiques de mer encore plus voraces et agressifs que leurs cousins d'eau douce. Et vous avez vu en une journée plus d'espèces sauvages que vous n'en verriez ailleurs la plupart du temps. À l'évidence, les Everglades ne sont pas encore morts. Menacés sûrement, diminués sans doute, mais pas morts. Loin de là. Et vous avez appris qu'il reste encore ici des tas de choses qui valent la peine d'être sauvées.

Peut-être que le garde Guy Bradley n'a pas connu une mort tragique en vain, car, après leur protection, les oiseaux « à plumes » firent un spectaculaire retour entre les années 1901 et 1930. Malheureusement, depuis ce temps la superficie des Everglades s'est considérablement réduite, six septièmes de la surface d'origine se trouvent à l'extérieur du parc naturel national, qui est le seul de nos parcs naturels à avoir reçu les titres de réserve de biosphère, de site inscrit au patrimoine mondial et de zone humide d'importance internationale.

D'incessants projets hydrauliques ont été mis en place pour satisfaire les insatiables besoins en eau des immenses complexes touristiques du sud de la Floride. Et la puissante industrie du sucre et du lait, lourdement subventionnée, a drainé, canalisé, nivelé la « rivière d'herbe » qui s'étendait autrefois sans discontinuer du lac Okeechobee au golfe. Des niveaux d'eau insuffisants, des lâchers d'eau faits à contretemps et une pollution due au mercure et aux débordements d'effluents agricoles saturés d'engrais ont entraîné une chute de 93 % des effectifs d'échassiers nicheurs dans les colonies des Everglades. Ils sont passés d'environ 265 000 en 1930 à 18 500 aujourd'hui.

La panthère de Floride en voie d'extinction, à l'instar des reliques des tribus indiennes séminoles, a trouvé ici son dernier refuge. On estime qu'il reste moins de 30 individus sur l'ensemble de l'État. Une panthère avec un taux de mercure qui serait fatal aux humains a été récemment trouvée morte dans le parc. On est aussi ici dans la dernière demeure des crocodiles d'Amérique, une espèce qui vit dans l'eau saumâtre des estuaires et qui est également en voie d'extinction. Le crocodile a perdu tellement de son habitat naturel que seuls une douzaine de nids en activité ont été identifiés dans le parc.

Les Everglades sont un trésor national, un paradis, une zone humide sauvage sans égale sur terre, et nous pouvons éprouver un sentiment de satisfaction face aux efforts considérables récemment accomplis par certaines agences publiques et privées, ainsi que par des particuliers, pour les restaurer et les protéger. Cela inclut une vaste opération d'acquisition et d'échange de terres entre l'État de Floride, le gouvernement des États-Unis et les lobbies industriels sucriers et laitiers. Ces derniers ayant ressenti la fièvre environnementale monter dans l'opinion publique, ils ont trouvé judicieux de se réincarner en protecteurs consciencieux au service de la terre. Une idée marketing, certes, mais qui n'est pas sans importance. Bien sûr, les chasseurs et les pêcheurs ont autant à perdre ou à gagner que tout un chacun dans la bataille des Everglades.

À présent c'est la fin de la journée, la barque rentre au port en bondissant sur les vagues clapotantes de la baie. Au-dessus de vous, un milan des marais, une espèce assez rare, rentre aussi chez lui avec un escargot pomme dans les serres. Un moment plus tard c'est un balbuzard qui, lui, transporte un gros mulet. Et vous, rien. Et alors? Il est bien suffisant de savoir que vos proies étaient là aujourd'hui et qu'avec un peu de chance elles seront là aussi demain.

25

La vie

Manger, manger, manger, manger,
Travailler, travailler, travailler, travailler,
Lutter, lutter, lutter, lutter,
Rire, pleurer, rire, pleurer,
Dormir, baiser, baiser, dormir,
Jouir et souffrir, souffrir, souffrir,
Aimer, haïr… aimer, haïr,

Et chier

Manger, manger, manger, manger,
Travailler, travailler, travailler, travailler,
Lutter, lutter, lutter, lutter,
Rire, pleurer, rire, pleurer,
Dormir, baiser, baiser, dormir,
Jouir et souffrir, souffrir, souffrir,
Aimer, haïr… aimer, haïr

Prier

Mourir.

COMTE PIERRE DE FLEURIEU[1]
La Vie

Certains d'entre vous se souviendront peut-être de mon vieil ami le comte. J'ai peur qu'une partie de mes lecteurs l'aient confondu au fil des années avec un autre de mes amis, et il

1. Le comte Pierre de Fleurieu est un ancêtre de Jim Fergus.

est vrai que tout cela prêtait à confusion et que c'était largement de ma faute. J'avais intentionnellement brouillé les pistes au point que je ne m'y retrouvais plus moi-même. Mais pour solder cette affaire une fois pour toutes, ce comte dont je parle aujourd'hui était une personne totalement différente de mon autre ami. Je dis « était » car ce comte est mort il y a peu, très paisiblement, dans son sommeil. Comme je ne l'avais guère vu au cours de ces dernières années, ce fut un grand réconfort pour moi d'avoir eu cette occasion de passer quelques jours dans sa propriété, au printemps dernier, peu de temps avant sa mort.

Je fus frappé par le fait que le comte avait un peu vieilli. Ne vous méprenez pas, il était toujours tendu comme les cordes d'un violon, mais plus émacié que dans mon souvenir et bien que sa mémoire des jours anciens soit restée intacte et ses célèbres dons de conteur toujours évidents, je remarquai qu'il semblait plus *détaché*, comme disent les Français. Comme déjà retiré du monde. Non pas que le comte ait jamais eu le moindre intérêt pour l'actualité ou la culture populaire ; depuis qu'il avait quitté sa France natale des dizaines d'années plus tôt, il avait eu tendance à s'isoler. Je n'étais même pas sûr qu'il ait jamais lu un journal. Il s'était construit une tour d'ivoire, en créant sa propre version du monde sur ses terres dont je dois conserver l'emplacement secret, même maintenant qu'il est mort.

Quelle que soit la saison, quand je lui rendais visite, il fallait qu'il m'organise une sortie de chasse ou de pêche. Il était très « vieille Europe », à ce sujet. En automne et en hiver il organisait pour mon plaisir des passées aux tourterelles ou il me faisait inviter dans les plus élégantes plantations des environs pour de superbes chasses aux cailles avec des pointers. Au printemps et en été, il m'organisait des sorties sur l'eau avec des figures de la pêche locale, souvent hautes en couleur. Parfois, le comte m'accompagnait dans ces expéditions et parfois il me laissait y aller seul.

Cette fois-là, qui allait s'avérer être la dernière où je devais le voir vivant, il m'avait organisé une pêche au black-bass sur un lac voisin et il avait décidé de m'accompagner. À dire vrai, je ne l'avais pas vu depuis bien longtemps aussi excité par l'idée d'une partie de pêche.

Notre guide était un jeune homme de la région nommé Ennis Tartt et le comte m'assura que, ce jour-là, j'allais assister à une pêche au black-bass comme je n'en avais jamais vu auparavant. Je me dois de préciser une chose : je connaissais le comte depuis une trentaine d'années et il m'avait toujours semblé être un puriste, à la limite du snobisme, lorsqu'il s'agissait de la pêche à la mouche. C'était un sérieux adepte et un expert dans cet art qu'il avait pratiqué dans le monde entier. Il avait pris à la mouche toutes les espèces possibles depuis les saumons d'Islande jusqu'aux espadons du Costa Rica. Il avait tout fait et il avait même publié, quelques années auparavant, un petit ouvrage relatant ses aventures halieutiques, sous le titre *Pêches à la mouche autour du monde*. Ce livre est épuisé depuis longtemps mais, aux yeux des collectionneurs, les rares exemplaires qui circulent encore ont pris une certaine valeur.

Vous pouvez donc imaginer ma stupéfaction quand le comte m'annonça qu'Ennis Tartt était le meilleur pêcheur aux appâts naturels de tout l'État et que nous allions tenter les black-bass aux vifs. « Aux vifs ! M'exclamai-je, sidéré. Avec des poissons vivants ? Allons, comte, un homme de votre trempe qui méprise les pêcheurs aux appâts depuis tant d'années, vous allez pêcher le black-bass au vif ? »

Le visage aquilin du comte se déforma sous une grimace d'enfant ravi et il sourit d'un air machiavélique. « C'est terriblement amusant ! » m'assura-t-il comme s'il venait de découvrir un jeu un peu polisson.

Donc nous nous rendîmes à l'appontement et chargeâmes nos affaires dans le bateau d'Ennis Tartt. En fait, Ennis fournissait l'essentiel de l'équipement car le comte ne possédait pas de matériel pour pêcher avec des appâts. Et très vite nous partîmes à travers le lac vers l'un des coins favoris de Tartt où nous jetâmes l'ancre pour nous mettre en action. Bien que Tartt ne soit pas un guide professionnel, il monta toutes les lignes et ne nous laissa rien faire nous-mêmes. C'est à peine s'il nous laissa toucher aux cannes lorsqu'il jugea la mise en place terminée. Il y avait six cannes montées avec hameçons et bouchons de liège.

Grand, blond et barbu, énergique, Ennis s'affairait dans le bateau comme une douzaine de matelots. Il pêchait d'abord ses vifs avec une canne au coup, les empalait sans frémir sur les hameçons et les disposait autour de nous, jusqu'à ce que le bateau soit entouré d'un cercle de bouchons. Trois cannes reposaient entre nos deux pieds, appuyées sur les plats-bords. Personnellement, je préfère tenir les cannes en main, mais, comme je l'ai dit, Ennis ne nous laissa pas le faire pour la bonne raison qu'un black-bass pourrait mordre à une canne tandis qu'on en aurait une autre en main. Néanmoins il me semblait que si un gros black se prenait et commençait à bagarrer pour de bon, nos lignes ne manqueraient pas de s'emmêler. Mais qu'en savais-je réellement? À dire vrai, je ne savais même pas trop quel flotteur correspondait à quelle canne. La pêche aux vifs est aussi un art et, à l'évidence, il me faudrait du temps pour en acquérir les rudiments.

Les touches commencèrent presque immédiatement. Parfois il y avait comme des alertes. Par exemple, un vif particulièrement vivace et effrayé se mettait à nager énergiquement, remorquant le flotteur comme si c'avait été un minuscule skieur nautique, nous faisant penser que quelque chose – avec un peu de chance un gros black-bass – poursuivait notre appât.

La première fois que cela arriva, je me précipitai sur la canne en question (ou du moins ce que je pensais être la canne en question), et je ferrai comme un vrai débutant. C'était la pire chose à faire. D'abord ce n'était pas la bonne canne. Ensuite, comme j'allais bientôt l'apprendre de la bouche d'Ennis, qui me toisait de haut en bas comme un sergent instructeur des marines – lui, il avait empoigné la bonne canne –, vous devez attendre et laisser dévider la ligne pendant que le bass s'empare de l'appât, s'éloigne avec lui et finalement s'arrête pour avaler l'hameçon tranquillement. Si vous commettez l'erreur de ferrer trop tôt, vous retirez l'appât de la gueule du poisson.

Maintenant que c'était le bon moment, Ennis me tendit la canne en disant:

« Allez-y, frappez-le. Je veux dire, foutez-lui vraiment un bon coup dans la gueule. »

Bon, ce genre de pêche ne convient peut-être pas à tout le monde, mais je peux vous dire que je n'avais jamais vu le comte aussi heureux. Il s'assit dans son fauteuil à l'arrière du bateau, entouré de ses cannes, rigolant comme un gamin au parc le jour de la fête de Huckleberry Finn. Pendant ce temps, Ennis se faufila adroitement entre les cannes, jurant, refaisant les bas de lignes et remettant des appâts, relançant et vérifiant. Puis il nous tendit les cannes pour le ferrage. Tout cela en dispensant ses instructions quand un bass mordait à un de nos vifs. Nous ferrions, parfois pour prendre, parfois pour rater, et chaque erreur technique déclenchait une nouvelle bordée de jurons. « Bon Dieu d'enfant de putain, vous l'avez loupé ! Qu'est-ce que je vous avais dit ? Vous devez lui taper sur la gueule, à ce fils de pute. Lui taper sur la gueule ! » criait-il. Il ne pensait pas à mal, il souhaitait seulement très fort qu'on prenne des poissons.

Quant au comte, il ne s'était jamais autant marré de sa vie. Il était hypnotisé par le flotteur. Quand un poisson le faisait couler, il empoignait la canne et ferrait de toutes ses forces, et même s'il ratait, surtout s'il ratait, il se mettait à rigoler, son visage en lame de couteau crispé dans un rictus de délice, au point que des larmes se mettaient à couler sur ses joues, et une fois il se mit à rire si fort qu'il s'étrangla en bavant.

Le grand dénominateur commun des pêcheurs c'est que, riche ou pauvre, noble ou manant, que ce soit en Amérique ou ailleurs, nous commençons tous nos carrières avec une ligne à bouchon et des appâts. Et j'imagine que tout cela renvoyait le comte vers les jours heureux de son enfance, bien avant qu'il ne devienne un puriste de la pêche à la mouche, quand il pêchait à la ligne dans les douves qui entouraient le château de ses ancêtres en France. À son apogée, le comte avait pris à la mouche autant de poissons – et de toutes les espèces – qu'aucun autre homme dans le vaste monde. Qui aurait pu lui refuser cet ultime divertissement digne d'un gamin ?

Quand j'y repense maintenant, ce fut la première fois que je réalisai, en le voyant retomber en enfance, que le comte ne serait sans doute plus avec nous très longtemps. Et c'est l'image de lui que je garderai toujours par-devers moi. Assis dans le bateau, le visage marqué par une expression de pur délice et d'émerveillement, il riait aux larmes comme un gamin qui vient de prendre son premier poisson.

26

La fièvre du dindon

L'histoire que les gens du coin racontent à Trinidad, dans le Colorado, est que, peu après qu'il eut acheté son ranch de plus de 20000 hectares, non loin de la ville, le Français Marc Jung captura un braconnier qui chassait sur ses terres. Jung mit fin à la partie de chasse en lui collant le canon d'un 357 Magnum dans l'oreille. Puis il l'emmena en voiture jusqu'à l'Holiday Inn à l'entrée de la ville et le fit entrer à la réception où, devant le personnel et les clients sidérés, il appela la police locale pour déclarer l'infraction. En fait c'est comme ça qu'on fait en France. Jung considérait qu'il s'était comporté de manière plus que raisonnable car, chez lui, il aurait bien pu tirer sur le braconnier.

Il y avait cependant plusieurs choses importantes que M. Jung n'avait pas prises en compte : d'abord, en Amérique, les lois punissent ceux qui collent une arme chargée sur la tempe de leurs concitoyens, même s'il s'agit d'appréhender quelqu'un qui braconne sur vos propres terres. Ensuite, le braconnier était le neveu du shérif. Mais après que le nuage légal et judiciaire se fut dissipé, que les amendes furent payées, que chacun eut corrigé son attitude, Marc Jung avait au moins récupéré un nom (déjà utilisé par les gens du coin) pour sa vaste nouvelle propriété : le « Crazy French Ranch ». Fou peut-être, mais au bout du compte il y eut moins de braconnage sur le ranch du Crazy French.

« Je pensais qu'on pourrait faire un petit tour en 4x4 sur la propriété ce soir », suggéra mon guide Butch Whitten, un grand gaillard sec d'un mètre quatre-vingt-dix, aux longues jambes et aux longs bras, vêtu de bottes de cow-boy et de jeans à pattes d'éléphant. Et je ne veux pas parler de ces jeans un peu larges en bas qu'on trouve maintenant, mais bien de vieux pantalons pattes d'éléphant. « Ça vous donnera une idée du pays et peut-être qu'on pourra repérer un ou deux dindons. »

Il y avait une certaine ironie au fait d'être venu à Trinidad, qui se revendique comme « capitale mondiale du changement de sexe » (je ne plaisante pas), dans le but de chasser le dindon en se faisant passer pour des femelles. C'était en avril, et nous étions là pour chasser les dindons sauvages en rut sur les terres du Crazy French avec Butch Whitten. J'avais entendu de nombreuses histoires sur Butch Whitten par mon ami (et voisin de Whitten), Doug Baer, qui devait nous organiser cette chasse depuis si longtemps que je me demandais si Whitten n'était pas seulement le fruit de l'imagination de Doug. Une espèce d'*alter ego*. Je me disais que si seulement la moitié de ces histoires étaient vraies – et je sais maintenant qu'elles sont toutes vraies –, cet homme avait dû vivre plus de vies que tous les pumas qu'il avait chassés, plus d'aventures qu'aucun écrivain ne pourrait en rapporter dans ses carnets tout au long de sa carrière.

En voici une. Un jour, Whitten guidait un riche chasseur pour une chasse au cougar. Ses chiens courants tricolores « treeing walker[1] » étaient sur la piste d'un couguar et Butch suivait à pied derrière. À cette époque courir quinze ou vingt kilomètres derrière ses chiens, chaque jour que Dieu faisait, n'était rien pour lui. Les chiens acculèrent finalement la bête dans une petite grotte peu profonde, en réalité une simple cavité dans la roche. Quand Butch rejoignit la chasse, deux de ses chiens avaient presque été mordus à mort en attaquant le félin. Butch rattacha les chiens comme il put, et essayait de soigner leurs blessures quand son assistant, prévenu par talkie-walkie, surgit avec le client. « Voilà votre cougar, dit-il au client. Allez-y et tirez-le.

– Non, je veux le tirer "branché", dit le client. Je veux prendre des photos de lui dans l'arbre, avant de tirer. »

Whitten était de la vieille école. Si un connard de client voulait son couguar dans un arbre, alors, OK… Mais le félin avait des idées

1. Une race développée pour la chasse au cougar.

différentes sur le sujet; il se sentait en sécurité dans sa grotte et n'avait pas l'intention d'en sortir. Butch demanda à son assistant de l'asticoter avec un bâton pendant que lui s'introduirait pour l'attraper par la queue et le tirer en dehors de la grotte. Quand Whitten relâcha le chat, il s'enfuit, les chiens reprirent la chasse et finalement le forcèrent à grimper dans un arbre. Le client eut ses photos.

Ancien familier des rodéos, habitué à maîtriser les taureaux sauvages, Whitten était devenu mécanicien de courses automobiles, policier, agent fédéral sous couverture. Whitten avait travaillé pour l'agence gouvernementale antibraconnage mais avait démissionné au bout de quelques années car, disait-il: «Certains de mes collègues étaient pires que ceux que je devais arrêter.» Butch Whitten est l'un des meilleurs traqueurs d'hommes et d'animaux et le plus coriace des fils de pute que la terre ait portés (sans vouloir offenser ta mère, Butch).

Bien sûr, Whitten a aussi été guide pour la chasse au grand gibier durant la plus grande partie de sa vie. C'est un spécialiste des pumas et des ours. Son père, qui avait été trappeur pour le gouvernement dans le nord du Nouveau-Mexique, avait lui-même exercé cette activité pendant quarante-sept ans. Butch a guidé les plus grands, les presque plus grands et ceux qui pensent qu'ils sont les plus grands. Il avait guidé une fois, à la fin de sa vie, le légendaire écrivain chasseur Jack O'Connor, pour une chasse au mouflon. À cette époque, le vieil homme alcoolique ne pouvait plus rien faire d'autre que de traîner au camp toute la journée à boire et à fumer. De retour, O'Connor écrivit qu'il avait obtenu un beau trophée pendant ce voyage, mais c'est un autre membre de l'expédition qui avait abattu l'animal.

«Alors, que trouves-tu de si bien aux pattes d'éléphant, Butch?» Je sais que c'est une question étrange à poser à un homme comme Whitten au cours d'une première rencontre, mais il fallait que je sache. «J'ai pas revu des pantalons pareils depuis les Bee Gees.

– Ouais, mec, ça me plaît, répondit Whitten en hochant la tête. Malheureusement il ne m'en reste que deux paires. Je les porte parce que ça me permet de sortir rapidement mon couteau de mes bottes. On peut pas faire ça avec les autres jeans.

– Ah bon! Je me doutais un peu que ce n'était pas un effet de mode», répondis-je.

À part moi et Doug Baer, notre groupe comprenait aussi Steve Collector et Scott Anderson, président et designer de la société Backland Camouflage, chasseur hors pair, spécialiste du dindon sauvage. Nous nous serrâmes tous dans le pick-up Ford cabriolet rallongé de Butch et nous prîmes la direction du ranch.

Situé dans la zone de transition entre la montagne et les plaines, et entre le centre des Rocheuses et le Sud-Ouest, le Crazy French Ranch occupe une bonne surface du sud du Colorado, à la frontière avec l'État du Nouveau-Mexique. C'est une terre de collines aux contours accidentés. On y trouve le pin à pignons, l'épicéa, le genièvre, le cèdre et des chênes arbustifs. La région est en même temps aride et magnifique, bordée d'escarpements rocheux continués par des pentes extrêmement boisées qui se terminent en vallées, dont les berges broussailleuses ouvrent sur des herbages et d'autres vallées cachées. Le ranch est aussi riche en histoires qu'en gibier. Bien avant d'appartenir au Français et d'être situé dans le Colorado, il avait appartenu à des Espagnols et la région faisait encore partie du Mexique. Et bien avant de faire partie d'un État ou d'un pays, le lieu appartenait aux Apaches jicarillas. Et encore bien avant, c'était la terre des Anasazis.

Les propriétaires actuels ont fait un superbe travail d'aménagement des terres pour la vie sauvage. Chasseurs passionnés, mais aussi écologistes convaincus, Marc et sa femme Évelyne ont choisi comme devise du ranch Crazy French «Priorité à la vie sauvage». Partenaire du programme Ranching for Wildlife[1] dans le Colorado, qui exige que 40% des licences de tir émises par le ranch soient vendus aux «extérieurs» au moyen d'un tirage au sort, le Crazy French Ranch est un véritable havre pour la faune sauvage. Les Jung ont stratégiquement disposé des points d'eau et de nourrissage sur toute l'étendue de la propriété. Des cultures à gibiers, de céréales, de luzerne, ainsi que des herbages, jamais récoltés ni mis en pâture, sont strictement réservés aux besoins de la faune. Bien qu'il y ait un peu de bétail sur une autre partie du ranch et qu'ils élèvent aussi des bisons sur un autre secteur, en trois jours de chasse au dindon, nous n'allions pas voir un seul ruminant ni aucun signe de leur présence, ce qui est un luxe rare sur un ranch dans le Colorado. Nous devions voir des wapitis, des cerfs et les

1. Les «ranches au service de la vie sauvage».

traces fraîches d'un ours, et nous fîmes une rencontre à couper le souffle avec un puma que nous vîmes de vraiment très près, ce qui est rare avec ces animaux. Et nous devions voir beaucoup de dindons sauvages, mais vraiment ce qui s'appelle beaucoup.

Whitten arrêta la voiture sur la route en lacets qui remontait du fond du canyon. Il fit quelques pas devant le capot puis écouta attentivement pendant une minute et, avec sa « boîte à appels[1] », il émit un court cri de séduction. Un mâle répondit presque immédiatement et son gloussement profond résonna dans les collines comme dans un auditorium.

Butch revint à la voiture en imitant la danse de pariade des dindons, sa tête décrivant des ondulations au sommet de son long cou. On aurait cru que ses longues jambes étaient en caoutchouc. Jamais un homme n'avait autant ressemblé à un dindon. Il remonta dans le 4x4. « On aurait bien un ou deux dindons par ici », conclut-il, impassible.

Nous remontions toute la côte dans une série de lacets qui grimpaient gentiment, tandis que Whitten et Anderson s'étaient engagés dans une conversation ésotérique entre professionnels, au sujet du bon usage des appeaux à la chasse au dindon. « Il n'y a pas deux poules qui font le même son, dit Butch, pour ne pas nous laisser, pauvres profanes, à l'écart de la conversation. J'ai entendu de vieilles poules faire des cris pires que la plus mauvaise imitation qu'on puisse obtenir avec un appeau. On aurait dit mon ex-femme, que Dieu ait pitié de son âme si elle n'est pas morte. »

Puis nous franchîmes une petite crête et nous replongeâmes vers une de ces stations de nourrissage irriguées où picoraient au moins une douzaine de dindes et quelques gros mâles. « Oui, messieurs, nous aurions bien quelques oiseaux par ici », répétait Whitten en hochant la tête. Il arrêta le 4x4 et nous sortîmes tous tandis que Butch reprenait sa musique avec la boîte à appels. Un gros mâle lui répondit en faisant la roue avec sa queue et en exécutant la danse des dindons. Il pirouettait et se pavanait comme s'il voulait simplement s'amuser. Je dois admettre que c'était la première fois que j'avais un gros dindon en pariade sous les yeux. Tout ce que j'arrivais à dire fut :

1. Il s'agit d'un curieux appeau en forme de boîte à couvercle, en bois oblongue, que les Américains appellent *turkey call box*.

« Ouah ! regardez la taille de ces putains d'oiseaux !
– On est loin des cailles, dit Collector.
– On est plutôt proche des autruches », répondis-je, toujours ébahi.

Les dindons, qui nous avaient maintenant repérés, se fondirent dans l'obscurité des arbres qui bordaient le champ. Nous grimpâmes à nouveau dans le 4x4 et nous dirigeâmes de l'autre côté de la clairière, vers une espèce de plateau depuis lequel nous eûmes une vue panoramique spectaculaire sur la campagne environnante. À l'extrême ouest, on voyait jusqu'aux montagnes de San Juan dont les plus hauts pics étaient encore couverts de neige. Au nord et à l'est les Sangre de Cristo. Et à mi-distance les montagnes jumelles des Spanish Peaks se dressaient dans une symétrie quasi parfaite à plus de 2000 mètres d'altitude au-dessus de la plaine. « Les Indiens appelaient ces montagnes les seins de la terre, dit Butch. Vous voyez pourquoi.
– Je vois bien, j'ai même un début d'érection », confessa Anderson.

Bien avant l'aube le matin suivant, nous étions assis dans la lumière un peu crue du café Chez Bob & Earl, à deux pas de notre motel. Tout en mettant au point notre stratégie, nous dégustions un de ces breakfasts de chasse qui transforment vos artères en pierre. La règle voudrait que le journaliste tue le premier oiseau. Du moins j'imagine que c'est ce que souhaitait Butch. Mais qui étais-je pour deviner les pensées de Butch Whitten ?

Je ne suis pas tellement du matin, mais s'il faut se lever à l'aube, autant être assis aux premières lueurs du jour, adossé à un arbre au milieu d'un taillis de chênes arbustifs, de genièvres et de pins, visage masqué et portant une tenue de camouflage, à écouter les riches sons du dialogue des dindes qui vous entourent. Les feuilles de l'automne dernier étaient toujours au sol, mais des pousses d'herbe verte commençaient à percer. Les bourgeons des arbres commençaient aussi à sortir. Un écureuil surgit pour s'occuper de ses affaires et de nos affaires aussi puisqu'il escalada le bras de Butch pour gagner le tronc situé derrière nous.

Butch fit fonctionner sa boîte. Bien sûr, comme à la chasse au canard et à l'oie, la vraie difficulté n'est pas d'appuyer sur la détente, après que quelqu'un d'autre a fait pour vous tout le vrai boulot. De toute manière le tir, dans ce cas, est un antiplaisir, et j'en avais déjà pris mon parti, conscient que je ne pouvais manquer cette occasion rare de chasser pour la première fois avec un vrai pro. Et je ne tuerais plus de dindon avant d'avoir appris moi-même l'art des appeaux. Mais pour l'heure, point n'était besoin d'être un expert pour réaliser que Whitten était un maître. Il a de grandes mains noueuses, couvertes de cicatrices et marquées par des années de bagarres dans des bars ou avec les pumas, les ours et les braconniers un peu violents. Mais les sons qu'il produit avec sa boîte sont l'équivalent dindon de ceux qu'un violoniste virtuose obtient d'un Stradivarius.

Ce ne fut pas un seul mâle, mais trois qui répondirent à ses appels. Il était devenu la dinde la plus populaire de ces bois ce matin-là ! Tous les gars du coin se pressaient pour la rencontrer. « Il arrête pas de glousser, chuchota Butch, parlant du dindon le plus proche. Il est chaud bouillant, il va arriver. »

Si la testostérone du mâle bouillonnait, pour moi c'était l'adrénaline. Et soudain il fut là, juché sur une petite éminence au-dessus de nous, exactement tel que prévu, glissant entre les troncs, la queue étalée comme un paon, la tête dodelinant, caracolant et virevoltant pour ces dames. Bien sûr il ne pouvait pas savoir que ce serait sa dernière danse. Il ne semblait pas très pressé de rencontrer sa nouvelle poule et il voulait d'abord faire toute sa pavane pour elle. Mais il se rapprocha et Butch murmura :

« Il est à toi dès que tu seras prêt. »

« Quand j'étais gamin, j'avais pratiquement tout le nord du Nouveau-Mexique comme terrain de chasse », dit Butch. Le soleil s'élevait en éclairant d'abord le plateau rocheux qui faisait saillie au-dessus de nos têtes, une butte élevée qu'on imaginait facilement occupée par les Anasazi. Puis il inonda le défilé en dessous de la falaise avant d'illuminer les broussailles de la clairière. « Aujourd'hui, tout ce qui me faisait vivre à l'époque est soit devenu illégal, soit considéré comme amoral. Cette région est infestée de pumas et, depuis que les chasses de printemps sont interdites pour l'ours du Colorado, il y a une surpopulation d'ours qui va créer de réels problèmes au bout du compte. Si les pumas tuent quelques joggers et si en plus les ours bouffent quelques campeurs, peut-être que les amis de nounours se rendront compte... mais j'en doute. »

Nous avions tout remis dans la voiture et nous dirigions vers un autre endroit pour une nouvelle partie de chasse. La mienne s'était terminée trente minutes après l'aube du premier jour avec un merriam de deux ans et vingt-deux livres, pourvu d'une barbe de vingt-cinq centimètres. La règle au Crazy French est « un chasseur, un oiseau » et cela me convenait parfaitement. J'avais donc le reste du week-end pour observer les autres, admirer la région et écouter Butch Whitten nous raconter sa vie.

En conduisant, Butch nous narra ses aventures d'agent antibraconniers sous couverture. « J'ai été jeté en prison pendant une semaine au Yucatan, avec une bande de bracos sur lesquels je travaillais, dit-il. Il y avait soixante-seize gars dans ma cellule et j'étais le seul Anglo. » Soudainement, il devint pensif. « Vous savez, continua-t-il d'une voix plus sourde, beaucoup de gars pensent qu'ils sont des durs, mais mettez-les en prison au fin fond du Mexique et ils verront jusqu'à quel point ils sont durs. »

Il raconta aussi des histoires de gens célèbres qu'il avait guidés, dont un bon nombre de joueurs de basket professionnels. « Ils s'amusaient beaucoup au campement, dit-il en souriant. On aurait dit des enfants, qui n'arriveraient pas à vieillir. »

Puis il évoqua quelques personnalités politiques de premier plan, prises en flagrant délit de braconnage, des agents fédéraux véreux et diverses intrigues gouvernementales. Butch agit uniquement dans les règles et selon un code d'honneur inflexible qui le rend un peu anachronique de nos jours.

Il nous parla de son père mort quelques années plus tôt à 87 ans, d'un ex-garde fédéral qui se comportait comme un membre de la Gestapo ainsi que d'une vengeance mûrie de longue date que Butch n'avait pas eu à accomplir, car « mon père – qui avait 78 ans – lui a botté le cul. Et ensuite mon fils lui a aussi botté le cul ». Des gens vigoureux, les Whitten.

Il nous raconta des histoires de chasse du Mexique à l'Alaska.

« Avez-vous déjà chassé en Afrique, Butch ? demanda quelqu'un.

– Non m'sieur, jamais, répondit-il. Et je ne crois pas que je chasserai jamais en Afrique.

– Ça ne vous intéresse pas d'aller là-bas ?

– Je ne vais pas vous mentir, dit Butch. Je suis prêt à affronter un grizzly avec un cure-dent, mais, à l'époque de mes missions secrètes, j'ai eu quelques mésaventures aériennes et maintenant j'ai horriblement peur en avion. »

Un autour s'envola d'un arbre au bord de la route et fit quelques slaloms fantomatiques entre les troncs de la forêt. Nous franchîmes une crête et replongeâmes de l'autre côté ; chaque tournant de la route et chaque nouveau vallon semblaient révéler un nouveau mystère. Des cerfs broutaient au bord d'une prairie et deux wapitis s'enfuirent en trottinant de l'autre côté. Une autre bande de dindons était affairée à se nourrir.

À l'aube le matin suivant, de forts battements d'ailes et des bruits de bois cassé annoncent qu'un trio de poules est en train de quitter sa remise de la nuit pour gagner la prairie. Elles glissent comme des B-52 dans les premières lueurs de l'aube, en faisant un véritable bruit de turbines, puis se cabrent en battant les ailes pour se poser pattes en avant, avec une grâce surprenante pour de si gros oiseaux. Elles baissent la tête et commencent à se nourrir en faisant leur doux bruit de *putt putt*.

Doug Baer et Scott Anderson sont installés en bordure d'un champ. Alors que Butch n'utilise qu'un ou deux sons de base pour appeler les dindons, Anderson, qui est une espèce de savant fou du camouflage, a plus de cris d'appel dans son arsenal que Jim Carrey n'a d'expressions faciales. Scott a une boîte d'appels, des appeaux à bouche et aussi un appeau ardoise, avec lequel il imite n'importe quoi, de la chouette à la poule et du dindon à l'oie (oui, même l'oie, ne me demandez pas pourquoi). De même, Anderson a tendance à être plus mobile que Whitten. Il appelle et il se repositionne. C'est un stratège avec un plein sac de trucs à tenter. Deux styles différents, mais aussi efficaces. À présent, Scott démarre une longue conversation romantique avec un mâle plutôt ardent, dont l'écho des gloussements sourds sort de l'ombre des bois et, dans cette quiétude particulière de l'aube, semble emplir l'univers entier.

« C'est comme si Dieu avait créé cet oiseau pour qu'il fasse ce bruit, pour donner sa beauté au printemps, murmura Anderson, d'un ton respectueux.

– Et pour nous rendre dingues », ajouta Baer.

Et effectivement, celui-là ne viendra pas. Nous l'avions déjà tous appelé la veille, sans succès; il est gros, il est malin, il sait qu'on est dans les parages et il est méfiant. Il ne viendra pas.

Les chasseurs se replacent, le mâle suit, se rapproche, s'arrête. Et la même séquence se répète. La négociation romantique se poursuit, Scott implorant le mec de venir le rencontrer face à face, pour un vrai rendez-vous galant. Mais le dindon lui répond: «C'est le printemps, j'suis chaud bouillant. J'veux bien de vous dans mon harem, mais vous d'vez venir à moi...»

Les chasseurs capitulent et maintenant ils suivent le cavaleur, ainsi qu'une vraie poule doit le faire. Il leur fait faire une course d'obstacles à travers les bois. Anderson est l'expert en dindons, mais Baer est sur son terrain, et ils font une bonne équipe. De temps à autre ils s'arrêtent et Scott appelle. Plusieurs fois le dindon s'approche à bonne distance, mais le bois est trop dense, impossible de tirer pour le tuer à coup sûr. Une demi-douzaine de fois, Scott ou Doug ont épaulé leur arme, mais seulement pour la rabaisser immédiatement, l'oiseau s'étant évanoui à nouveau dans la forêt. «Par ici, mesdames.» Et ils lui emboîtent le pas.

Maintenant, Scott et Doug s'apprêtent à entamer une glissade sur les fesses le long d'une pente abrupte, ils se regardent et sourient comme des enfants. Puis ils dévalent la pente et essayent de contourner le dindon pour le prendre à revers. Ils sont comme deux créatures sauvages eux-mêmes, prédateurs primitifs obsédés par leur proie, laissant parler en eux les gènes ancestraux de la chasse qui les poussent à remplir cette mission coûte que coûte. Le terrain sous la colline est plus plat et les chasseurs gagnent l'autre côté. Chacun connaît la position de l'autre. Scott continue d'appeler et le dindon de répondre. Finalement, l'oiseau fait une sortie dans une petite clairière, se révélant ainsi à Scott. C'est la première et la dernière erreur qu'il aura commise dans ce jeu immémorial du prédateur et de sa proie.

Plus tard, alors que la conversation des chasseurs tournait point par point sur les péripéties de cette journée, Scott dit à Doug:

«Je voulais vraiment te faire tirer cet oiseau, mais je ne pouvais pas laisser passer cette unique occasion quand elle s'est présentée.

– Oh, hey! lui répond Doug. Ça a été une chasse extraordinaire pour moi aussi.»

L'oiseau de Scott s'avéra être d'une autre sous-espèce que le mien, plus exactement, un dindon du Rio Grande, assez rare dans ces parages qui constituent l'extrême nord de son aire de distribution.

«J'ai parlé à ma petite amie, hier soir, dit Whitten. Elle était d'excellente humeur, car elle venait de trouver trois cent cinquante dollars au fond du jardin avec son détecteur de métaux. Ils avaient été enterrés dans une boîte de farine pour bébé Gerber.»

Il avait piqué ma curiosité. «Pourquoi y a-t-il de l'argent enterré dans votre jardin, Butch?

– Mon père a enterré de l'argent un peu partout, dit Whitten. Après la crise de 1929, il n'a plus jamais eu confiance aux banques, alors il cachait son argent. Elle en est aujourd'hui à quatre mille dollars trouvés dans le jardin.»

Un front froid précédé de vents violents s'installa sur la région. C'était les plus mauvaises conditions pour la chasse au dindon. Nous fîmes tout de même une sortie car les circonstances n'avaient pas permis à Doug Baer de prélever son oiseau. Mais le vent forcit jusqu'à 50 et parfois 80 kilomètres-heure en rafales et tout allait de travers autour de nous. Les bandes de dindes n'occupaient pas leurs remises habituelles et les mâles ne chantaient plus. La romance n'était plus de mise et nous n'aurions pu les en blâmer.

Butch et Doug, l'un transportant des leurres et l'autre son fusil, s'éloignaient côte à côte sur une piste pare-feu percée dans la forêt. Collector fermait la marche avec son encombrant chargement d'appareils. Soudain, Doug et Butch virent un animal bouger un peu plus haut sur la ligne. La lumière donnait à sa fourrure une teinte roussâtre et Doug pensa d'abord à un renard, mais cela semblait bien gros pour un renard. «Qu'est-ce que c'est que ça, Butch? chuchota-t-il.

– Cougar, femelle, je pense», répondit Butch.

Avec ce vent, à l'évidence, le félin n'avait ni entendu ni senti l'approche des chasseurs et ne les vit qu'au moment où eux-mêmes l'apercevaient. Elle était dans une petite clairière, exposée, puis elle se tapit, se figea et les regarda, tel un chat domestique qu'on aurait surpris. Plus tard, Butch nous expliqua qu'en quarante ans de chasse au puma et plus d'une centaine de prises qu'il avait réalisées ou auxquelles il avait participé, il n'en avait peut-être surpris que cinq ou six de cette manière. À présent le félin (une jeune femelle de cent livres, selon l'estimation que fit Butch en voyant ses traces) commençait à s'esquiver, son ventre traînant presque au sol, dans un lent mouvement ondulant qui se transforma progressivement en course collée au sol. Nous la vîmes courir sur trois cents mètres.

Les chasseurs continuèrent à descendre la piste, puis ils s'installèrent. Très peu de temps après, Butch parvint à accrocher un dindon mâle que Doug put tirer. Butch émit l'hypothèse que la femelle puma poursuivait aussi ce même oiseau. Deux des plus efficaces prédateurs sur terre chassaient l'un des oiseaux les plus méfiants. Ce dindon devait vraiment mourir aujourd'hui.

L'ÉTÉ

27

Attraper son dîner

« Dans notre famille, il n'y avait pas de frontière précise entre la religion et la pêche à la mouche. » C'est ainsi que débute le désormais classique roman de Norman Maclean, *La Rivière du sixième jour*[1]. Je vois très bien ce qu'il veut dire : quand j'avais 15 ans, mon père m'avait emmené faire une excursion en voiture depuis notre maison à l'extérieur de Chicago, jusqu'à la vénérable boutique Orvis à Manchester, dans le Vermont. C'était au début des vacances d'été de 1965 et nous avions traversé le pays en voiture, juste nous deux, dans un break Ford Countrysquire, nous arrêtant chaque jour bien avant que la nuit tombe pour établir notre campement. Chez Orvis, papa m'avait acheté une canne à mouche en bambou, Orvis 99. C'était un modèle d'entrée de gamme, qui ne se fait d'ailleurs plus, mais pour un jeune garçon de cette époque-là, c'était la plus belle de toutes les cannes à mouche de la terre. Après cela, nous avions fait une virée entre hommes à travers la Nouvelle-Angleterre, campant chaque nuit et pêchant à la mouche les plus fameuses rivières comme la Battenkill, l'Ausable ou la Beaverkill.

Mon père n'était pas riche, mais il fit de son mieux pour me faire connaître chaque année de nouvelles rivières et de nouvelles expériences halieutiques. Nous partions toujours en voiture pour ces expéditions. Au cours de mes années d'enfance, nous avons lancé des cuillers à triple hameçon aux grands brochets dans l'État

1. Norman Maclean, *La Rivière du sixième jour*, Éditions Rivages, Paris, 1997.

du Wisconsin, des vers en plastique aux black-bass du Texas, des leurres de surface aux brèmes de Louisiane, nous avons pêché à la traîne les espadons de Floride. Nous avons aussi expédié des mouches sèches aux truites du Montana et pêché au vairon, au ver et à la sauterelle, tous les poissons possibles depuis les perches du lac Michigan, jusqu'aux maquereaux royaux du Gulf Stream. Nous étions des généralistes.

Mais cette année du voyage en Nouvelle-Angleterre et de ma canne Orvis marqua le début de mon engouement pour la religion de la pêche à la mouche et plus spécifiquement la pêche à la truite en mouche sèche. C'était pour moi la culmination de ma courte carrière de pêcheur sportif et le summum de la pêche. Peut-être que je m'en souviens aussi bien car c'était aussi le dernier voyage de pêche avec papa. Il tomba malade et mourut moins d'un an plus tard. Mais il avait suffisamment vécu pour m'inoculer le virus de la route et l'amour de toutes ces diverses formes de pêche dont je redécouvre quelques-unes en ce moment.

Trente ans plus tard, je suis toujours sur la route, toujours à bourlinguer, toujours pêcheur. Mais il y a peu, j'avais réalisé que, en tant que pêcheur justement, j'avais un peu perdu le contact avec mes racines. J'étais devenu un affreux snob adepte de la pêche à la mouche; je tordais le nez à l'évocation de pêches à la cuiller ou au lancer. Quant aux misérables pêcheurs aux appâts, il fallait reconnaître que, dans mes livres ou mes articles, je les situais à peine au-dessus des vers sur l'échelle de l'évolution. Plus récemment, je vivais cependant un curieux retour aux sources dans ma sensibilité de pêcheur. Depuis le fameux film tiré du livre de Norman Maclean, on avait l'impression que tous les citadins d'Amérique s'étaient mis à la pêche à la mouche. Les rivières à truites de l'Ouest que j'aimais et que je fréquentais depuis des années s'étaient soudain remplies de nouveaux moucheurs, revêtus de Gore-Tex et de néoprène, flagellant l'onde sans répit avec leurs cannes en graphite ou en carbone tout en restant en contact, grâce à leurs téléphones cellulaires, avec leurs bureaux de New York ou de Los Angeles. Et ce sur toutes les rivières que Dieu avait faites.

Soudainement, en comparaison, la pêche avec un bon gros lombric semblait bien plus naturelle. Oui, j'avais envisagé de renier ma foi en la pêche à la mouche.

Très tôt un matin en juin, il n'y a pas si longtemps, je m'étais retrouvé sur une flats boat dans une baie de Floride, avec mon ami, le père Valdoni, prêtre en retraite qui veille sur les âmes d'une tripotée de sœurs carmélites de la communauté locale, et Tommy Robinson, guide de pêche et agent immobilier qui travaille non loin d'Apalachicola. C'est un autre signe des temps que beaucoup de paisibles guides de pêche soient devenus de puissants guides-agents immobiliers. Maintenant, non seulement ils peuvent vous emmener pêcher mais ils peuvent aussi vous vendre la propriété de vos rêves au paradis. Bref, « papa » – comme Tommy et moi appelions le prêtre en toute amitié respectueuse – et moi étions en train de pêcher tandis que Tommy, le plus jeune de nous trois, menait la barque à la perche. Nous pêchions le redfish, en envoyant des cuillers dorées, brillantes, vers une ligne d'herbiers le long de la berge. Tommy avait apporté un choix de cannes et d'équipements incluant cannes à mouche et cannes à lancer, puis il nous avait donné le choix. Comme nous n'avions guère plus d'une heure à pêcher, tous les deux nous choisîmes, un peu honteux, la canne à lancer comme si nous commettions un péché mortel.

« Ces derniers temps, j'aime essentiellement ressentir la lutte du poisson, dit papa en manière de vague excuse pour son choix de canne.

– Oui, moi aussi », dus-je admettre.

Et franchement, cela devait faire un bout de temps que je n'avais pas utilisé un moulinet de lancer, car, au premier essai, j'oubliai d'ouvrir le maudit capot. Ma cuiller siffla, décrivit un court arc de cercle et il s'en fallut de peu que je n'attrape la narine du bon père.

« Houla ! excusez-moi, papa, dis-je.

– Ne vous en faites pas, mon fils, dit-il. Peut-être que Dieu envisage de nous punir pour l'abandon des cannes à mouche. »

Mais le père eut une touche immédiatement. Il manqua le poisson mais, juste après, il ferra et ramena un beau redfish. Il faisait juste un peu plus que la maille, la taille idéale pour la table.

« Voulez-vous garder ce poisson, papa ? demanda Tommy.

– J'aimerais beaucoup le garder pour mon dîner », répondit le père Valdoni.

Pêcher au lancer, puis tuer un poisson pour le manger, voilà qui constituait un second péché mortel dans le nouvel ordre religieux des people moucheurs.

« On est vendredi », fis-je remarquer.

Bien que je ne sois pas catholique, nous étions complices, dans ce péché de pêcheurs. Papa prit un autre redfish.

« Oh mon Dieu, j'adore les sentir tirer, dit-il. Allons-nous garder celui-ci pour votre dîner, mon fils ? me demanda-t-il.

– Merci, papa, dis-je en souriant. Mais je devrais pouvoir attraper mon dîner tout seul.

– OK, alors j'en prendrai un aussi », dit Tommy.

Finalement, peu de temps après, mes connaissances en matière de pêche au lancer refirent surface. J'adorais la manière dont la canne propulsait la cuiller aussi loin, l'orbe qu'elle décrivait dans les airs et comment elle touchait l'eau avec ce bruit de *floc* qui avait réjoui le cœur de tant de gamins. Et très vite, je ferrai un redfish. J'adorai aussi le sentir tirer. En un court instant, je le ramenai au bateau. Mais le meilleur, ce qui me plut par-dessus tout, ce fut l'idée d'avoir attrapé mon dîner.

De grâce, ne vous méprenez pas : dans ce monde surpeuplé, avec des pressions continuelles sur les ressources naturelles et tant de menaces sur nos poissons, je suis le premier convaincu et le premier à pratiquer avec ferveur la pêche « sans tuer ». Depuis mes 10 ans, j'ai relâché la plupart des poissons que j'ai pris, bien avant que ça devienne à la mode. Mais il reste des endroits et des circonstances dans lesquelles il est correct de tuer un ou deux poissons pour le dîner. De même, à certains endroits, certaines espèces sont suffisamment abondantes et fécondes pour supporter – à condition qu'elle soit mesurée – la pression somme toute bien naturelle de la prédation humaine. Mais si j'aime toujours autant la pêche à la mouche, s'il est vrai que c'est la pêche idéale pour certaines espèces et certains plans d'eau, elle a cessé pour moi d'être une religion.

Nous avions pêché pendant environ une heure. Ça avait été une de ces rares sorties parfaites où, en plus, chacun rentre avec un beau poisson pour le dîner. Mais maintenant il fallait se séparer. Chacun d'entre nous avait d'autres choses à faire et nos routes allaient se séparer. Tommy nous fit retraverser la baie houleuse. Le père Valdoni ferma les yeux pour piquer un petit roupillon ou pour prier. Je me mis à penser à mon père.

28

Un véritable sport

Le soleil vient juste de sortir à l'horizon, inondant la baie d'une lumière teintée de rouge. Les oiseaux circulent, sternes et mouettes, pélicans et canards randonnent à travers le ciel, l'un d'eux rompant parfois sa formation et plongeant dans l'eau calme pour attraper quelque petit poisson. Les poissons volants surgissent de l'eau comme dans un drôle de dessin animé, ils jaillissent hors des flots, volent un petit moment dans les airs à l'horizontale et retombent sur le ventre d'une façon maladroite. L'un d'eux passe par-dessus l'avant de mon kayak comme un dauphin dressé. Alors que nous glissons en silence le long d'un banc de sable affleurant, un aigle pêcheur à tête blanche s'envole à une vingtaine de mètres. Vue d'aussi près, l'envergure de ses ailes est tout à fait stupéfiante.

Pas de bruit de moteur, pas d'odeur de diesel, pas de sillage, juste le léger chuintement des pagaies qui fendent l'eau. Nous surprenons un balbuzard qui vient de se saisir avec élégance d'un serpent attrapé dans le marais. Comme s'il savait nos intentions pacifiques, il prête à peine attention à notre présence et poursuit calmement son repas avec délectation.

Les redfish aussi ne semblent guère se soucier de notre approche et ils continuent de se nourrir sur les herbiers recouverts par la marée haute. Quand ils se tortillent pour se déplacer dans l'eau boueuse peu profonde, leur dos affleure à la surface. Ils font penser à des créatures marines qui chercheraient à s'adapter à un nouveau milieu dans la grande histoire de l'évolution.

C'est cette possibilité de se fondre dans le monde sauvage, de pouvoir littéralement se glisser dans la nature de manière non intrusive, qui fait le charme du kayak et, au-delà, de la pêche en kayak. Le kayakiste est admis dans le domaine des poissons. Étrangement, c'est comme si nous habitions encore ce monde-là, qui est leur monde d'une certaine manière. Le kayak offre un contact plus intime qu'un canot, sa fine coque est comme un prolongement du corps. Elle nous permet de ressentir l'eau, les courants et les marées sur lesquels nous naviguons, non plus comme des passagers, mais comme si nous faisions partie des éléments eux-mêmes.

J'étais à la pêche avec mon ami photographe Richard Bickel dans la baie d'Apalachicola. C'est lui qui m'avait initié à la pêche en kayak et il est tellement passionné par ce mode de navigation qu'il ne reviendra jamais aux embarcations conventionnelles. « La dernière fois que j'ai pêché depuis un canot à moteur, me dit-il, j'ai eu l'impression de pêcher depuis la portière d'une voiture. »

La sensation d'être proche des éléments n'est jamais aussi intense que lorsqu'un alligator de quatre mètres de long (dont la population est en pleine croissance par ici) se laisse doucement glisser de la berge juste en face de nous. « Eh, Richard... » dis-je alors que le saurien s'arrête à une dizaine de mètres, les yeux et la gueule hors de l'eau, et nous regarde fixement. Nos kayaks s'arrêtent également de glisser, comme pour se préparer à un face-à-face surréaliste avec les alligators au lever du soleil.

« Je crois qu'ils sont juste curieux, dit Richard. Je n'ai jamais eu d'ennuis avec eux. Mais tu sais ce que raconte George, mon copain du coin ?

– Non, que dit George ? demandai-je sans cesser de regarder l'alligator.

– Eh bien George dit : "Richard, vous êtes cinglé de sortir au marais dans ces trucs", fit Richard en imitant l'accent traînant du coin. Et George d'ajouter : "Pourquoi ? Parce que pour eux, pour les gros gators, vous n'êtes qu'une huître sur une rondelle de pain." »

Et comme sur un signal, l'alligator se laissa couler sous la surface, tel un tronc d'arbre vermoulu emporté par le flot. Par souci de simplicité, Bickel pêche avec des cuillers spéciales, qui n'accrochent pas les algues, et un moulinet de lancer à capot fermé. Sinon il se laisse dériver avec le courant ou la marée, en faisant traîner une ligne très peu ou pas du tout lestée, appâtée d'une crevette. Autodidacte absolu en matière de pêche et de kayaks, Richard prend pourtant beaucoup de poissons, sans doute aussi grâce à son mode de transport non intrusif. Selon la saison et les endroits qu'il choisit, il attrape, et le plus souvent relâche, des redfish, des truites de mer mouchetées, des soles ou des bars rayés. Et bien que la pêche à la crevette puisse sembler peu sportive à certains, la façon de faire de Richard, qui consiste à se laisser dériver en kayak comme un bout de bois flotté, avec la crevette qui dérive aussi librement à côté qu'une nymphe dans une rivière à truites, est une des façons de pêcher la plus naturelle qui soit.

« De temps en temps, un de ces "spécialistes du bar", qui pêchent avec des bateaux à 30 000 dollars et un Evinrude de 135 chevaux, essaie de me faire la leçon au sujet de la pêche avec des appâts, dit-il. Je réponds seulement que j'aimerais bien voir leur gros cul dans un kayak, rien qu'une fois. Généralement, après ça ils la bouclent. »

Aujourd'hui, je pêche avec une canne à mouche pour compliquer très légèrement l'éthique minimaliste de Richard. On pourrait penser que le maniement d'une canne à mouche depuis un kayak doit être problématique, mais on y arrive assez bien. Les kayaks de mer ont une coque plus large et sont infiniment plus stables que les kayaks de rivière ou la plupart des canots. Il n'est en fait pas plus difficile de lancer du kayak qu'en pantalons de pêche dans une rivière avec de l'eau jusqu'à la taille. Mieux, les nouveaux modèles, qui permettent de s'asseoir dessus, sont si stables qu'un pêcheur avec un bon équilibre (et tout de même un peu d'entraînement) pourrait se tenir debout sur l'eau pour lancer. (Attention, je n'ai pas dit que moi, je pouvais le faire.)

Alors que la marée s'inverse et que le soleil éclaire l'horizon, nous pagayons pour nous rendre sur un banc d'huîtres sauvages, nos kayaks glissent en silence sur la fine pellicule d'eau. C'est un autre avantage et non des moindres de pouvoir se rendre sur des hauts-fonds inaccessibles aux autres embarcations. On n'a besoin que de quelques misérables centimètres de profondeur.

Ici, les poissons circulent sur la bordure, à l'endroit où le banc d'huîtres donne sur l'eau plus profonde. La profondeur est si faible que parfois nous « mettons pied à terre » et arrimons les kayaks à nos ceintures pour pêcher debout. Nous parcourons le banc de haut en bas et les kayaks suivent derrière comme des chiens fidèles.

Les pêcheurs d'huîtres aussi sont de sortie et nous voyons leurs silhouettes qui se détachent dans le soleil levant, le long du banc. Ils se tiennent debout sur la plateforme de leurs minces barges plates en contre-plaqué et plongent des pinces dans l'eau pour en retirer d'énormes paniers dégoulinants pleins de coquillages.

Nous dérivons à travers le banc avec la marée descendante puis nous remontons en quelques coups de pagaie pour nous laisser à nouveau dériver. Je pêche avec une mouche-cuiller dorée, une curieuse mais efficace imitation d'une cuiller à lancer classique. Je peux la sentir quand elle touche les coquillages au fond de l'eau peu profonde et, quand elle s'arrête, je crains un moment d'être resté accroché. Mais quand je relève la pointe de ma canne, je sens la tirée caractéristique d'un poisson plein de vigueur tandis que le scion vibre tel un diapason. Et lorsque la ligne se tend et que la canne se courbe, le kayak fait un tour sur lui-même comme pour faire face à l'action. Alors, chose curieuse, le poisson me remorque en traînant le kayak comme un boulet. J'ai l'impression d'être Santiago dans *Le Vieil Homme et la mer*, d'Hemingway.

Richard rigole. « Hey, Jim ! me crie-t-il. À bientôt ! On dirait que ce poisson va te faire faire le tour de la baie. »

29

Rites d'été

On ne peut pas parler de printemps, dans les hautes terres où nous vivons. Le temps passe de l'hiver à l'été puis retourne à l'hiver. Comme souvent début juin, j'étais en voiture entre la Floride et le Colorado, et en chemin j'admirais la campagne en train de reverdir. J'avais une douzaine d'itinéraires possibles, car quand on a fait une route aussi souvent que j'ai fait celle-là, il devient difficile d'éviter les répétitions, ce qui est aussi une bonne discipline pour un journaliste.

Le sud humide était déjà extrêmement verdoyant et sa dense végétation en pleine floraison estivale. Je fis halte pour la nuit dans un terrain de camping aux abords de Gulfport, dans le Mississippi. J'y achetai une bonne quantité d'huîtres bien vivantes que je dégustai avec du raifort et de la sauce piquante accompagnées de quelques bières Longneck Dixie. *À* côté de moi était garé un van avec un bateau en remorque. Sur la coque était imprimé en grosses lettres le nom d'un type et en dessous on pouvait lire : MUSICIEN – ARTISTE – VENTRILOQUE – GUIDE DE PÊCHE – ET PASTEUR ITINÉRANT. Ce genre de chose semble particulier au Sud. (Je peux vous affirmer par exemple que je connais un certain nombre de guides de pêche dans l'Ouest et qu'aucun d'entre eux ne se prétend magicien ou pasteur.)

Au petit matin suivant, en préparant pour le départ l'Airstream tout humide de rosée, j'eus l'occasion de rencontrer le propriétaire du van. L'idée m'amusa un moment de louer ses services de guide pendant une demi-journée, mais je changeai d'avis quand il me présenta sa marionnette de ventriloque.

« Acceptez-vous le seigneur Jésus-Christ comme notre unique vrai sauveur ? » demanda la poupée de but en blanc.

Il ressemblait étrangement à l'évangéliste déchu, Jim Bakker, mais je pouvais clairement voir ses lèvres bouger. Je ne pus m'empêcher de me demander à quoi pouvait bien ressembler sa magie.

« J'ai peur que vous ne perdiez votre temps, lui répondis-je. Je suis bouddhiste zen pratiquant. »

Je ne le suis pas réellement, mais je me mis tout de même à psalmodier. Il faut parfois combattre le mal par le mal. Mais ne vous méprenez pas, je n'ai rien contre la religion, ni en l'occurrence contre les artistes, mais je préfère pêcher sans entraves.

Le Sud fait progressivement place aux grands espaces de l'ouest du Texas qui me donnent toujours l'impression d'être presque arrivé chez moi. Juste à la sortie de Memphis au Texas, je dus piler pour éviter d'écraser toute une bande de dindons sauvages qui traversaient la route comme des écoliers en goguette.

Cette année, j'avais décidé de couper à travers le « manche de poêle » de l'Oklahoma, puis de traverser les plaines du Kansas, qui semblent si brièvement fertiles à cette époque de l'année, en particulier lors des années humides comme celle-ci. Puis je débouchai sur la rivière Arkansas dont je suivis la vallée jusqu'à l'est du Colorado, où j'aperçus enfin les montagnes Rocheuses qui bordent l'horizon à l'ouest.

C'est dans le fond de cette vallée que l'atmosphère estivale était la plus évidente. Les peupliers portaient leur feuillage complet et les terres noires des plaines alluvionnaires, couvertes de cultures, semblaient plus vertes que jamais. Les oies et les canards circulaient partout et l'air au-dessus de la rivière était empli de leurs vols. Chaque année, j'avais peur de manquer le début de l'été chez moi quand je voyais à quel point il était avancé par ici. Et chaque année, j'arrivais trop tôt, laissant l'été derrière moi au fur et à mesure que je montais vers le col en arrivant dans la montagne. J'étais toujours surpris de constater que non seulement je n'avais pas manqué le début de l'été, mais qu'il était en fait très loin d'avoir commencé dans le haut pays. Il neigeait souvent jusqu'en début juin et la cime des montagnes restait presque toujours enneigée. À 2600 mètres les montagnes commençaient à peine à reverdir et les saules des fonds de vallée ou les trembles de notre jardin se dépouillaient encore de leurs vieilles feuilles.

À l'automne précédent, j'avais dû faire piquer notre vieille chienne Caddy, un berger australien, et je l'avais enterrée sur la colline au-dessus du jardin. Elle m'avait accompagnée depuis mon premier emménagement au chalet quinze ans plus tôt. C'était mon chien de pêche. Tout ce que je lui demandais, c'était de se tenir calme au bord de l'eau. Car Sweetz, quant à elle, ne valait rien à la pêche: il était impossible de l'empêcher de chasser et de nager.

Donc, la première chose que je fis en arrivant fut d'aller voir sa tombe et de m'agenouiller pour tapoter le gros galet de la rivière que j'avais mis à l'endroit de sa tête. Je lui chuchotai quelques mots car elle me manquait, comme tous nos chiens morts nous manquent pendant le restant de nos propres jours.

Puis il y eut ce petit rituel que Caddy et moi respections chaque année au moment de préparer la terre du potager. Nous descendions à la rivière pour prendre et déguster la première truite de l'été. Le ruisseau derrière la maison était encore gros et boueux et il faudrait encore des semaines pour qu'on puisse y pêcher à la mouche, comme d'ailleurs dans toutes les autres rivières à truites de notre région. Donc nous choisissions un gros ver en retournant la terre et nous l'empalions sur un hameçon au bout d'une ligne lestée d'un plomb fendu pincé trente centimètres au-dessus de l'appât. Puis je plongeais le ver dans un contre-courant au creux de la berge. C'était une poche d'eau profonde dans un coude de la rivière et je savais qu'il y aurait toujours une truite pour se tenir là. La ligne était nouée à une branche de saule qui surplombait l'eau. Quand Caddy était vivante, elle s'asseyait sur la berge et fixait la ligne avec intensité pendant que je travaillais mon potager. Elle pouvait rester ainsi des heures et quand la ligne se mettait à gigoter, elle aboyait pour m'avertir et je sautais la clôture du jardin pour venir retirer une grosse truite à servir le soir au dîner. Bien sûr, cette année, Caddy partie, ce ne serait pas la même chose. Mais bon, c'était le rituel d'entrée dans l'été, et donc je le respectai. Je retournai mon jardin et installai ma ligne de fond pour rappeler le bon vieux temps et surtout en mémoire de Caddy plus que pour toute autre chose.

J'avais pris une bonne suée dans le jardin et j'avais presque oublié ma ligne à truite quand j'eus l'impression d'entendre un chien aboyer au bord du ruisseau. J'interrompis mon travail et me penchai sur ma bêche pour mieux écouter. J'entendis à nouveau. Je vous jure que c'était l'aboiement de Caddy, l'écho de sa voix comme un parfait souvenir. Je jetai un œil à Sweetz qui se livrait à l'activité principale d'intersaison des labradors et qui donc roupillait au soleil sur la terrasse. Elle avait levé la tête et froncé les oreilles vers l'avant. Elle avait aussi entendu. Puis je me souvins de ma ligne et j'allai voir ma branche de saule. Elle dansait et tressautait comme une baguette de sourcier.

Merci, Caddy, bonne fille, bon chien de pêche. Repose en paix.

30

École de tir

Voyez-vous, je me suis déjà humilié avec un fusil devant quelques-uns des plus grands tireurs d'Amérique. Donc la première fois que je m'étais retrouvé non loin de Londres, dans la verdoyante campagne anglaise, sur un des pas de tir du célèbre Holland & Holland Shooting Ground, aux côtés du chef instructeur Ken Davies, tout ce que j'espérais, c'était de ne pas rompre le charme. Davies avait l'air d'une caricature de la gentry anglaise, un de ces personnages de film jouant le rôle d'un professeur de tir de l'aristocratie du XIXe siècle. L'air d'un lutin vert, mais calme, élégant, les cheveux blonds épais et la moustache entortillée, il était vêtu de ces culottes de chasse en tweed que les Écossais appellent *breeks*. Il portait également une chemise à petits carreaux et une cravate en laine sur laquelle était dessinée une scène de chasse. C'était la première vraie leçon de tir que je prenais de ma vie. J'étais venu de Londres spécialement pour ça et je ne sais si c'était l'effet du décalage horaire, mais j'avais l'impression que dès que je presserais la détente, les pires défauts et la vulgarité de mon style de tir typique d'un Américain de la fin du XXe siècle allaient refaire surface et rompre le charme. J'ai craint de me réveiller chez moi dans la décharge où je m'entraînais avec mon ami rancher Billy Cantrel.

« Considérez-moi comme le pire tireur de toute l'Amérique, avertis-je Davies, qui enseigne cet art depuis vingt-sept ans et que beaucoup considèrent comme le meilleur instructeur au monde.

– Eh bien nous allons voir cela, n'est-ce pas ? » répondit Davies en actionnant son sifflet pour faire partir le premier plateau.

Comme pour prouver ce que j'avançais, je manquai coup sur coup les cinq premiers plateaux qui offraient un simple « tir en cul ». Un tir d'échauffement très facile, que d'ordinaire même moi je réussis.

« C'est le décalage horaire », offris-je en guise de pitoyable excuse. (J'en ai des centaines.)

Dave me regarda en clignant des yeux, tira pensivement sur sa barbe et secoua finalement la tête.

« J'ai bien peur qu'il s'agisse de la position de votre arme. »

Je suis le premier à l'admettre, personne n'a autant besoin de cours de tir que moi. Bien que j'aie été très sportif toute ma vie, je suis venu à la chasse et à l'art de tirer au fusil assez tard et avec une incroyable maladresse. Finalement, épuisé par ma propre incapacité, fatigué de me ridiculiser devant mes talentueux amis, désolé de si souvent décevoir mon chien par mes nombreux ratés, j'avais décidé de prendre les choses en main.

C'est donc dans ma quête pour fixer en moi définitivement les principes fondamentaux du tir de chasse que je me retrouvai à la source de cet art : la vénérable Holland & Holland Shooting Ground, établie depuis la fin du XIXe siècle, sans aucun doute la plus ancienne école de tir et probablement le meilleur programme de formation du monde. En l'espace de quelques semaines, je devais être « coaché » par les instructeurs les plus accomplis, aussi bien britanniques qu'américains, et griller quelque deux mille cartouches. En même temps, conséquence de mon habituelle – et peut-être pathologique – incapacité à positionner correctement mon arme, mon épaule allait prendre la couleur bleue violacée d'une aubergine trop mûre. De même et pour des raisons identiques, une espèce de grosseur permanente allait se former le long de ma mâchoire droite. La face intérieure de mon pouce avec lequel j'allais manœuvrer la sécurité quelques milliers de fois se trouverait lacérée comme une carotte râpée. Et comme l'avait si justement décrit Gil Ash, de Houston, dans le Texas, mon instructeur américain préféré chez H & H, mon cerveau, troublé par cet afflux d'instructions, allait se transformer en purée de pomme de terre.

On est début juin et il neige sur le Rod & Gun Club[1] de Vail, dans le Colorado. Le club-house et les parcours de tir sont perchés dans la colline couverte de sauge et de genièvre, à l'extérieur de Walcott, non loin de la célèbre station de ski de Vail. C'est là que se tient la « semaine du tir aux plateaux » de Holland & Holland. Alors que je m'installe pour entamer ma première série, la température stagne juste au-dessus de zéro. L'instructrice est Chrissie Alexander-Davis, une Anglaise qui fut championne de Grande-Bretagne de 1977 à 1990, avant d'être finalement formée par Ken Davies dans l'art d'enseigner. Le plateau est un « rentrant », haut, (comme une oie au vol), qui sort des rochers enneigés au sommet de la colline qui nous surplombe. Une longue trajectoire planante

1. Littéralement le « Club canne à mouche & fusil ».

et déclinante qui donnerait au tireur presque trop de temps pour réfléchir. Je parviens à le jauger sans précipitation, à épauler calmement et à pulvériser ce premier plateau de la semaine. Peut-être un bon présage. « Très joli ! s'exclame Chrissie. Très joli ! » Ah ! la magie d'un plateau proprement cassé. Mais dès le plateau suivant ma façon d'épauler aléatoire ressurgit. J'ai tendance à crisper le bras droit plutôt qu'à étendre gentiment le gauche vers la cible. Je casse tout de même bizarrement ce plateau et je récolte encore quelques précieux encouragements de mon instructrice. « Bon, vous avez effectivement tué cet oiseau, dit-elle en fronçant les sourcils, mais c'était pas bien beau. »

« Ne vous en faites pas, *Mein shéri*, me console la bombe autrichienne Fraulein Sheika Gramshammer. Moi aussi, j'ai aussi du mal à *bozitionner* mon fusil. »

Sheika, qui est une des élèves favorites des instructeurs, est juste derrière moi dans l'ordre des tireurs. Elle et son mari Pepi tiennent le Gasthof Gramshammer à Vail, où sont logés une partie des tireurs, les autres étant au Sonnenalp. « Mes lolos sont *drop* gros, ils *embêchent* la crosse de monter », explique-t-elle en montrant son opulente poitrine.

Un sentiment de camaraderie se développe assez vite parmi les étudiants. Le fait de réaliser le premier jour que d'autres personnes s'y prennent aussi mal que vous, pour à peu près les mêmes raisons, n'y est pas étranger. Il y a des experts et de vrais débutants, des tireurs au ball-trap de compétition et des chasseurs qui suivent le stage pour améliorer leurs résultats. Il n'y a qu'une poignée de participants qui tirent des juxtaposés, ce sont surtout les chasseurs ; les autres, la vaste majorité des tireurs, utilisent des superposés dont beaucoup de fusils de compétition. Il y a même un officier supérieur, un véritable héros américain, en la personne du général Norman Schwartzkopf (excellent tireur au fusil d'ailleurs). Michael McIntosh, grand fusil, écrivain chasseur renommé, est aussi présent.

Mon propre groupe, en ce jour d'ouverture, offre un large spectre socio-économique et géographique de l'Amérique des chasseurs. Randy, du Michigan, magnat de l'exploitation forestière et chasseur de canards accompli. Mike, de Boulder, dans le Colorado, pilote d'aviation commerciale et chasseur au chien d'arrêt, mais relativement novice. Liz, héritière vivant à Palm Beach, essentiellement présente ici pour faire plaisir à son mari. Et un jeune homme hollandais, absolu débutant, dont le père, ambassadeur à Washington, est aussi inscrit au stage. Et bien sûr, votre serviteur.

L'instructeur américain Gil Ash – titulaire de nombreux titres dont celui de lauréat du championnat national en calibre 20 – dirige le deuxième atelier appelé « poil et plume », c'est-à-dire un doublé « au coup de fusil » composé d'un plateau appelé *rabbit*, roulant au sol en diagonale et rebondissant allègrement, suivi au coup de fusil d'un plateau en vol traversard. Ash est un jeune homme enjoué, rondouillard, énergique, très direct et qui met l'accent sur l'aspect visuel du tir de chasse. « Écoutez-moi ! Maintenant, mon petit père, regardez. Ça ne vous ennuie pas si je vous appelle "mon petit père", n'est-ce pas ? D'abord vous n'avez pas vraiment regardé la cible. Je me trompe ? Avez-vous vu le point au milieu du plateau ?

– Euh, non, pas vraiment, admets-je, penaud.

– Eh bien non, vous n'avez pas regardé, souligne Ash. Mais je pense que beaucoup de vos problèmes viennent de la position de vos pieds. La façon dont vous avez mis vos pieds par rapport à l'endroit où vous voulez casser le plateau ne convient pas du tout. Faites-moi confiance là-dessus, vous ne vous simplifiez pas la vie. Vous voyez, c'est comme si vous vouliez mettre les doigts dans le nez de votre voisin en faisant votre jogging. Ça marcherait pas. »

(J'adore ce petit gars, il m'a vraiment poussé à regarder la cible et, toute la semaine, j'allais tirer assez bien à son poste.)

Au troisième poste appelé : « traversard au bois », Randy du Michigan, notre chasseur de canards, est déjà en difficulté, essayant de se défaire un peu d'une surcharge d'instructions. Et ce n'est que le premier jour ! Pendant ce temps, notre débutant Ossie des Pays-Bas fait une entrée en force ; il offre un terrain vierge aux instructeurs, sans aucune mauvaise habitude à corriger, ni aucune attitude contre-productive au tir. Liz de Palm Beach gagne en confiance. Quant à Mike et moi, tous deux porteurs de juxtaposés et tireurs d'oiseaux levés avec des chiens, nous devenons rapidement amis et projetons de chasser ensemble cet automne. C'est le champion olympique américain Dan Carlisle, vingt fois titulaire national, dingue de tir et instructeur passionné, qui anime cet atelier. Carlisle met l'accent sur la vision et aussi sur l'aspect mental du tir, mais aussi sur l'importance d'une cadence précise. Il enseigne une méthode qu'il appelle le système de « dégagement par l'avant », suivant laquelle le tireur « insère » ses canons de fusil devant l'oiseau et les dégage franchement vers l'avant, ce qui a pour but, du moins en théorie, de n'être jamais derrière.

Mais Randy, qui est plus chasseur que tireur, a du mal à intégrer le concept.

« Est-ce que cela vous ennuierait si je tirais simplement ce plateau à ma manière ? lâche-t-il, assez frustré.

– Pas du tout, répond Carlisle, accommodant. Allez-y, en avant ! »

Et Randy rate une autre demi-douzaine de plateaux d'affilée.

« On pourrait y passer la journée, fait finalement observer Carlisle. Et vous ne casseriez toujours pas ce plateau en vous y prenant de cette manière.

– Comment pouvez-vous me parler comme ça ? » demande le chasseur de canards maintenant outré, le visage empourpré.

Randy est riche et il n'est pas habitué à être critiqué.

« Parce que j'ai raté plus de plateaux moi-même que vous n'avez tiré de coups de fusil durant toute votre vie », répond Carlisle, parfaitement serein.

Et dans la minute qui suit, notre chasseur de canards, maintenant apaisé, casse ses premiers plateaux sous sa direction.

Le prochain poste annonce : « canards à la passée ». Des plateaux arrivent par-derrière et volent au-dessus de nos têtes. L'instructeur, qui s'appelle Jon Hollinger et vient d'Aspen, dans le Colorado, est lui-même chasseur et organisateur de chasse. Hollinger est le seul non professionnel et le moins impressionnant du lot. Sa spécialité est l'ergonomie et la mise à la couche ou mise en conformité des fusils. Il déclare rapidement que ma crosse est trop courte et y ajoute une plaque de couche amovible.

Mais dès le poste suivant, le flegmatique instructeur britannique Roland Wild, ancien fermier, grand chasseur (lauréat des 120 autres candidats qui convoitaient ce dernier poste à pourvoir au sein de l'équipe d'instruction de Holland & Holland), me retire la plaque. Je me dis que la mise en conformité sur le terrain doit être une forme d'art subjective. « Je pense que cela gêne la position de votre arme », explique Roland. Formé aussi par Ken Davies, Wild est également un instructeur calme, décontracté, agréable à fréquenter.

Le temps que je rejoigne notre dernier instructeur américain, Jerry Meyer, qui anime la « bécassine furtive », un plateau fuyant et rasant, extrêmement rapide, je commence moi-même à ressentir une certaine saturation. Je suis tendu comme un ressort et je me focalise sur la position de mon arme qui sautille plus que jamais. Meyer est l'instructeur des instructeurs, et l'auteur du *Guide du ball-trap* et du *Guide complet du ball-trap*. Il s'est inspiré de la méthode Holland & Holland, il y a des années, en étudiant la vidéo de Ken Davies, intitulée *Tir de chasse*. Meyer inculque « l'évangile selon Jerry » avec toute la ferveur d'un prédicateur baptiste du Sud.

« Il faut vous détendre, fiston, me dit Meyer. Vous êtes trop raide, vous faites basculer la crosse vers l'épaule avec votre bras droit. Vous devez étendre votre bras gauche vers la cible. Donnez-moi votre arme une minute. Regardez comment j'étends le bras gauche. »

Rien n'est plus réjouissant pour un apprenti que de voir un prof rater son coup en faisant sa démonstration. À un moment ou à un autre au cours du stage, j'allais voir presque tous les instructeurs rater leur cible alors qu'ils nous expliquaient comment il fallait s'y prendre. Au moins, cela démontrait que les meilleurs d'entre nous sont faillibles. Mais dans ce cas précis, comme pour prouver que même un fusil qui refuse obstinément de casser des plateaux avec moi peut tout de même faire des merveilles, Jerry en pulvérisa immédiatement plusieurs d'affilée. Et puis comme s'il avait par magie remis le fusil d'aplomb, j'en cassai une série à mon tour. « J'ai guéri le gamin ! » se vanta Meyer.

Et on termine avec l'incomparable Ken Davies, à l'atelier de la « pose de canards ». Un doublé facile, justement nommé, où le vol des plateaux est ridiculement lent. Des cibles faciles sauf que je n'en atteins aucune. Davies, qui porte aujourd'hui son chapeau Sherlock Holmes, est toujours préoccupé par la position de mon arme. Le fusil semble refuser de rencontrer la partie charnue de ma joue et reste désespérément trop bas. « C'est *barce* que mes lolos sont *drop* gros... émets-je avec mon meilleur accent tyrolien.

– Ça marche pas, Jim, cette excuse n'est valable que pour Sheika », répond Davies.

Donc, ça dure plus ou moins une semaine, chaque jour les participants composent de nouveaux groupes et chaque instructeur change aussi d'atelier. C'est un stage intensif où l'on tire tous les jours, chacun près de deux cents cartouches, mais ce n'est jamais fastidieux. Et bien que l'enseignement soit standardisé sous le label méthode Holland & Holland, le défaut serait la profusion de conseils d'experts, une certaine lourdeur à digérer l'instruction, comme un repas servi par un restaurant où il y aurait trop de chefs. Les étudiants ont la tête encombrée de conseils. Pour ma part, j'ai une foultitude de points à améliorer: la position de ma crosse est totalement bancale, celle de mes pieds horrible, ma vision biaisée, ma concentration insuffisante. Je suis trop tendu, mon « swing » manque de fluidité, mon fusil est mal adapté. Si les British ont tendance à privilégier une manière assez feutrée ainsi qu'un style délié, depuis l'harmonieuse position du fusil jusqu'à la manière de pivoter toute empreinte d'élégance, les Américains sont des techniciens incisifs qui enseignent la mécanique du tir pure et dure avec toute la ferveur de nouveaux convertis.

Par exemple, la délicieuse Chrissie Alexander-Davis, très élégante en gilet de tir de velours vert anglais, exprime au général Norman Schwartzkopf son souhait de le voir un peu plus « gracieux » lorsqu'il tire. « Vous voulez me voir ressembler à une ballerine ? » s'amuse le général.

Hélas ! Schwartzkopf, surnommé « l'ours » à cause de sa taille et de sa curieuse démarche, est un athlète accompli certes, mais il est incapable d'aucune grâce.

« Très joli ! s'exclame l'instructrice. Voilà qui est bien mieux. Je préfère beaucoup vous voir louper ce plateau avec grâce que de vous voir le casser sans aucun style. »

Puis à l'atelier suivant, Gil Ash, vêtu de baskets et d'un jogging d'un ton pastel, refuse de lâcher le général tant qu'il ne pointe pas son arme convenablement.

« Écoutez-moi, dit Ash de sa voix inimitable en sautillant et en agitant une minicible devant les yeux du général. Écoutez-moi : analysons l'objectif...

– Bon Dieu, me voilà harcelé par un gars en pantalon rose », remarque Schwartzkopf.

À propos de surcharge d'instruction, le jeudi, dernier jour du stage, je tire encore plus mal que je ne l'ai jamais fait de toute ma vie. Je tire si mal que je manquerais sans doute un plateau pendu à une ficelle à dix mètres de moi. Dan Carlisle me regarde soupirer sur une série à la « grouse planante », qui est un plateau rapide croisant de droite à gauche à 90 degrés. L'un de mes plus mauvais coups.

« Vous êtes plutôt un chasseur d'oiseaux, me demande-t-il.

– Oui, si on veut, dis-je un peu dégoûté de moi-même.

– Vous n'avez pas beaucoup tiré au ball-trap ?

– Pas beaucoup. »

(En fait seule la chasse m'intéresse vraiment et jusqu'à ce jour je n'avais jamais tiré une « planche » complète de plateaux.)

« Voici ce qu'il faudrait faire... Vous devriez monter sur une douzaine de cartons de plateaux et tirer jusqu'à ce que vous soyez redescendu sur le sol... »

Excellent conseil sans doute pour quiconque voudrait devenir un tireur, mais cela ne me tente guère. Je peux vous dire que c'est dur d'être venu jusqu'ici, d'avoir fait tout ça, d'avoir tiré plus de plateaux en un mois que durant toute ma vie et de finir en tirant plus mal encore qu'au début. Je vois tellement tout en noir que je pense sérieusement éviter le petit tournoi organisé pour demain. Je me sens mauvais, rouillé. Je pense que je ferais mieux de prendre mes cliques et mes claques et partir.

Puis, alors que je suis le dernier tireur du dernier poste et du dernier jour, je réussis, sous la calme tutelle de Roland Wild, à casser proprement mes trois derniers plateaux. « C'étaient les trois meilleurs tirs que je vous ai vu faire de la semaine », me dit Roland qui, malgré un sévère mal de tête causé par les trop nombreux coups de fusil, dont certains tirés par les fusils « étoffés » des spécialistes, parvient à maintenir assez d'enthousiasme pour que même le tocard le plus minable se sente un petit peu mieux.

Peut-être y a-t-il un peu de tension entre les trois ou quatre meilleurs du groupe, mais à part une petite satisfaction pour ceux qui ont progressé, franchement, cette compétition de fin de stage ne représente pas grand-chose pour le reste d'entre nous. Ça n'est pas le championnat du monde, c'est supposé être amusant. Ça ne m'a pas empêché de demander un deuxième Martini au cocktail d'hier soir, ni de dormir sur mes deux oreilles, de prendre mon café matinal tout à fait détendu et de me sentir parfaitement bien à présent. Je suis heureux d'avoir Sheika dans mon équipe. Il est impossible de ne pas rigoler quand on tire avec elle. Par exemple, à un poste elle se plaint de ne pas voir correctement la cible. Puis elle s'aperçoit, tout en éclatant d'un rire rauque, qu'elle fermait les deux yeux au moment de presser la détente. Je suis heureux aussi d'avoir Roland comme coach car son style détendu a un effet apaisant sur moi.

Nous devons tirer 150 plateaux – 10 par poste – et des prix seront attribués ce soir au banquet de clôture aux trois meilleurs en individuel et aux trois meilleures équipes. Et il devrait y avoir un prix de consolation pour les scores les plus bas. Mon Dieu, j'espère simplement que ce ne sera pas pour moi.

Le lecteur doit maintenant imaginer à quel point j'aimerais raconter le «miraculeux come-back du pire tireur de toute l'Amérique», comment je me serais mis à pulvériser les plateaux, tirant de mieux en mieux au fil de la journée, progressant inexorablement vers le haut du podium, terminant en «barrage» contre le général Norman Schwartzkopf et le tireur d'élite Michael McIntosh, tandis que la musique du film *Rocky* serait jouée dans un crescendo fébrile et plein d'émotion.

Mais bien sûr ce n'est pas précisément ce qui s'est passé. Le général souffrait lui-même d'une légère baisse de concentration; j'appris plus tard que le département d'État l'avait appelé dans la nuit pour l'informer qu'une équipe de tueurs iraniens s'était infiltrée sur le territoire américain dans le but de l'assassiner. Même si une école de tir comptant une cinquantaine d'élèves et une demi-douzaine d'experts instructeurs tous armés semblait un lieu improbable pour déclencher une telle opération, cette nouvelle avait tout de même affecté l'esprit de compétition du général.

Pour sa part, McIntosh s'était classé à une très respectable troisième place. Quant à moi, je n'avais pas trop mal tiré compte tenu de mes résultats désastreux de la veille. Bien sûr j'avais loupé mon content de plateaux et je crois que j'avais terminé, ainsi que mon équipe, quelque part en dessous de la moyenne. J'avais pourtant remporté le championnat des calibres 16, mais il faut admettre que j'étais le seul tireur dans cette catégorie.

Et vous savez la suite? À un certain moment je sentis ma crosse monter en douceur et se poser contre ma joue, exactement comme il faut que ça se fasse. Et alors, même si je manquais ma cible, ça m'était égal car j'avais tiré de la bonne manière. Et maintenant que je peaufine ma technique, je caresse le rêve secret d'y retourner l'an prochain... toujours, bien sûr, avec mon fidèle calibre 16 juxtaposé. Bon sang, peut-être que je finirai par gagner ce maudit concours! Oh, vous voulez connaître mon score final? Eh bien comme me l'a expliqué un chasseur frappé d'anglophilie, que j'avais rencontré il y a quelque temps: «Un gentleman ne compte que sa petite monnaie.»

31

Le prix John Warner

J'ai deux types de copains de chasse et de pêche : mes nouveaux camarades experts qui savent tout faire, du tir à la pêche à la mouche en passant par la cuisine du gibier, et mes anciens amis, un peu moins experts, qui, comme moi – comment le dire le plus poliment possible ? –, sont de stricts amateurs.

Ces derniers sont les gars avec qui je pêche ou je chasse depuis plus de trente ans, c'est-à-dire bien avant que je ne tombe de manière accidentelle dans la profession de « journaliste cynégétique », appellation qui pourrait laisser penser de manière erronée que je possède un certain degré de compétence ou d'expertise dans les chasses que je pratique. Une notion qu'il vaut mieux laisser de côté pour l'instant et pour toujours.

Avec mes copains « amateurs », nous ne nous prenons pas tellement au sérieux et, dans cet esprit, nous fournissons parfois de sérieuses occasions de rigoler aux vrais experts. Œuvre utile car Dieu sait que chacun et particulièrement les experts ont besoin de se détendre parfois. Ce que je veux dire, c'est que si la vie de chasseur doit être menée dans le respect et l'humilité, il ne s'agit pas non plus comme on dit « de se prendre la tête ». Ça ne résoudra pas les guerres et la faim dans le monde. La chasse doit rester un loisir dont le but principal est de passer du bon temps dans la nature. Mais nous faisons de notre mieux pour échapper à la pression. Ce que j'essaie de dire, c'est qu'il n'y a aucun mal à n'être qu'un amateur.

Ce qui ne veut pas dire qu'un amateur ne doit pas faire d'effort pour s'améliorer. Pour ma part, toute ma vie j'ai fait des efforts pour améliorer certains points. On doit avoir un objectif. En même temps on doit apprendre à accepter ses propres limites. Il est devenu douloureusement clair pour moi que je ne deviendrai jamais un champion de lancer à la mouche, ni un grand fusil... bon, d'accord, je ne serai même pas simplement un bon pêcheur à la mouche, ni un bon tireur. Donc j'aspire simplement à me placer un jour légèrement au-dessus de la moyenne des moucheurs et des tireurs. Voilà un objectif qui me semble réaliste et à ma portée.

Dans ce même esprit d'anticompétitivité, il y a de nombreuses années, mes amis amateurs et moi avions institué la vénérable tradition du prix John Warner, du nom de son premier lauréat, un copain qui avait oublié son moulinet alors qu'on était parti pêcher dans un endroit perdu. Le prix est attribué chaque année à un membre de notre groupe qui s'est particulièrement distingué par une maladresse lors de notre voyage annuel de pêche ou de chasse. L'idée n'est pas de récompenser uniquement l'excellence, mais aussi la grossière incompétence et le ridicule, pour la simple raison que les bourdes et les gaffes commises dans l'exercice de notre sport fournissent autant d'histoires et de souvenirs mémorables que les très rares succès.

Depuis sa création, le prix John Warner a connu de nombreux désastres plus ou moins graves depuis le broyage de scions de cannes à pêche dans des portières d'auto, jusqu'à l'oubli des provisions de bouche lors d'expéditions sac au dos, en passant par la perte de clés de voiture au milieu des grandes plaines du Nebraska. Il y eut aussi un participant qui s'était présenté en chaussons à l'aube, au départ d'une chasse aux faisans, et d'autres qui se sont perdus dans la campagne ou qui sont tombés dans la rivière. Il y en eut un qui planta sa propre mouche dans sa propre oreille, celui qui planta sa mouche dans l'oreille d'un copain, ceux qui oublièrent de retirer la sécurité de leur fusil au moment de réaliser le doublé de leur vie. D'autres sont arrivés à la chasse pour s'apercevoir qu'ils avaient laissé leur chien à la maison, et d'autres encore ont quitté la chasse en oubliant leur chien au parking. Et on pourrait ajouter un grand nombre de mésaventures et accidents à la Jerry Lewis. La liste est sans fin et, réellement, au fil des années, nous avons fait toutes les âneries possibles.

Chaque année, un vainqueur se dégage clairement du lot, alors qu'il semble que chaque année la compétition devienne de plus en plus serrée et les critères de sélection de plus en plus durs. Cela indique sans doute que, en tant que chasseurs mais aussi en tant qu'êtres humains, le passage du temps nous rend de plus en plus incompétents. Par conséquence, de nos jours, le simple oubli d'un moulinet obtiendrait à peine une mention honorable.

La compétition a même atteint un tel niveau de subtilité qu'une simple remarque particulièrement inepte peut suffire à remporter le trophée convoité. Par exemple, un hiver en Arizona, au cours d'une chasse aux cailles, nos amis Jon Williams et David Christian s'étaient égarés dans le désert. Ils croisèrent du bétail que Williams pensait avoir déjà vu quelques heures auparavant. « C'est bon, nous ne devons pas être loin des véhicules, avait-il dit, soulagé. Voilà le troupeau qu'on avait croisé en partant.

– Jon, tu es un vieux rat du désert extrêmement malin, avait répondu D.C. Mais je dois quand même te faire remarquer que les troupeaux sont connus pour se déplacer. Ou même que ça peut être un autre troupeau, à moins bien sûr que tu ne reconnaisses quelques-unes de ces vaches.

– Bordel, avait répondu Williams en secouant la tête. Quel idiot je fais, maintenant non seulement on va peut-être crever ici dans le désert, mais en plus je vais gagner le John Warner. »

Tous les ans, ledit John Warner essaie de faire pression pour que son nom soit retiré du prix et qu'il soit changé pour porter celui du gagnant de la saison. Et chaque année, nous lui expliquons que le prix Nobel ne change pas de nom chaque année, qu'il devrait prendre ça comme un immense honneur d'avoir un prix à son nom. Et tous les ans, John Warner finit par faire remarquer qu'on est assez loin du prix Nobel.

C'est vrai, on en est loin et le jour où l'un de nous fera vraiment une grosse connerie, je veux dire une connerie monumentale, comme de mourir dans le désert, alors peut-être envisagerons-nous de rebaptiser le prix.

En fait, au cours d'un de nos voyages de pêche annuels, j'étais passé à un cheveu de réaliser cela moi-même. Et ce n'était pas à cause d'un accident de pêche ou de chasse, mais à cause d'un accident de cuisine. Ils comptent aussi pour la compétition car la chasse, la pêche et la cuisine sont intimement liées (on a vu des John Warner attribués pour la simple préparation d'un repas particulièrement raté).

Dans ce cas, j'étais en train d'allumer le four dans ma caravane Airstream pour cuire le dîner, mais quelque chose m'avait distrait. Puis j'étais retourné pour allumer le gaz en oubliant totalement que j'avais déjà ouvert le robinet. Le temps que l'odeur parvienne à mes narines, j'avais déjà craqué mon allumette, trop tard pour comprendre que j'étais sur le point de me transformer en bûcher. Je fus immédiatement submergé par une énorme boule de feu. Bon Dieu, quelle stupide chose j'avais faite. Puis je vis mes copains, agenouillés à côté du four, qui regardaient horrifiés les poils roussis sur mes bras et me secouaient la tête en tentant d'évaluer les dégâts dans l'odeur âcre des poils grillés. « Oh, merde… avais-je lâché.

– Tes sourcils sont cramés, mais il te reste pas mal de cheveux, avait dit l'un.

– Et tu n'es pas mort, avait ajouté un autre.

– Nous non plus, ajouta un troisième.

– Dis donc, mec, tu ne devineras jamais… poursuivit quelqu'un.

– Je sais, je sais, avais-je soupiré. J'ai remporté le prix John Warner. »

32

État de grâce

C'était une chaude journée d'été. J'étais seul à la pêche sur une partie éloignée du cours inférieur de la rivière North Platte dans le nord du Wyoming. La rivière, à ce niveau, a depuis longtemps quitté la montagne et les pâtures irriguées des basses vallées pour couler essentiellement dans le désert. C'est un endroit où il y a des serpents à sonnette. J'ai rarement pêché ou campé ici sans en voir au moins un. Je n'ai pas honte d'avouer que je n'aime pas les serpents à sonnette. Je n'ai pas vraiment la phobie des serpents, mais vous pouvez être sûr de ne jamais me voir rejoindre une de ces espèces de sectes religieuses où les gars manipulent des serpents. Bien que j'aie déjà fait quelques rencontres inopinées avec des serpents sur ce tronçon de rivière, j'y reviens tout de même de temps en temps car c'est un bel endroit qui vaut la peine d'affronter un moment ses peurs personnelles.

Tous ceux qui ont passé un peu de temps dans la nature (un peu plus tout de même que de s'être simplement assis près du barbecue au cours d'un pique-nique) se sont déjà retrouvés dans le pétrin. Encore une fois, je ne parle pas de ceux qui ont laissé cramer les steaks sur le barbecue. Et une des qualités que j'ai toujours admirées chez la plupart des hommes proches de la nature, et que j'ai souhaité cultiver moi-même, est la capacité à se tirer d'un mauvais pas dans la dignité, avec confiance et habileté. Ce qu'Hemingway appelait « la grâce face au danger ». Mais je parle aussi de la simple compétence, ce qui est parfois à peu près la même chose. Être compétent et/ou agir avec grâce évite aussi souvent simplement de se mettre dans le pétrin.

J'ai grandi dans des banlieues en lisant des magazines de chasse et en rêvant de cette vie dans la nature. Les gars des magazines savaient tout faire et le faisaient bien. C'étaient de grands tireurs et de grands pêcheurs ; ils savaient allumer un feu et se diriger à la boussole ; ils connaissaient les habitudes des poissons, des oiseaux et des grands animaux ; ils savaient prendre soin d'eux dans la nature et comment se tirer d'un mauvais pas.

Toutes ces années après, je ne vais pas prétendre que je suis particulièrement compétent face à la nature et certainement pas que je fasse les choses avec grâce. Non que je sois totalement empoté, mais par exemple s'il n'y a qu'une clôture barbelée dans un rayon d'un kilomètre autour de moi, il y a toutes les chances que j'y accroche mes pantalons de pêche au passage. Quand j'étais enfant, ma mère considérait toujours que j'étais un peu distrait et mon père déclarait que si ma tête n'avait pas été vissée sur mon corps je l'aurais perdue immédiatement. J'étais un rêveur et je le suis toujours et ce n'est pas une qualité qui rend particulièrement efficace lorsque vous vous retrouvez en pleine nature.

Je me demande même maintenant si la forme prise par ma vie de chasseur ne serait pas la conséquence d'un événement majeur qui s'est déroulé dans mon enfance. Je devais avoir 10 ou 11 ans et j'avais été invité par la famille de mon meilleur ami à une expédition en canoë. Le tout premier jour, aux tout premiers moments de navigation, j'avais commencé à tanguer dangereusement jusqu'à passer par-dessus bord. La mère de mon copain, qui avait été éjectée, s'était fracturé la jambe sur un rocher. Il avait fallu l'évacuer par hélicoptère jusqu'à l'hôpital. La mère de mon meilleur ami ! La jambe brisée comme une brindille !

Et depuis ce temps, ma vie de coureur des bois fut largement marquée par cette poursuite jusque-là infructueuse de la grâce et de la compétence. Devenir un meilleur tireur, un meilleur pêcheur à la mouche, être le genre de gars qui ne bascule pas immédiatement du canoë, celui sur qui vous aimeriez pouvoir compter si vous étiez perdu dans la forêt. Je dois préciser que je me suis déjà perdu un nombre incalculable de fois tout seul et que ce n'est pas une sinécure.

À l'inverse prenez un type comme mon vieil ami et mentor Barney Donnelley. Une fois, il y a quelques années, au large de la Floride, alors que nous étions dans son bateau, Barney et moi fûmes surpris par un orage. Nous recherchions une crique pour nous abriter quand le maelström de vent et de pluie s'abattit sur nous. La mer et l'air devinrent étrangement noirs et des vagues de près de six mètres se brisaient au-dessus de la proue. Barney me cria de me coucher à l'avant et de m'arrimer tandis qu'il tentait de maintenir la barre. Je dois admettre que j'étais terrifié, mais j'avais une confiance totale en Barney. Je savais qu'il nous sortirait de là, car il possédait cette fameuse et ineffable grâce dans l'action, sans laquelle je suis convaincu que nous aurions péri, là en haute mer.

Et l'année dernière, dans une rivière du Montana gonflée par la fonte des neiges, Donnelley, pourtant âgé maintenant d'une bonne soixantaine d'années, avait sauvé la vie d'un compagnon de pêche plus jeune et moins expérimenté qui avait perdu pied puis s'était laissé entraîner par le courant. Alors qu'il dérivait, le jeune homme avait réussi à tendre le bout de sa canne vers Barney, mais il avait remonté sa mouche jusqu'au dernier anneau comme seuls le font les débutants et Barney s'était profondément planté l'hameçon dans la paume de la main. Mais il n'avait pas lâché et il était parvenu à tirer le jeune homme, qui faisait la moitié de son âge et presque son poids, et à le mettre en sécurité sur le rivage, avant de lui-même perdre pied et d'être entraîné à son tour, frôlant la noyade.

Ce qui me ramène à mon histoire : c'était la mi-journée, il faisait chaud et, au lieu de me reposer quelque part à l'ombre, je pêchais dans un de mes coins favoris, une poche d'eau assez profonde, avec une ligne plongeante et une mouche noyée. Selon ma théorie, s'il y avait un seul poisson dans les parages, il ne pouvait se trouver qu'au fond de ce bout de rivière-là. Je connaissais bien cet endroit et je m'étais permis d'avancer jusqu'à ce que j'aie de l'eau à trois ou quatre centimètres du haut de mes pantalons de pêche. Je me tenais sur un petit rocher. Je sentais l'assise de mes pieds un peu précaire mais, pour pêcher où je voulais, c'était là qu'il fallait que je sois.

Je lançais à travers la rivière et dans le sens du courant, reprenant un peu de ligne au fur et à mesure de la dérive et de la coulée, puis je laissais un « ventre » se former dans la ligne et quand elle était tendue, je faisais quelques tirées pour faire traverser la mouche. À la première tirée, un poisson fit une attaque. Une sérieuse attaque et un beau poisson.

La truite repartit vers l'amont en tirant comme un taureau. La ligne se dévidait du moulinet, mais je pus finalement la freiner et la brider un peu pour la fatiguer. À ce moment même, je vis du coin de l'œil un truc flotter dans le courant. Ce truc dérivait dans ma direction. Je regardai un peu mieux et m'aperçus avec étonnement – ou plutôt, avec horreur – qu'il s'agissait d'un serpent à sonnette dont le corps décrivait des séries de *S* sur la surface de l'eau. Il semblait tenter de se rafraîchir et d'échapper à la chaleur de cette journée en prenant tranquillement un bain, se laissant aller au gré du courant. Que dire de plus ? Il semblait n'avoir aucune conscience de ma présence et se dirigeait tout droit sur moi. La collision paraissait inévitable.

De multiples pensées se bousculèrent dans ma tête. D'abord, avec le niveau de l'eau si près du haut de mes pantalons de pêche, je savais qu'il m'était impossible de manœuvrer pour éviter sa trajectoire sans perdre mon équilibre et finir entraîné par le courant. Il m'apparut alors que j'avais le choix entre couler ou affronter mon serpent. Scénario catastrophe : j'allais être mordu et comme il n'y avait que mon torse, mon cou et ma tête qui dépassaient de l'eau, la morsure serait grave et je me noierais.

Je tenais mon bras droit levé avec ma canne en main et j'avais toujours ce poisson au bout de ma ligne, mais je n'avais d'autre choix que de rester immobile, ce que je fis. Peut-être ai-je chuchoté : « Hé, monsieur le serpent... », juste pour l'alerter de la collision imminente, car au même moment il me vit et il rectifia sa trajectoire avec une habileté incroyable, comme s'il était sur la terre ferme et non sur l'eau. Il dressa la tête au-dessus de la surface comme pour répondre aux injonctions d'un charmeur de serpents et il se tourna vers moi. Il ne passa qu'à une cinquantaine de centimètres de ma poitrine, ses yeux fixant les miens et sa langue sifflant en guise d'avertissement. Je ne fis pas un mouvement. Je ne dirais pas que ma vie défila devant mes yeux à cet instant, mais, pour une raison curieuse, je me revis clairement embrasser Charlotte Goodwin sur un banc de parc lorsque j'avais 16 ans.

Alors qu'il me dépassait, nous nous regardâmes droit dans les yeux et à ce moment précis nous conclûmes notre accord : je le laissais dériver dans le courant et il me laissait ramener ma truite, une splendide arc-en-ciel de plus de cinquante centimètres que je remis tout de suite scrupuleusement à la rivière.

33

Le zen et l'art de la pêche à la nymphe

Mon ami Rob Kelly pêchait déjà près d'Aspen dans la légendaire rivière Roaring Fork bien avant qu'elle ne devienne légendaire et bien avant qu'Aspen ne devienne le flamboyant « Hollywood du Colorado » qu'on connaît aujourd'hui. Depuis qu'il est jeune, sa famille possède une modeste maison de vacances au cœur de la ville. Ce genre de maison que les agents immobiliers appellent un « paillasson » et dont le terrain, aussi petit soit-il, vaut aujourd'hui infiniment plus que la maison elle-même. La plupart des anciens voisins ont depuis longtemps cédé aux implacables tentations financières d'un marché immobilier devenu fou. Les bulldozers ont rasé les anciennes maisons qui étaient aussi modestes que celles des Kelly et à leur place ont poussé de disgracieuses bâtisses de luxe occupant chaque centimètre carré du précieux terrain, donnant parfois à ces monstres immobiliers l'allure d'un éléphant perché sur un tabouret. Vestige d'une époque moins ostentatoire, la maison des Kelly résiste bravement au milieu de tout cela, mais il y a des choses qui ne changent pas : comme elle l'a toujours fait, la Roaring Fork traverse Aspen et passe juste en dessous de leur maison. À cet endroit, encore très en amont, la rivière est très différente de celle qu'on découvre un peu plus bas. Ici, au pied des montagnes, c'est encore presque un torrent formé d'une succession de poches d'eau qui coulent les unes dans les autres en cascadant au milieu des rochers.

Avec nos cuissardes et nos cannes, nous descendons par le sentier qui mène au parcours de Robert Kelly. Nous longeons les maisons des multimillionnaires de Los Angeles. Les magnifiques pelouses sont ornées de cours de tennis, de meubles en teck et de jacuzzi. Sur le sentier qui longe la rivière sont disposés des bancs stratégiquement espacés. En fait de sentier, c'est une promenade pavée, idéale pour les marcheurs, les joggeurs, les cyclistes, les patineurs et accessoirement pour les pêcheurs. La plupart des pêcheurs cependant préfèrent les parcours en aval de l'ancien pont des abattoirs où la rivière a creusé un profond canyon, ou encore plus bas, vers la ville de Basalt, ou alors dans les parties plus calmes où l'on peut descendre en canot à travers les prés entre Carbondale et Glenwood Springs.

Mais ce parcours « urbain » est le domaine de Robert Kelly, « sa » rivière. Il en connaît chaque plan d'eau et chaque rocher. Il sait exactement où se tenir pour pêcher de manière optimale dans l'eau profonde ; il sait sur quels rochers il faut poser le pied pour éviter d'embarquer de l'eau dans ses bottes. Et il connaît personnellement une bonne partie des plus belles truites de la rivière.

Avant de commencer à pêcher, nous restons un moment assis sur un banc à regarder la Roaring Fork, qui fait le bruit d'un ensemble de basses dans un orchestre. C'est moins un rugissement[1] qu'un profond roulement ponctué par les sons plus aigus des rapides et des chutes. C'est un frais matin d'été, une brise légère fait doucement frémir le beau feuillage vert profond des peupliers.

Vêtu de ses cuissardes, Kelly se penche en avant et regarde intensément la rivière. Il semble entrer dans une espèce d'état de zen qui lui permettrait de traverser mentalement la surface de l'eau pour déchiffrer les plus obscurs secrets de ses profondeurs. « Que fait-on ? » finis-je par demander.

Et juste à ce moment, arrivent deux joggeuses, ce genre de femme que les hommes d'affaires de Beverlly Hills aiment bien exhiber quand ils ont réussi. Elles sont vêtues de collants synthétiques très moulants et de soutiens-gorge de sport. Avec leurs corps

1. *Roaring* signifie « rugissant ».

sculptés par des coaches personnels et peut-être bien rectifiés ici ou là par de talentueux chirurgiens, elles donnent l'impression improbable de ce que la race humaine peut produire de mieux. Mais Aspen lui-même offre une version idéalisée de ce que peut être une ancienne ville minière. « Des filles pour se rincer l'œil, dit Kelly. C'est un des avantages de la pêche en ville par ici. Et on regarde aussi l'eau. Maintenant tu peux enfiler tes cuissardes. Je prendrai ce plan d'eau et tu prendras le suivant. À partir d'ici, il faudra se fondre dans l'eau sans un bruit et sans une éclaboussure. Agis comme si tu étais une nymphe sortant de l'onde.

– Une nymphe sortant de l'onde ? »

Mais Rob s'est déjà glissé dans ses pantalons de pêche et s'est mis à avancer comme un félin en chasse le long du sentier promenade. Je décide que je ferais mieux de l'observer un moment pour m'inspirer de sa méthode. Kelly est un maître de la nymphe en ligne courte. Je n'ai jamais été assez zen pour faire ça moi-même.

Légèrement ramassé, tenant sa canne comme une baguette de chef d'orchestre, Kelly entre dans l'eau et s'avance très doucement afin de prendre position au milieu du courant. Puis il reste là, comme statufié, jusqu'à ce qu'il sente qu'il est lui-même devenu un élément de la rivière, que l'eau coule à nouveau comme s'il n'était pas là et que les poissons qu'il aurait pu déranger en entrant aient retrouvé leur poste et toute leur confiance. Puis il sort un peu de ligne, mais vraiment très peu, et il lance vers l'amont. En fait, lancer n'est pas le terme exact, il expédie plutôt d'un retour du poignet une imitation de larve de trichoptère de couleur verte alourdie en tête par un « casque » en tungstène doré. Cette nymphe est fixée au bout d'un petit bas de ligne, lui-même encore lesté d'un plomb pincé. Avec le poids, l'imitation coule rapidement. Penché sur l'eau dans une attitude de totale concentration, Kelly tient sa canne dressée aussi délicatement que s'il maniait une baguette magique et garde les yeux fixés sur l'endroit où la ligne entre dans l'eau, puis il relève doucement la pointe au moment ou la nymphe touche le fond. De temps à autre il fait un court mouvement du poignet pour assurer l'hameçon dans l'éventualité d'une prise imperceptible, car les truites prennent souvent ces nymphes si délicatement qu'il est parfois impossible aux plus fins pêcheurs de différencier une prise de la rencontre avec une roche ou un autre obstacle. À la fin de la dérive, il ramène sa ligne et recommence toute la séquence. Tous les quatre ou cinq lancers il vérifie sa nymphe pour s'assurer qu'elle n'a pas accroché un brin de mousse ou un morceau d'algue.

L'observation depuis mon banc a un côté apaisant, presque hypnotique, et je ne suis pas pressé de commencer à pêcher moi-même. En plus, il passe toujours des filles «pour me rincer l'œil» (des joggeuses, des marcheuses et d'autres en rollers), comme une rivière de collants synthétiques qui coulerait en parallèle de la Roaring Fork.

Lancer, accompagner la dérive, remonter, relancer. Avec la patience d'un moine bénédictin récitant des litanies, Kelly peigne inlassablement la surface de son plan d'eau. Il peut passer une heure sur chaque poste. Mais sa patience est payante car il attrapera des poissons, et de gros poissons.

Après que Kelly eut accroché sa première truite, je quittai finalement mon propre poste et m'en fus tenter ma chance un peu plus loin. Après une longue bataille qui avait fait ployer sa canne, il avait sorti de l'eau une grosse fario, qu'il avait relâchée immédiatement dans la rivière. Malgré mes efforts pour imiter Kelly, depuis sa position penchée jusqu'à son habitude de fredonner qui confine à des psalmodies bouddhistes, je n'ai jamais attrapé autant de poissons que lui ni d'aussi gros. Il n'est simplement pas dans ma nature d'être si méthodique et si calme, si patient dans l'exécution de gestes répétitifs. Mais je continue d'essayer, j'essaie d'apprendre du maître, faisant mienne la devise bouddhiste: «le chemin est le but».

34

La fin de la saison

C'était une fin d'après-midi d'automne et nous pêchions dans un lac des hautes plaines à la recherche de truites arc-en-ciel et de *cutbows*[1] qui sont des hybrides de truites arc-en-ciel et de truites fardées. Elles s'étaient gavées tout l'été de petites crevettes d'eau douce et leur chair était aussi rose que celle des saumons. Mais à cette heure de la journée, alors que le soleil se couchait et que la lumière avait pris une teinte argentée, que les dernières éclosions de la saison avaient lieu, les poissons se nourrissaient parfois en surface, se prélassant paresseusement tels des marsouins et crevant l'eau de la pointe de leurs nageoires dorsales et caudales. Je peux vous dire que c'était quelque chose à voir: une grosse mémère de six livres nageant juste sous la surface, produisant une vague comme les sous-marins jusqu'à ce qu'elle repère une proie – votre mouche, avec un peu de chance –, son lent gobage et tout son dos qui sort de l'eau tandis qu'elle aspire délicatement, le remous sur la surface lisse de l'eau, le bruit de succion qui fait penser à une baignoire qui se vide.

Pour profiter du point de vue spectaculaire et, pour être franc, aussi parce que Sweetzer en avait marre de la pêche, j'avais décidé de grimper jusqu'au faîte d'une petite colline qui surplombait le lac. Elle avait passé l'été assise sur une berge à me regarder pêcher patiemment, mais à présent que l'automne était là, elle pensait

1. Contraction de *rainbow trout* (truite arc-en-ciel) et *cutthroat* (espèce connue en français sous le nom de truite fardée).

qu'on pourrait passer à autre chose... chasser par exemple. Et d'une certaine manière j'étais d'accord avec elle ; j'étais un peu lassé de la pêche moi-même et bien que j'aie du mal à me plaindre d'avoir encore à prendre quelques truites de cinq livres et plus dans un magnifique lac secret des hautes plaines, je devais admettre que j'avais atteint ce moment de la saison où je me sentais aussi bien au sommet de cette colline à regarder mes vieux amis pêcher qu'à pêcher moi-même.

Donc, Sweetz et moi avions fait un tour là-haut dans les buissons de sauge et nous avions même levé une gélinotte, ce qui paraissait curieux avec une canne à mouche à la main et vêtu de néoprène au lieu de porter un fusil et des culottes de chasse.

Nous avions chassé un peu plus tôt ce matin. C'était le week-end « plume et mouche » annuel de mes amis. Nous étions tombés sur une belle compagnie de gélinottes des sauges, et nous avions assuré le dîner. Ce soir nous étions à la pêche et demain nous allions tenter les tétras sombres dans les montagnes.

L'été avait été très sec. En dessous de nous, la palette de couleurs des herbages fauchés allait du brun à l'ocre, alors que les collines parsemées de touffes de sauge prenaient des teintes fauves rougeâtres dans le soleil couchant. Les saules qui poussaient le long des ruisseaux et des fossés avaient jauni et leurs feuilles tombaient au sol en virevoltant comme de minuscules parachutes. Des troupeaux de bœufs parsemaient le paysage et je me fis la réflexion que même si l'élevage n'avait pas bonne presse ces temps-ci, je préférais voir des vaches dans ce paysage plutôt que de constater l'inexorable développement immobilier qui aujourd'hui dévore l'Ouest.

En dessous de moi, Jon et John se tenaient dans l'eau jusqu'à la taille, chacun d'un côté du petit lac, lançant en rythme leurs lignes que les dernières lueurs du soleil faisaient parfois étinceler. Nous étions tous de vieux amis de la meilleure espèce. Nous avions passé ensemble l'essentiel de notre âge adulte et nous serions sans doute copains jusqu'à la tombe.

J'imagine que comme je passe maintenant beaucoup de temps sur la route, je chéris particulièrement ces rares moments chez moi avec mes vieux amis. Plus tard, nous allions préparer le dîner ensemble en nous chamaillant dans la cuisine comme une bande de vieilles dames. John serait accusé de ne pas avoir apporté sa contribution et l'on ressortirait cette vieille histoire de Thanksgiving d'il y a une douzaine d'années, quand il n'avait apporté en tout et pour tout qu'une lamentable boîte d'ignames confites comme participation au dîner. Je serais accusé d'être trop directif et un peu trop pointilleux. Jon serait accusé de siffler tout le vin rouge avant même qu'on soit assis pour le début du repas. Et quoi d'autre? Toutes ces accusations seraient vraies. Nous allions tous boire trop, fumer bien que nous ayons tous arrêté il y a des années; nous allions comparer nos cheveux gris et nos fronts qui se dégarnissaient, nous enchaînerions sur quelque autre signe de l'âge ayant frappé l'un de nous. Et notre litanie sur le thème de la décrépitude physique serait entrecoupée de rires. Nous n'étions pas encore assez vieux pour être déjà indifférents à ces choses-là. Mais le dîner, je peux pratiquement vous le garantir, allait être excellent; il y aurait les jeunes gélinottes de ce matin, grillées à la braise, du riz sauvage, une salade verte et de la baguette française bien craquante.

Juste au moment où une saison s'achève, une autre recommence, et quand elle s'achèvera aussi, une autre prendra sa place dans le cycle sans fin de la vie sauvage. Dans quelques jours, j'attellerai à nouveau l'Airstream et je quitterai à nouveau la maison avec Sweetzer pour notre migration d'automne.

À présent, du haut de ma colline, je regardais mon vieil ami Jon faire quelques lancers particulièrement beaux. Sa ligne se déployait parfaitement et sa mouche se posait en douceur à quelques centimètres devant le nez d'une truite cherchant sa nourriture. J'observais comment le gros poisson avait repéré ce fin morceau qui lui était offert et comment il accélérait légèrement pour s'en emparer, son énorme mâchoire brisant la surface pour gober sa proie, son dos brun tacheté sortant de l'eau comme au ralenti et son flanc brillant lançant un éclair dans la dernière lumière du jour. Depuis que je le connais, Jon a tendance à ferrer un peu trop tard; au fil des années, nous l'avons taquiné continuellement au sujet de cette infirmité halieutique. Combien de fois l'avons-nous entendu crier joyeusement: «J'en ai une!» pour, à la seconde suivante, ajouter piteusement: «Perdue!» Mais ce coup-ci, il releva la pointe de sa canne juste au bon moment et ferra convenablement. «J'en ai une!» cria-t-il triomphant. Et sa ligne se tendit, sa canne plia et son moulinet se mit à geindre. Et j'étais au premier rang pour profiter de tout ça.

ÉPILOGUE

Où vont les saisons
Les années sont une chose terrible.
ZANE GREY
Riders of the Purple Sage

Je ne sais pas où vont les saisons, mais elles passent vite, n'est-ce pas ? Chacune semble se précipiter vers la suivante, un peu comme ces chauffeurs de taxi new-yorkais à l'aube dans les avenues vides quand ils avancent de bloc en bloc, de feu vert en feu vert, accélérant chaque fois pour être sûr de ne jamais devoir s'arrêter. Alors que j'écris ces lignes on est déjà en septembre et une nouvelle saison de chasse s'annonce. Sweetz a vieilli, elle aura 10 ans le mois prochain. Ses coudes sont aussi cousus de cicatrices que les genoux d'un demi de mêlée professionnel à la retraite. Elle a dû subir pas mal d'opérations et son corps est le reflet du carnet de route de nos aventures. Ses coussinets sont usés par les milliers de kilomètres dans les collines rocailleuses, les montagnes, les déserts et la grande prairie. Son ventre et sa poitrine ont été marqués par d'innombrables barbelés, cactus, épines et ronces. Ses mouvements ont une certaine raideur, qui fait oublier la grâce toute féline qu'elle avait dans sa jeunesse. Les poils qui entourent son museau ont blanchi et ses yeux se sont couverts d'un voile un peu opaque. Mais bon, elle peut encore chasser une heure ou deux et trouver des oiseaux. Peut-être que ce sera sa dernière saison ou, qui sait, y en aura-t-il encore une autre. Chaque année, c'est tout ce que nous demandons : qu'il y ait une saison de plus.

L'an passé, Sweetz et moi avons adopté un petit morveux appelé Henri. C'est un épagneul breton de la fameuse lignée des calembour-dogwood, mais nous ne poussons pas le snobisme jusqu'à lui parler en français. Sweetz a montré un ou deux trucs à Henri. Elle a levé devant lui une compagnie de gélinottes des sauges qu'elle avait trouvée chez nous, dans le Colorado, quand il n'avait que 5 mois. On aurait dit qu'on voyait une ampoule s'allumer dans son petit cerveau de chiot, et quand j'ai fait tomber une paire de ces oiseaux, il s'est enflammé à cause de leur odeur, bien qu'ils soient plus gros que lui et qu'il ne puisse pas s'en emparer.

À la sortie suivante, Henri avait éventé une énorme compagnie qu'il avait rejointe un peu trop vite, à deux cents mètres de moi, et qu'il avait fait voler, puis poursuivie sur près d'un kilomètre. Ce n'était qu'un chiot qui ne se savait pas encore chien d'arrêt.

Un mois plus tard en octobre, dans l'État de Washington, Henri, Sweetz et moi avions chassé des choukars, des perdreaux gris, des faisans et des cailles de Californie. Henri avait fait quelques beaux rapports, allant même jusqu'à chiper une perdrix dans la gueule de Superman, l'un des exubérants braques allemands de mon ami Rick Bass. Mais Henri ne montrait toujours pas d'inclination pour l'arrêt.

Ce n'est qu'en novembre, un peu après, chez mon ami Guy de La Valdène, dans sa propriété de Dogwood Farm, où Henri était né huit mois plus tôt, que ses gènes de chien d'arrêt surgirent. Le premier matin où nous sortîmes chasser des cailles de Virginie, il bloqua une compagnie comme s'il avait fait ça toute sa vie et Sweetz et moi comprîmes enfin que ça valait le coup d'avoir supporté ses bêtises de chiot pendant ces longs mois. Le petit imbécile pouvait nous dénicher des oiseaux. Tout était pardonné.

Mais bon, cette histoire n'est pas celle d'Henri, c'est celle de Sweetzer et elle approche de la fin. Je ne sais pas où vont les saisons, mais je sais qu'il ne sert à rien de se laisser aller à la sensiblerie ni de pleurnicher. J'ai repassé en jaune sur mes vieilles cartes écornées les routes que nous avions parcourues, les innombrables endroits où pendant toutes ces années nous avions passé ensemble de merveilleux moments. Ce que racontent mes cartes est un rêve sans fin de gibier, d'espaces sauvages et d'anciens ou de nouveaux amis. Quelle vie merveilleuse, Sweetzer et moi avons vécue et continuons de vivre. Combien de terrains de chasse avons-nous parcourus ensemble et combien d'autres encore restaient à découvrir. Quelle chance nous avons eue et quelle chance nous avons encore. Et maintenant une nouvelle saison commence; le moteur du Suburban chauffe dans l'allée, prêt à partir, l'Airstream est attelé. Dans la lumière laiteuse de l'aube, ses feux de position lui donnent l'allure d'un avion sans ailes... Puissent tous les chasseurs et leurs chiens avoir autant de chance. Bonne chasse.

RAND, COLORADO
SEPTEMBRE 1998

Encore une histoire…

La conspiration des chiots

Nous l'appelions Choukar Bob, le roi des choukars. C'était un *vrai de vrai* et ça se voyait tout de suite. Il portait un chapeau de cow-boy avachi et taché par la sueur. Ses bottes montantes destinées à le protéger des serpents étaient complètement lacérées et son automatique Remington cabossé par l'usage intensif. Chasseur, trappeur, pêcheur, il semblait aussi rude que la région elle-même. Son visage bronzé, tanné par une longue exposition aux éléments, racontait l'histoire d'une vie complète passée au grand air. Ses rides traçaient la carte des canyons et des vallons qui tailladent cette région du sud de l'État de Washington. On y devinait les vastes champs de blé des collines du piémont qui s'assombrissent et prennent une teinte rougeâtre à l'aube et au crépuscule, les éboulis de roches qui descendent des montagnes comme des torrents à sec, ainsi que les pentes couvertes de forêts épaisses.

Le vrai nom de Choukar Bob était Bob Peasley. Il devait nous guider durant ce séjour pour nous faire découvrir cette région et nous enseigner où trouver les oiseaux. Bob était un instituteur en retraite de 61 ans et d'une nature aussi douce et prévenante que son apparence était rugueuse. Notre groupe était venu là pour chasser les choukars, mais aussi le perdreau gris, le faisan et la caille de Californie, et, avec un peu de chance, dans l'espoir de profiter des remontées d'automne des truites arc-en-ciel, venues frayer dans la rivière Grande Ronde. Et si tout cela ne suffisait pas, il restait aussi les tétras sombres et les gélinottes huppées des montagnes environnantes.

« Pour chasser dans ce canyon, avait dit Choukar Bob en tirant une bouffée de son éternelle cigarette, nous nous positionnerons de la manière suivante : un homme en bas, un au milieu et un en haut, plus un dernier au sommet de la crête. Les oiseaux peuvent se trouver n'importe où, mais le niveau où on trouvera les premiers sera le même pour tous les oiseaux de la journée. »

Nous avions cinq chiens pour quatre chasseurs (et aussi un photographe non chasseur qui n'avait pas de chien). Par un curieux hasard ou un mystérieux alignement des planètes, sur les cinq chiens, quatre étaient tout jeunes, presque encore des chiots. Et il s'agissait de quatre chiens d'arrêt qui étaient donc tous débutants et pour le moins indisciplinés. Parmi eux il y avait Mister Chuffy, l'épagneul breton de 1 an de mon ami anglais Douglas Tate ; Pointman et Superman, les deux braques allemands de 18 mois que vous connaissez déjà et qui appartiennent à l'écrivain Rick Bass ; et mon propre Henri de Dogwood, épagneul breton de haut lignage né chez mon ami Guy de La Valdène en Floride et auquel Sweetzer et moi évitons de parler français, du moins en public, afin de ne pas paraître trop snobs. Au bout du compte, seule Sweetzer, du haut de ses 9 ans, faisait figure de vétéran. Elle terminait sa carrière en peinant un peu sur ses vieilles articulations, mais faisait encore bonne figure le temps d'une demi-journée. L'excellent Dean Miller, président du club Sportsman-Landowner, chez qui nous chassions ce matin-là était aussi des nôtres. Deux groupes avaient été constitués, dont un qui était parti tout de suite à l'autre extrémité du canyon afin de venir à notre rencontre. Ils devaient laisser leurs véhicules dans la cour d'un ranch abandonné. Choukar Bob nous avait expliqué la configuration du terrain et comment le canyon faisait un crochet à droite au bord d'un grand chaume, à l'endroit où les deux équipes devaient se retrouver.

Dans notre groupe, Doug resta en bas, Choukar Bob prit le milieu et Rick et moi le haut vers lequel nous commençâmes l'escalade. Rien dans la chasse aux choukars n'évoque ni de près ni de loin le style ou l'élégance. Pas de tradition d'armes fines, pas de beaux vêtements, ni d'affectation de ne tirer sportivement que sur les arrêts hiératiques des chiens. La réalité, c'est beaucoup de sueur et de poussière, des ascensions interminables, le dos courbé, des pentes dévalées de guingois quand ce n'est pas sur les fesses, des chutes, des armes qui dégringolent avec un bruit de casserole, des genoux écorchés et des chiens aux coussinets mis à vif par la roche impitoyable. Et beaucoup d'espace. Une immensité qui provoque la stupeur, des paysages à vous couper le peu de souffle qui vous reste après l'escalade.

Les oiseaux eux-mêmes sont rarement coopératifs, ils courent loin en avant des chiens et glissent entre les roches comme du vif-argent. Ils ne gagnent les hauteurs que pour mieux replonger en vol vers les parois vertigineuses du canyon et finalement disparaître, totalement hors d'atteinte. Il faudrait une demi-journée rien que pour les rejoindre. Il existe un dicton stupide selon lequel on chasserait les choukars une première fois juste par plaisir et toutes les fois suivantes uniquement dans l'espoir de se venger des humiliations qu'elles vous ont fait subir. Mais personnellement je n'ai rien à reprocher aux choukars.

« C'est tout simplement magnifique », me dit Rick, alors que nous faisons une petite pause pour reprendre notre souffle durant la montée. Nous regardons en dessous de nous. Le canyon semble sans fin et d'une profondeur dépassant l'entendement. Tout cela donne une assez bonne idée de ce que pourrait être l'infini. « C'est si beau que je ne trouve pas les mots... »

Quelques jours auparavant, Rick avait mystérieusement perdu son chien adoré Colter, avec qui Sweetz et moi avions chassé dans la vallée du Yaak. Le souvenir de ce chien pesait sur les pensées du pauvre Rick et l'apprentissage de cet incroyable terrain de chasse sans son fidèle Colter était pour lui une expérience douce-amère.

« Veux-tu que je prenne le haut ? » proposa Rick. Ce garçon charmant, courtois et toujours le premier à se dévouer pour « prendre le haut » jouit d'une excellente forme physique. C'est un vrai chasseur et un vrai marcheur qui s'entraîne beaucoup. Il a des poumons irréprochables. Et ça tombait plutôt bien pour lui car, avec ses deux jeunes chiens turbulents, il avait besoin de toute la puissance de ses jambes, de ses poumons d'airain et de tout l'oxygène qu'il était possible d'absorber. Sans parler d'une sorte d'éternel optimisme qui s'apparenterait presque à la foi religieuse. En fait je perçois souvent Rick comme une espèce de saint homme. Ses livres communiquent un sentiment de joie pure et d'émerveillement face à la nature. De même, on ressent chez lui une impression d'outrage ou d'anathème lorsque cette nature est attaquée.

Ce jour-là, même nos trois chiots mal dégrossis semblaient particulièrement bien intentionnés, subjugués sans doute par la grandeur des paysages qui s'étalaient devant nous. Pointman, pour faire honneur à son nom[1], avait arrêté une compagnie dans laquelle Rick avait réussi à faire tomber un oiseau. C'est là que le jeune Henri, du haut de ses 6 mois, s'était précipité pour aider au rapport et s'était finalement emparé de l'oiseau, alors qu'il était déjà dans la gueule de Pointman. Il me l'avait ensuite impeccablement rapporté. Ce que nous appréciions dans cette expédition, c'était qu'aucun de nous ne pouvait se plaindre du comportement des autres chiens, car nous étions tous liés par la « conspiration des chiots ». Cela nous rendait mutuellement indulgents devant leurs erreurs et admiratifs quand l'un d'eux faisait quelque chose de bien.

Par exemple, un peu plus tard ce matin-là, Sweetzer avait levé une compagnie de perdreaux gris dans un épais couvert à flanc de colline alors que Rick et Doug chassaient en dessous de nous et Choukar Bob au-dessus. J'avais touché un oiseau, mais assez mal. Bob et moi avions indiqué à Rick l'endroit de sa chute, mais bien sûr, quand Rick était arrivé, le perdreau n'y était plus. Soudain, je vis Rick prendre une direction totalement opposée avec Superman, son autre jeune braque. Je lui avais crié qu'il s'éloignait du secteur, mais il ignora mes remarques. Doug quant à lui continuait à chercher autour du point de chute. Dix minutes plus tard et à près de deux cents mètres du point de départ, nous vîmes Superman ralentir, s'aplatir comme un chat et bondir sur le perdreau qu'il avait pisté sur toute cette distance. Il l'avait assuré dans sa gueule et l'avait rapporté à Rick, montrant bien une fois de plus que même des chiens maladroits et inexpérimentés valent mieux que pas de chien du tout.

1. *Point*: terme anglais de chasse qui signifie « arrêt ».

Peu de temps après, nous avions retrouvé l'autre groupe dans un vieux verger au pied d'un vallon, non loin du ranch abandonné. À notre arrivée, nous avions fait décoller plusieurs dizaines de cailles, mais leur saison n'ouvrait que dans deux jours. Nous fîmes une petite halte pour nous reposer, boire et déguster des prunes sauvages et aussi des pommes et des poires cueillies sur de vieux arbres fruitiers aux troncs rabougris. Nous comparâmes nos impressions de chasse et nos carniers composés de choukars et de perdreaux gris. Plus tard, sur la route du retour vers le pavillon, dans le parc national de Field Spring, alors que nous roulions au pied des collines qui commencent là où finissent les champs cultivés, nous vîmes une couvée de gélinottes huppées se lever juste devant nous. Et tout de suite après, une bande de dindons traversa la route pour se fondre dans l'obscurité des bois. C'est la seule région où se chevauchent les aires de répartition de trois des quatre sous-espèces endémiques de dindons sauvages d'Amérique, les merriam, rio grande et eastern.

Une fois dans le pavillon, nous nous servîmes des boissons et préparâmes le dîner. Quand nous ne regardions pas (et même quand nous regardions), les jeunes chiens mâles tournaient en cercles stupides et levaient la patte chacun leur tour sur les poutres qui soutenaient la structure.

« À vrai dire, ces poutres ressemblent à des arbres, dis-je en prenant la défense des chiots.

– En fait Jim… ce sont des arbres, fit remarquer ironiquement Crawford.

– On devrait rajouter du papier toilette sur la liste des courses, ajouta Doug un peu sombre. Il semblerait qu'on en ait besoin d'un peu plus que prévu. »

Un front froid s'était déplacé dans la nuit et au matin il faisait froid et humide. Quelques lourds flocons de neige tombaient comme des pierres un jour de bruine. C'était la fois où nous étions censés descendre la rivière en bateau pour pêcher des truites arc-en-ciel migratrices. La veille au soir, à la manière des Indiens, nous avions tenu un conciliabule à ce sujet. Doug Tate et Rick Bass sont exclusivement chasseurs, Doug refuse de perdre son temps dans un bateau tant qu'il est possible de chasser et Rick, en bon Texan, ne jure que par le plancher des vaches et déclare même qu'il déteste l'eau et que ça le terrifie. Seul Tim Crawford était d'accord pour m'accompagner à la pêche et uniquement par conscience professionnelle. Avec le front froid, les truites auront rejoint le fond de la rivière et, si la semaine dernière on entendait parler de bonnes pêches en surface et en sèche[1], pour nous les lignes plongeantes et les gros streamers seraient à l'ordre du jour.

« Jim, il va faire drôlement froid dans ce bateau, me fit remarquer Tim au matin. Surtout au fond du canyon, là où le soleil ne passe pas. » Il secoua la tête. « Et si le vent lève... *brrr*, il n'y a rien de plus froid que d'être sur un bateau par une journée humide et venteuse. »

OK, bien que l'idée d'un voyage chasse et pêche ait quelque chose de très séduisant, il n'en reste pas moins que parfois on est en « mode pêche » et d'autres fois en « mode chasse ». Et là c'était l'automne, j'étais plutôt en mode chasse.

« Que dirais-tu si on laissait tomber la pêche et qu'on aille chasser ? demandai-je à Tim.

– Très bon choix, répondit-il. J'imagine qu'Henri et Sweetzer seront d'accord. »

Donc, au lieu de voguer sur un bateau dans le fond du canyon, nous étions tout en haut sur une crête venteuse et nous regardions la rivière Grande Ronde, si loin en dessous de nous qu'elle ne ressemblait plus qu'à un fil d'argent. Dean Miller nous avait dit qu'on trouverait des oiseaux en haut ou bien juste sous le rebord, là où la pente démarre brutalement vers la rivière. Même d'un strict point de vue choukar, c'était un habitat particulièrement rocailleux. Les vastes pentes abruptes étaient formées d'immenses dalles de basalte presque noires, aux formes géométriques, qui se chevauchaient comme les décombres d'une ancienne ville détruite. Bien que le choukar, originaire des montagnes de l'Himalaya en Inde et au Pakistan, n'ait été introduit aux États-Unis que dans les années 1930, il a très vite et parfaitement occupé cette étrange niche écologique d'un autre monde. C'est un des rares cas de parfaite adaptation à un nouvel habitat, comme si la nature, ainsi qu'on le dit souvent par ici, avait oublié d'installer le choukar chez lui lors de la Création. La roche, traîtresse et inconfortable à

1. On dit « en sèche » quand on pêche avec des « mouches sèches » qu'on fait flotter à la surface. Les *streamers* sont des leurres lestés qui coulent et qu'on anime près du fond de la rivière.

la progression des humains et même des chiens, semble fournir aux choukars une sécurité absolue, et il n'est pas rare d'y trouver des compagnies fortes d'une cinquantaine, voire d'une centaine d'individus.

Peut-être était-ce à cause du vent, ou alors parce que la chasse des jours précédents les avait dérangés, mais les choukars semblaient aujourd'hui plus inquiets que d'habitude. Et quand Mister Chuffy arrêta une compagnie qui se nourrissait sur un replat au-dessus de nous, les oiseaux s'échappèrent en courant loin devant lui et finalement prirent leur envol, plongeant d'abord dans le vide puis pliant les ailes et planant pour longer la pente, comme une formation de minuscules avions de combat à l'exercice. J'avançais moi-même sur le rebord et je les vis clairement, mais j'étais trop loin pour risquer un coup de fusil. Je les regardai donc simplement s'éloigner dans le canyon, oiseaux gris sur un paysage gris, au cours d'une journée grise, comme si le monde était soudain devenu une photo en noir et blanc.

Le jour suivant marquait l'ouverture de la chasse à la caille et au faisan dans l'est de l'État de Washington et ce matin-là nous partîmes à leur recherche le long de la rivière Ten Mile Creek. Près de la rivière, le fond du vallon était encombré d'une luxuriante végétation mêlée de saules, de caroubiers, et de rosiers sauvages. Les arbres étaient surtout des peupliers, mais on trouvait çà et là des pins ou des épicéas. Des montagnes aux forêts, des pentes arides du canyon aux champs de blé des plateaux, c'est un pays extraordinaire qui ne ressemble à aucun autre, une région qui offre des écosystèmes et des espèces sauvages très variées.

Cet après-midi-là, alors que nous chassions dans un petit vallon situé à mi-pente entre les champs de blé du plateau et le bord de la rivière, la nature nous offrit, dans toute sa diversité, un rare moment dans une vie de chasseur. Dans les rochers de l'entrée du vallon, Henri arrêta un groupe de choukars éparpillés, alors qu'un peu plus bas Mister Chuffy arrêtait un faisan comme un vieux pro et que Sweetzer, de son côté, faisait jaillir des buissons, un peu plus loin, une couvée de cailles, comme les étincelles d'un feu.

Puis nous reprîmes la montée jusqu'au chaume de blé où Pointman et Superman éventèrent des oiseaux qu'ils finirent par bloquer à l'entrée du vallon. Pointman et Superman d'un côté,

Mister Chuffy de l'autre. Il y avait des perdreaux à chaque coin, et quand ils s'envolèrent, les fusils se mirent à crépiter. De loin, les détonations emportées par le vent ne faisaient qu'un ridicule petit bruit d'amorces. Le soleil était bas et rouge lorsque nous rejoignîmes les véhicules. Presque timidement, Doug sortit de son carnier un oiseau de chaque espèce (un choukar, un perdreau, un faisan et une caille), et les disposa devant nous afin que nous puissions les admirer. Bien sûr il était trop bien élevé, presque un gentleman à l'anglaise, pour appeler ça un « grand chelem », mais quatre espèces de gibier sauvage différentes au cours d'un même après-midi, c'est bien de cela qu'il s'agissait.

Le club Sportsman-Landowner venait de louer 15 000 hectares supplémentaires sur la Snake River, non loin de Ferry, à 75 kilomètres du pavillon de Clarkston. Nous étions convenus d'y retrouver Choukar Bob dans le minuscule café-épicerie, pour une chasse au faisan qui occuperait notre dernier jour. Bob n'était pas là, ayant été retardé par une bande de braconniers récalcitrants qui chassaient le cerf sur ces nouvelles terres (conseil aux braconniers : n'énervez pas trop Choukar Bob). Quand il arriva, il nous conduisit dans une ravissante vallée où serpentait une petite rivière, tandis que de l'autre côté de la route s'élevaient des collines arides entrecoupées d'une série de vallons broussailleux.

« Vous n'allez sans doute pas me croire, dit Choukar Bob, mais nous allons commencer à chasser de ce côté-ci de la route. Hier, c'était l'ouverture et de nombreux oiseaux ont dû être poussés en dehors de leurs remises habituelles le long de la rivière. On va s'étaler sur le flanc de la colline et on avancera de vallon en vallon. Il y a de l'eau dans le fond de chacun d'eux et on y trouvera des oiseaux. »

Nous nous sommes déployés sur le flanc de la colline. Choukar Bob resta en bas, l'infatigable Rick prit le haut comme d'habitude, tandis que Doug, Tim et moi nous dispersâmes au milieu. Dès que nous nous approchâmes du premier vallon, je sus qu'il y avait quelque chose d'extraordinaire dans l'air rien qu'à observer la manière dont tous les chiens mirent le nez au vent. Ils changèrent tous d'attitude pour converger vers le couvert dans un état d'excitation maximal, en ignorant nos sifflets et nos cris de rappel. Il régnait une confusion extrême parmi nos chiots. Et même Sweetz, supposée être sage et montrer l'exemple du haut de son grand âge, ne put résister à ce qui semblait être la plus puissante odeur de gibier qui ait jamais flotté dans les airs. Et puis ce fut au tour des chasseurs de courir pour revenir au contact alors que des faisans commençaient à prendre leur envol pour sortir du couvert. En fait l'expression « se répandre » aurait été mieux choisie, car d'innombrables oiseaux ne cessaient de s'envoler des bruyères et des ronces qui tapissaient le fond du vallon, ainsi que d'un vieux champ de tournesols situé au bord et des plaques d'une herbe jaune qui poussait là, intacte, car jamais pâturée. Un spectacle étonnant, une incroyable mêlée d'oiseaux qui s'envolent, de chasseurs qui tirent et de chiens qui poursuivent.

Après ce premier vallon nous regroupâmes nos forces, ou ce qu'il en restait. La dernière fois que nous avions vu Rick, ce n'était qu'un minuscule point disparaissant derrière la colline à la poursuite de ses chiens qui s'éloignaient de faisan en faisan. Nous continuâmes jusqu'au vallon suivant où la même scène se répéta, avec des oiseaux partout, comme si Bob, le roi des choukars, les avait plantés là pour notre arrivée.

Malgré le travail des chiens d'une nullité abyssale, nous n'eûmes aucun mal, les uns et les autres, à abattre les trois faisans auxquels nous avions droit. Et nous avions pourtant tiré comme des cochons, à part Tim qui, dans le premier vallon, avait d'emblée réalisé un doublé, suivi d'un coup unique qui lui avait fait atteindre son quota en seulement quelques minutes. Choukar Bob nous avait laissés pour aller vérifier que ses bracos étaient bien partis, et alors qu'avec Tim, Henri et Sweetz, nous redescendions vers les voitures, Doug nous rejoignit après avoir péniblement réussi à rattraper Mister Chuffy. « On en a discuté avec Mister Chuffy, dit Doug à bout de souffle. On proposerait bien de rebaptiser Bob, roi des choukars, Peasley, roi des faisans. Qu'en pensez-vous ? »

La chasse terminée, nous bûmes quelques bières dans les voitures et nous étudiâmes cette question brûlante tout en attendant Rick, qui réapparut avec ses chiens environ une heure plus tard. « J'ai été jusqu'en enfer et j'en suis revenu... » dit-il doucement. Et rien qu'à le voir on pouvait dire que c'était vrai.

Le plus important était d'avoir retrouvé tous nos chiens, ce qui nous permettrait de les perdre à nouveau une prochaine fois. Nous avions dû lever 130 faisans au cours d'une heure et demie de chasse. Qui aurait pu blâmer nos élèves d'avoir perdu la tête ?

Remerciements

J'adresse toute ma gratitude à Brendan Banahan, qui fut le premier à m'offrir la possibilité d'écrire les histoires qui allaient donner naissance à ce livre. Et comme le monde est petit, je remercie aussi mes amis d'enfance, Julie et Jeff Ward. J'adresse des remerciements particuliers à mon fidèle ami Oliver Moore qui, contre vents et marées, me permit d'occuper ma place à la rédaction de son magazine jusqu'à son propre départ. Merci aussi à George Bell et Bob Brown qui m'ont également permis pendant un moment de continuer d'accrocher mon chapeau au portemanteau de la rédaction.

Je remercie mon ami le talentueux artiste Walt Spitzmiller, dont les magnifiques peintures ont accompagné beaucoup de ces textes lors de leur première publication, que j'aurais aimé retrouver dans cet ouvrage. Et merci à mon vieux compagnon de chasse Steve Collector pour les nombreuses et magnifiques photos qui ont enrichi mes histoires dans diverses publications ainsi que dans ce livre.

Merci à Terry McDonell qui m'a procuré une nouvelle famille au magazine *Sports Afield* et particulièrement à John Atwood, qui m'a donné la liberté de m'y exprimer selon mes souhaits. Merci à mon ami Dave Scroppo qui est un jeune rédacteur plein de talent et merci aussi à Sarah Parsons qui m'a si souvent fait rire.

Merci à Doug Truax, mon ami et rédacteur du site AllOutdoors.com, pour m'avoir donné une seconde cyber maison sur l'Internet grâce au magazine en ligne *Jeep® Sporting Destinations*.

Merci à Becky Koh, pour son travail sur ce livre, et à Greg Cohn qui a pris sa suite. Tous deux l'ont rendu meilleur qu'il ne l'aurait été.

Enfin, merci aux douzaines de personnes, d'amis et connaissances avec qui j'ai chassé durant ces dix dernières années, à tous ceux qui m'ont offert leur hospitalité, qui m'ont hébergé avec ma caravane Airstream, qui m'ont fait découvrir leurs meilleurs coins de chasse et de pêche, qui m'ont fait partager d'excellents repas et de grands vins, et tous ces merveilleux moments au sein de la nature.

Merci beaucoup à vous tous.